BAIRD SPALDING
LEBEN UND LEHREN DER MEISTER IM FERNEN OSTEN
Band 4-5

BAIRD SPALDING

Leben und Lehren der Meister im Fernen Osten

Band 4
Unterweisungen – Indische Reisebriefe
Band 5
Menschen, die mit den Meistern gingen

DREI EICHEN VERLAG

Vorliegendes Werk beinhaltet die ungekürzten Inhalte der früher als Einzeltitel lieferbaren Bücher von Baird Spalding

Leben und Lehren der Meister im Fernen Osten (Band IV), Unterweisungen, Indische Reisebriefe, und

Leben und Lehren der Meister im Fernen Osten (Band V), Menschen, die mit den Meistern gingen.

Titel der Original-Ausgaben:
LIFE AND TEACHING OF THE MASTERS OF THE FAR EAST
Volume IV + V

verlegt bei DeVorss & Co. Marina del Rey, CA.

ISBN des Gesamtwerkes in deutscher Sprache:

Sammelband I-III
ISBN 3-7699-0423-0

Sammelband IV + V
ISBN 3-7699-0574-1

Sammelband IV + V
ISBN 3-7699-0574-1
Verlags-Nr. 574

Alle deutschen Rechte vorbehalten!
© Copyright 1954 + 1961 by Drei Eichen Verlag

Autorisierte Übersetzung aus dem Amerikanischen von Dr. M. Usteri. Nachdruck, auch auszugsweise, die fotomechanische Wiedergabe, die Bearbeitung als Hörspiel, die Übertragung durch Rundfunk sowie auf Daten- und Tonträger der deutschen Ausgaben bedürfen der schriftlichen Genehmigung des Drei Eichen Verlages, Hammelburg.

1. Auflage des Sammelbandes IV + V, 1997
(7. Auflage des Bandes IV)
(6. Auflage des Bandes V)

Druck und Bindung: Ebner Ulm

INHALT (Band IV)

Die große weiße Bruderschaft und der Weltfrieden	9
Die eine Vernunft	23
Die duale Seele	39
Grundlagen der kommenden Gesellschaftsordnung	53
Die Macht des gesprochenen Wortes	69
Bewußtsein	87
Gott	107
Der Mensch	127
Das Leben	143
Das Universum	163
Dein Selbst	179
Prana	197
Die Quanten=Theorie	211
Resume	225
Inhalt Band V	237/5

ZUM GELEIT

Die vorliegenden Kapitel stellen eine Serie von aufgezeichneten Vorträgen dar, die Baird Spalding während einer seiner letzten Reisen nach Indien gehalten hat. Auf dieser Fahrt begleiteten ihn eine Anzahl seiner Freunde, die auf ein Zusammentreffen mit den in drei Erlebnisbüchern „Leben und Lehren der Meister im fernen Osten" erwähnten hohen Meistern hofften.

Es war Baird Spalding bewußt, daß diese Erwartung sich nur erfüllen konnte, wenn die Betreffenden in ihrer Gesinnung und Lebensauffassung den Bedingungen einigermaßen entsprechen würden, welche diese Meister von allen erwarten, denen sie Belehrung schenken sollen.

So sprach er regelmäßig zu den Mitgliedern dieser Reisegesellschaft während der langen Schiffsreise von Amerika nach Indien, um sie auf die bevorstehende Begegnung mit den Meistern entsprechend vorzubereiten.

Von den etwa dreißig Teilnehmern der Reise haben einige ihre Eindrücke von Zusammenkünften mit den Meistern im fernen Osten schriftlich niedergelegt. Grace G. Hahn's Bericht wurde ungekürzt auf den Seiten 185 bis 192 dieses Werkes wiedergegeben.

Das Werk soll dazu beitragen, das Wissen um die lebenden Meister zu vertiefen, die unermüdlich für die Aufwärtsentwicklung der Welt am Wirken sind, soll zu den wahren Quellen von Lebenskraft, kosmischem Wissen und unveränderlicher Wahrheit zurückführen und die großen Zusammenhänge des Lebens in weiter Schau besser erkennen und verstehen lassen.

Locarno, im September 1954

Dr. M. Usteri.

I

Die große weiße Bruderschaft und der Weltfrieden

1.

Bevor man tiefer eingeht auf das Studium gewisser Gesetze und Tatsachen, welche sich auf die Lehren der Meister beziehen, tut man gut daran, die weite Ausdehnung ihres Gesichtskreises sich klar zu machen. Man muß sein eigenes Blickfeld erweitern und die eigene Lebens=Anschauung, bis dahin, wo ihr Wir= kungsfeld ist, wenn man die volle Tragweite ihrer Lehren ganz verstehen will. Heute wollen wir uns vor allem abgeben mit dem Gebiet, das wir zu betrachten haben, und mit den Richtlinien der Menschheit im Allgemeinen, damit wir uns dem vor uns liegenden Werk völlig anpassen können. Es ist notwendig, daß man die Natur und die Ausdehnung eines Arbeitsfeldes kennt, ehe man sein Werkzeug auswählt, und sich einen Plan macht, wie das Feld zu bebauen ist. Wir müssen wissen, wozu das Feld sich eignet, was für Pflanzen gezogen werden sollen, und zu welchem Zweck der Anbau bestimmt ist. Hinter jeder Arbeit muß ein Zweck sein und hier übersteigt er bei weitem die Gren= zen dessen, was wir unsere eigene individuelle Natur heißen. Die Natur eines jeden Menschen ist in der einen oder andern Art eng verbunden mit dem Leben und dem Wohlbefinden jedes andern Individuums auf der Welt, und was den Einen angeht, muß in einem gewissen Grad Einfluß haben auf die übrige Menschheit.

2.

Es scheint mir eigentlich, daß dieses Gespräch über den Frieden allgemeiner Art sein müßte, weil jedermann sich dafür interessiert. Tatsächlich wird die Welt friedlich gesinnt, und die Leute sagen, man habe genug vom Krieg. Die Menschen fangen an zu begreifen, daß Krieg kein natürlicher Zustand ist, und daß alle, die sich die Rolle der Vorsehung anmaßen und sich als Verkörperung der vollkommenen Gerechtigkeit aufspielen — als Erbauer des Glückes — nur Betrüger sind. Friede und Glück, dieser Herzenswunsch aller Menschheit, ist nicht eine Gabe, die man ihr zum Geschenk macht, nur ehrliche Anstrengung bekommt sie zum Lohn. Es gibt nichts derartiges, wie politische Wunder. Der Mensch muß erkennen, daß er allein die Macht hat, sein Geschick mit eigener Intelligenz auszuarbeiten.

3.

Die gewaltige Flut des menschlichen Interesses an Dingen, die den Frieden herbeiführen und sichern, ist die unvermeidliche Auswirkung des universellen Gesetzes, das immer in Bewegung ist, damit das allgemeine Gute gefördert werde. Gott macht keinen Unterschied in Personen, und das Erwachen der Menschen den Richtlinien des Friedens entgegen äußert sich in ihrer Antwort auf die Bewegung des Friedensgeistes, den die Meister fördern. Nur wenn der Mensch sich identifiziert mit dem universellen Gesetz, darf er erwarten, daß es ihm selber gut geht, denn dies steht in unlöslichem Zusammenhang mit dem allgemeinen Guten. Aus diesem Grunde ist aller Fortschritt langsam und mit großem Leid verbunden.

4.

Es gibt eine große Bruderschaft, die seit Tausenden von Jahren auf der Welt für den Frieden gewirkt hat. Sie steht hinter jeder Bewegung, die dem Weltfrieden dient, und wird stärker und immer stärker. Es gibt heute ungefähr 216 solcher Gruppen auf der Welt. Zuerst ist immer eine zentrale Einheit, ein zentraler Körper, und zwölf Einheiten, die diesen umgeben und

Die große weiße Bruderschaft und der Weltfrieden

ihm mehr Kraft und Macht zuführen. Sie wirken auch für die Erleuchtung der ganzen Welt.

5.

Diese Gruppen sind in Wirklichkeit zusammengesetzt aus menschlichen Wesen, welche angefeuert werden vom hohen Gedanken der Weißen Bruderschaft. Alle diese Gruppen wirken gemeinsam. Ein sehr starker Gedanke für Frieden und Erleuchtung geht von ihnen aus auf die ganze Welt.

6.

Es bestehen viele irrige Auffassungen die Weiße Bruderschaft betreffend. Zuerst muß verstanden sein, daß sie sich nie als Meister bekanntgeben, und daß sie nicht ausschließlich hinter einer oder mehreren Organisationen stehen. Sie sind in ihren Funktionen und Zielen universell. Sie wirken definitiv mit dem universellen Gesetz, universellen Zielen entgegen, und jeder Einzelne und jede Gruppe, die den gleichen Zielen selbstlos und ohne Gruppen=Motiv sich zuwendet, kann auf ihre volle Unterstützung zählen. — Diese Unterstützung mag von Seiten des Menschen erkannt werden, aber es ist wahrscheinlicher, daß sie sich in der Form einer unbekannten Anregung bemerkbar macht. Das heißt, die Hilfe nimmt vielleicht nicht eine Form an, die an einen bestimmten Platz oder an eine Person denken läßt, wer aber solche Hilfe bekommt, ist sich bewußt, daß er Hilfe oder Beeinflussung erlebt.

7.

Die Völkerliga war ursprünglich ein Instrument der Weißen Bruderschaft, aber sie wurde in mancherlei Weise von gewissen Nationen und Individuen mißbraucht. Sie wird aber unter der Führung der Bruderschaft nach einiger Zeit wieder erstehen.

8.

Die Geburt einer neuen Ordnung ist im Werden. Wir sind jetzt schon Zeugen der Auflösung einer alten Zivilisation. Die

Weiße Bruderschaft wird sich positiv der wichtigsten Punkte annehmen, wenn die Zeit dafür gekommen ist.

9.

Die Zeit ist gekommen, da es kein Halbes mehr geben kann bei dieser Säuberung der menschlichen Rasse, auch wenn sich Einzelne oder Gruppen heute dem allgemeinen Guten entgegenstellen. Die Mühlen Gottes mahlen zeitweilig sehr rasch und auch fein. Nur aus der Spreu mag der Selbstsüchtige und aggressiv Zugreifende sich eine neue Lebensstruktur aufbauen. Es wäre ihm viel besser, er würde sich in Verbindung setzen mit rein schöpferischen Motiven, welche zum allgemeinen Guten beitragen, denn auf diese Weise wird das Gute auch dem Einzelnen zukommen.

10.

Manchmal kommen die Einflüsse, die mit universellen Ideen im Zusammenhang sind, unangemeldet ins Dasein. Es ist etwas, was zu keimen und sich ansteckend auszudehnen scheint, währenddem das Denken der meisten noch so voll ist von andern Dingen, daß sie die Wandlung nicht wahrnehmen. Dann plötzlich scheint jeder Einzelne einzusehen, daß sie vorhanden ist, und daß sie ganz übereinstimmt mit seinen eigenen geheimen Gedanken. So kann es oft geschehen, daß er beinah unmerklich in die neue Ordnung eintritt. Das Wichtigste ist, auf diese geheimen, sich in uns und in der Menschenrasse entwickelnden Kräfte aufzupassen, und auf diese Weise wird jeder einsehen, daß dies der Schlüssel zum raschesten Fortschritt und zum bedeutensten Dienst bei der universellen Sache ist.

11.

Indien hat den Frieden aufrecht erhalten, indem es Methoden anwandte, welche identisch sind mit denjenigen, welche von den 216 Gruppen angewandt werden, von welchen ich gesprochen habe. Ursprünglich kam es zustande in 12 Gruppen, welche sich ausgedehnt haben und sich auch heute noch ausdehnen. Der Einfluß dieser Körperschaften ist sehr groß gewesen und hat das ganze Gewebe des indischen Denkens durchdrungen. Vom äußeren Standpunkt aus betrachtet, war das Werk hauptsächlich erzieherisch. Information wird von Mund zu Ohr gegeben und wird unter ihrer Anleitung befolgt. Die Resultate beweisen das Zweckmäßige dieser Methode.

12.

Gandhi hat die Methode des Nichtangreifens zwanzig Jahre lang studiert, ehe er sein Werk begann, er hat sie tief erforscht. Das Prinzip ist in Indien mehr als seit 600 Jahren in Existenz gewesen. Um der Unberührbaren willen hat es Gandhi in der heutigen Generationen zur Auswirkung gebracht. Gandhi ging hin zu den Unberührbaren, lehrte Nicht-Widerstand und machte ihn zu einer tatsächlichen Kraft. Die junge Generation nahm sie sogleich an. Sie verstand die große Tragweite der Methode, und diese breitete sich über ganz Indien aus. Die jüngere Generation hat sie stärker als je vorher vor das Volk gebracht. Und so wird schließlich das Kastensystem aufgelöst werden. Die Unberührbaren bildeten einen wesentlichen Streitpunkt, denn es waren ihrer etwa 65 000 000, und Anleitung war notwendig, denn sie übten einen mächtigen Einfluß aus. Gandhi ist beinah allein verantwortlich gewesen für ihre heutige Emanzipation.

13.

Diejenigen, die in den erwähnten Gruppen für den Weltfrieden wirken, sind Personen von hohem geistigen Verständnis. Ein Mann aus jeder Gruppe tritt immer hervor als jemand von sehr hohen geistigen Erkenntnissen.

14.

Es gibt in den Vereinigten Staaten etwa sechzig, welche definitiv dieser Gesellschaft angehören. Sie sind sehr schweigsam in Bezug auf ihre Beziehung zu ihr. Sie teilen den Ort nicht mit, wo sie sich versammeln in ihren Gruppen, noch irgendeine Information in Bezug auf ihre Handlungen.

15.

Daher kommt es, daß viele Leute mehr oder weniger ungläubig sind, was das große Werk anbelangt, welches von diesen Erleuchteten getan wird. Sie sind so sehr an äußere Schaustellung und an Prunk gewöhnt, daß sie sich kein großes Werk, in so einfacher, ruhiger Weise getan, vorstellen können. Wenn man aber einen Augenblick anhält und nachdenkt, sieht man ein, daß alle bewegenden Kräfte des Universums im Schweigen wirken, und daß diejenigen, die bewußt im Zusammenhang mit diesen Kräften arbeiten, bestimmten Motiven gemäß handeln. Es wird aber eine Zeit kommen, da sie in offenerer Weise handeln werden, aber das wird erst dann sein, wenn es genug erleuchtete Menschen gibt, die genau wissen und verstehen, was sie tun. Beobachtet eure eigenen Erfahrungen. Seid ihr nicht gewahr, daß schweigende Einflüsse, unter der Oberfläche eures eigenen Wesens wirkend, Kräfte sind, die euer Leben stärker kontrollieren, als äußerlich geoffenbarte Dinge, die ihr mit Worten beschreibt? Jedoch, genau wie diese stillen Träumereien eurer inneren Natur gelegentlich einen äußeren Ausdruck finden, wenn ihr in einer Umgebung seid, die mit ihnen harmonisch ist, ihr dann nicht zögert, davon zu reden. Erforscht euch selber, und ihr werdet finden, daß in euch sich alles so auswirkt, wie es in der ganzen Menschenrasse geschieht. „Der Vater, der ins Verborgene sieht, wird euch öffentlich lohnen." Das ist nicht ein müßiges Wort, sondern es offenbart die Art und Weise, wie in der äußeren Welt alles ins Dasein kommt. Um diese Tatsache zu erkennen, ist es nicht nur besser, sich selber zu verstehen, sondern auch Art und Wesen des universellen Werkes, das allezeit unter der Oberfläche vor sich geht. Nur wenn man sich dieser Art des bewußten Schaffens anpaßt, befähigt man sich, klar die Spuren der Wirksamkeit der Geheimen Bruderschaft zu erkennen. Ihre Handlungen bleiben nur demjenigen verborgen, dem diese Art von Errungenschaft unentdeckt bleibt. Wir sind an Lärm und Schaustellung gewöhnt, und die stillen, aber mächtigen Kräfte in uns selbst und in der Welt gehen unbemerkt an uns vorbei. Wir folgen lauten Men=

schen nach auf Seitenwegen und verlieren den Lebenspfad, der in der Stille durch unser eigenes, individuelles Leben sich hin=zieht.

16.

Diese Bruderschaft ist nicht eine eigentliche Organisation, jedermann kann dazu gehören, der öffentlich oder in der Stille für den Frieden wirkt. Sie ist eher eine Gemeinschaft verwand=ter Geister. Sie wirken in der Tat mit bei jeder Gesellschaft oder Organisation, welche das Wohlergehen der Menschheit, oder ihren Fortschritt im Auge hat.

17.

Die Gruppe in Indien arbeitet in der Stille, aber es ist ihr Einfluß, welcher die Teilgruppen unter sich vereinigt und ihre Bestrebungen co=ordiniert. Es war die Einwirkung gerade dieser Gruppe, daß der Nobel=Preis ins Dasein kam.

18.

Tolstoi war ein großer Faktor, der dieses Prinzip praktisch zur Wirksamkeit bringen half, aber es ist immer durch die neuen Herrscher in Indien vertreten worden. Tolstoi war eine hoch entwickelte Seele. Er war allezeit in Zusammenarbeit mit der großen Zentralgruppe.

19.

Wenn auch niemand den genauen Ort der Zusammenkünfte weiß, war diese dreizehnte Gruppe immer ein wichtiger Faktor bei der Welt=Erziehung. Die Zwölfergruppe ist in jedem er=zieherischen Zentrum der Welt tätig.

20.

Diese Gruppen sind nicht Organisationen, welche hier und dort Propaganda für den Weltfrieden machen. Man hat einge=sehen, daß das gesprochene oder schweigende Wort, in die Welt ausgesandt, viel größeren Eindruck macht, als das geschriebene Wort. Das geschriebene Wort kann verdreht werden. Das ge=sprochene Wort ist ein immer sich ausdehnender und wachsen=der Einfluß.

21.

Hier sehen wir wiederum die Weisheit der Weisen, die sich immer geoffenbart hat. Solange konstruktive Kräfte im Geheimen wirken, wachsen sie, unbemerkt von denen, die ihre Wirkung zerstören möchten. Die Welt begreift das Vorrücken der konstruktiven Kraft nicht, bis sie schon die düsteren Bauten der Selbstsüchtigen und auf eigenen Vorteil Bedachten unterminiert hat, und dann ist es zu spät. In Zeiten von hoffnungsloser Auflösung, und erst dann, kommen die Einwirkungen der Bruderschaft ans Licht, damit die Wahrheit in der Seele aller Menschen bestärkt werde. Das geschieht nicht durch die Furcht vor Angriffen, sondern durch das Wissen, welches der beste Weg ist, wenn irgendeine große konstruktive Bewegung für die Verbesserung der Welt zustande kommen soll. Die Selbstsüchtigen haben keinen Zugang dazu.

22.

In gewissem Sinn sind alle diejenigen, die für Indiens Freiheit oder für die Freiheit und den Frieden der Welt sich einsetzen, Avatare, wie sich die westliche Welt Avatare vorstellt. Manche dieser Großen haben diese Lehre seit Tausenden von Jahren verbreitet. *Jesus* hat definitiv sich eingesetzt für Besserung der Welt und wirkt auch jetzt dafür.

23.

Der Grund, weshalb viele Leute der westlichen Welt das Werk der Avatare nicht erkennen, liegt darin, daß sie sich dieselben nur äußerlich vorstellen können, und daß sie dabei an außerordentliche und wunderbare Dinge denken, die dem Publikum vorgeführt werden. Sie wissen nicht, daß wirkliche Wunder immer zuerst in der Stille vor sich gehen.

24.

Da ein Schiedsgericht als Instrument für den Weltfrieden erkannt wurde, wurde diese Bewegung, in diesem Sinn, im Punjab, Indien, ins Leben gerufen. Sie ist eine große Macht im

Dienst des Weltfriedens. Sie hat Aggression vollkommen ungesetzlich gemacht. Indien hat nie eine Angriff=Stellung eingenommen, hat nie offene Kriegsführung in seinem Territorium ermutigt, und der Punjab war der größte Einfluß hinter dieser ganzen Bewegung. Sie ist in ganz Indien seit mehr als dreitausend Jahren aufrecht erhalten geblieben. Nicht=Angriff und Schiedsgericht haben sich als praktisch erwiesen.

25.

W. J. Bryan, bewußt oder unbewußt angetrieben von diesem stillen Einfluß, war imstande mit allen Nationen außer vier, Friedens=Verträge zu machen. Seither hat noch kein nationaler Charakter es gewagt, sein Werk wieder aufzunehmen. Aber in der kommenden Zeit wird es wieder ins Dasein gerufen werden, und ein Direktorium von Männern, unbekannt in der äußeren Welt, wird von den Friedensgesellschaften und ihren Gruppen vollkommene Autorität bekommen, welche selbstlos für den Weltfrieden sich einsetzen.

26.

Wenn die ganze Finanzwelt sich hinter diese Bewegung für Einheit stellen wollte, würde sie den größten Einfluß für den Frieden haben. Dann wäre kein Geld da für den Krieg. Wenn das co=operative System allgemein angenommen würde, könnte es keine Aufschwünge und keine Depressionen mehr geben. Das hätte auch großen Einfluß auf die Abschaffung von Kriegen. Tatsächlich kommt auch Co=operation in Existenz. Völker, die nicht mit der neuen Ordnung zusammen handeln und sich ihr nicht anpassen, werden als ganz außerhalb des Gesetzes stehend betrachtet werden.

27.

Infolge der wachsenden Tendenz, Kriege abzuschaffen, werden die Augen der Menschen offen für Kriegsursachen, welche einzig den Vorteil einer Gruppe oder dem nationalen Vorteil dienen. Die Existenz von Nicht=Zusammenarbeit wird ebenso als den Krieg förderlich, als ungesetzlich angesehen sein. Dies

führt die ganzen Dinge zurück bis zum Einzelnen, und jeder muß seine eigene Selbstsucht und seinen eigenen, andere schä=
digenden Vorteil als ungesetzlich hintansetzen. Als ein Ein=
zelner wird er einsehen, daß der beste Weg zur Förderung seiner eigenen Interessen darin liegt, das gemeinsame Interesse zu fördern, und daß der einzige Weg, seinen Wohlstand zu erhal=
ten darin besteht, den Wohlstand der Allgemeinheit zu sichern. Diese leise Tendenz ist nun in weiten Kreisen am Erwachen. Doch muß jeder einzelne den Anfang in sich selber finden, und jeder, der in seiner eigenen Seele ernsthaft nachforscht, kann den Keim dieser Bewegung jeden Tag in seinem Inneren wach=
sen fühlen. Vom Einen zum Andern sich ausdehnend, wird sie zu einer mächtigen Weltbewegung anwachsen und wird endlich das Motiv jeder menschlichen Handlung sein. Und wie jeder Einzelne, der diesem beständigen Antrieb in seiner eigenen Na=
tur nicht gehorcht, zugrunde gehen wird, so werden auch der=
artige Gruppen, Anstalten, religiöse Organisationen, Rassen und Nationen aufgelöst werden, und die Welt wird denen ge=
hören, die das Gottesgesetz lieben und diesem Gesetz nachleben in ihren Beziehungen zu jedem Nebenmenschen und zu jeder Nation.

28.

In allen modernen Bewegungen wird deutlich gezeigt, daß die Wandlungen zuerst im Einzelnen sich vollziehen müssen, denn ehe seine eigene Natur richtig übereinstimmt mit der Bewegung, die hinter der äußeren Handlung steht, wird er zum störenden Faktor in irgendeiner Bewegung, die sonst unzählbar Gutes vollbringen könnte. Man kann kaum etwas zustande bringen im Sinn von universellen Frieden, solange man in der eigenen Natur den Frieden noch nicht gefunden hat, und man kann den Frieden in der eigenen Natur nicht finden, ehe man nicht lang genug wirklich in Berührung gekommen ist mit den un=
sichtbaren Kräften, welche nach dem allgemeinen Besten hin=
wirken.

29.

Es ist keine Frage, der Einzelne muß zuerst selber mit sich in Frieden sein. Nicht nur das, er muß sich auch klar sein darüber, was das für den Einzelnen, wie auch für die ganze Nation bedeutet. Wenn er im Mittelpunkt dieser Friedens=Idee steht, geht von ihm dieser Einfluß aus, und er wird zu einem der großen treibenden Faktoren für die geistige Entwicklung seines Zeitalters. Die Friedensbewegung ist einer der wichtigsten Faktoren auch für geistige Erleuchtung.

30.

Politik wird mit dem neuen kommenden System vollkommen zusammenbrechen. Aber solange die heutige politische Aufmachung weiter besteht, kann kein tatsächlich wirkendes Programm aufgestellt und zu erfolgreichem Ende geführt werden. Jeder, der mit dem Zug der Zeit Schritt hält, bekommt alle Hilfe, die er aufzunehmen im Stande ist, von den höheren Mächten. Manche von ihnen bekommen diese Hilfe bewußt, andere unbewußt, jedoch die Hilfe ist immer da.

31.

Politische Parteien, welche diese unbekannte Bewegung konstruktiver Kräfte ausarbeiten, werden sich wahrscheinlich zusammentun in eine einzige große Partei für größere Vereinfachung der Regierung. Solche Änderungen müssen kommen, indem unser Parteisystem zu einer einzigen, gesetzgebenden Kammer sich zusammenschließt und nicht getrennt bleibt. „Ein in sich getrenntes Haus muß fallen." So wird eine große Zahl unserer politischen Übel ausgemerzt werden. Alles dies wird den Anfang haben in den Vereinigten Staaten infolge von kommenden Veränderungen. Es wird sich als nationale Bewegung in den Vereinigten Staaten zeigen.

32.

Der *Friede* ist da! Wenn wir uns definitiv mit diesem Prinzip in Verbindung setzen, so macht es uns zu einer wirksamen Einheit.

ANMERKUNGEN FÜR DEN LEHRER

Kapitel I

1

Beim Beginn dieses Studiums sollte klar entwickelt werden, daß Leute im Allgemeinen neuen Ausblick nötig haben, was geistigen Fortschritt anbelangt. Wir sind meistens diesen Dingen nachgegangen, als ob sie sich ausschließlich auf den Körper beziehen und auf Dinge, die nach unserer Ansicht dem Körper notwendig sind. In Wirklichkeit hängt alles, was der Körper ist und hat, von etwas ab, was unendlich höher steht als alles dieses.

2.

Zeige mit weiteren Illustrationen, wenn möglich, wie die allgemeine Reaktion ist von Leuten im Hinblick auf den Frieden, und daß dahinter der Zweck des Universums, oder *Gott*, hinzukommt.

3.

Zeige deinen Schülern, wie diese aufspringende Friedensbewegung mit ihren eigenen Idealen identisch ist, indem du sie aufmerksam machst auf die Tatsache, daß sie innerlich sich angeregt fühlen von Universellen Bewegungen, die dem Ziel aller Erleuchteten zugrunde liegen.

4.—12.

Zeige, wie Bruderschaft entsteht in Gehorsam auf die innersten Impulse einer allgemeinen Besserung entgegen, und daß der Unterschied gegenseitiger Beziehungen im Sinn von Einheit, und die Beziehung der Weißen Bruderschaft zum Ganzen, nur im Unterschied des Grades liegt, wie sie von diesen tieferen Impulsen geleitet werden.

13., 14.

Können von euch zweifellos so gegeben werden, wie sie sind, wenn euer eigenes Wissen nicht noch manches einschließt, von dem in den Abschnitten 13, 14 nur wenig gesagt wird.

15., 16.

Dies sollte klar machen, weshalb es für den Durchschnittsmenschen unmöglich ist, zu begreifen, weshalb die Meister mit ihren

Werken nicht in die Öffentlichkeit treten. Ganze Bände könnten, mit großem Nutzen, über diese Frage geschrieben werden. Es hat den gleichen Grund, der euch manchmal zögern läßt, sogar in eurem eigenen Haus, eure Meinung zu äußern. Ihr wißt, daß ihr keine Opposition habt, so lang ihr schweigt, sobald ihr aber gesprochen habt, ist die ganze Sache dem Widerspruch ausgesetzt. Dann wieder spürt ihr, daß die richtige Zeit zum Reden gekommen ist, und alles wird annehmbar und jeder ist dabei. Was im Universum vor sich geht, geht auch im Menschen vor sich. Selbsterkenntnis in einigen dieser höchst einfachen Dinge ist der Schlüssel zu großem Verständnis und großer Macht.

17.—26.

Das Motiv ist fast das gleiche, eine weitere Betonung der Wichtigkeit einer schweigenden Zusammenarbeit, in der positiven Erkenntnis, daß der Große Schöpferische Geist in einem bestimmten Grad durch jeden Menschen wirkt, und daß das, was für uns dabei wichtig ist, darin besteht, ihn zu einem lebendigeren Teil in unserem eigenen Leben zu machen.

27.—32.

Bieten noch andere Möglichkeiten der Erweiterung nach den gezeigten Richtlinien hin und können zu einem lebendigen Faktor des Fortschrittes gemacht werden. Lehre die Menschen, Wandlungen zu erwarten und vorzubereiten. Sei aufmerksam auf die Veränderungen, die jetzt hinter der politischen und ökonomischen Struktur bemerkbar werden. Die Wandlung, die befreien wird, ist nicht in irgendwelchen äußeren Formen, sondern in den Herzen der Menschen.

II

Die eine Vernunft

1.
Wir besitzen den Beweis für die Kontrolle der Einen Ver=
nunft. In jedem Feld der Betätigung können wir die Kontrolle
der Einen Vernunft beobachten. Sogar auf diesem Schiff seht
ihr, daß es ein Oberhaupt gibt; folglich ist da eine Kontrolle,
der viele Betätigungen unterstehen, und alle weniger wichtigen
Betätigungen gehen aus von dieser zentralisierten Autorität.

2.
Nur durch diese Zentralisierung von Macht und Autorität
kann etwas wie Harmonie in den Handlungen irgendeiner or=
ganisierten Gesellschaftsschicht oder beim Einzelnen sein. Wir
wissen alle was geschieht, wenn eine Teilung der Machtbefug=
nis, oder ein Versuch, die Autorität zu teilen, ohne Rücksicht=
nahme auf einen zentralen Ursprungsquell, gemacht wird. Be=
fehle, welche von zwei Stellen aus zu den verschiedenen Zentren
der Betätigung gehen, können nur Verwirrung und Chaos her=
beiführen. Wenn Macht von mehr als einem einzigen Direk=
tions=Oberhaupt ausgeht, wird die Autorität gestört und der
Bau bricht zusammen.

3.
Wo ein allein=kontrollierendes Element ist, das Herrschaft,
Macht oder Kontrolle über die antreibende Aktion besitzt, wird

man direkt unter dieses Element gebracht, und damit zu einer einheitlichen Handlungsweise geleitet, von welcher wir früher schon gesprochen haben. Es geschieht in dieser Handlungsweise, wenn wir Erfolg haben und solches Handeln bringt uns in Harmonie mit dieser zentralen Kontrolle, wenn wir unsere Kräfte nicht zersplittern, sondern zusammenschaffen mit der Einen Kraft oder Macht, die in der vollkommenen Kontrolle liegt.

4.

Man bringt sich immer in Zusammenhang mit dem, auf das man Macht überträgt. Das heißt, wenn ihr an die Macht der Welt und an ihre Umgebung glaubt, bekommt ihr anscheinend anleitende Kontrolle aus tausend verschiedenen Quellen, und das ist die Ursache eurer Verwirrung. Ihr wißt nicht, ob ihr die scheinbaren Forderungen zu befolgen habt, die von hier oder von dort an euch gestellt werden, und diese Teilung im Bewußtsein zerbricht die ganze Struktur der menschlichen Natur. Man muß wissen: „wem wir geglaubt haben, und von dem wir überzeugt sind, daß er imstand ist, das auszuführen, was wir ihm bis zum heutigen Tag übertragen haben."

5.

Diese Kontrolle existiert für jedes Menschenwesen, wenn es sie nur anwenden will. Natürlich muß die Anwendung dieser Kontrolle bewußt geschehen; sie muß bewußt dirigiert, oder für den Zweck angewendet werden, den wir feststellen und im Auge haben. Es geschieht durch die Aufstellung dieser Kontrolle, daß unsere Gedanken zu aktivierender Macht gelangen, zu einem bestimmten Ausdruck des Gedankens. Es kann nicht anders sein, als daß sie zum Ausdruck bringen, was sie in sich tragen. Mit andern Worten, das von uns bestimmte Prinzip des Motivs muß in die Existenz kommen. „Ihr seid Diener dessen, dem ihr euch als Diener unterzieht und dem ihr gehorcht", und die geoffenbarten Resultate müssen bestimmt werden durch die Auswirkung dieser Motiv=Kraft, von welcher ihr Anleitung annehmt. Die Resultate können nicht größer sein, als die Macht, in welche die Autorität gekleidet ist.

6.

Diese zentrale Kontrolle des Universums wird oft Prinzip geheißen, oder auch Vernunft. Prinzip bindet es vielleicht nicht so eng, wie es die universelle Vernunft tut. Dennoch ist es dieses Prinzip, das kontrolliert und herrscht und weiß, was es tut; es herrscht mit Intelligenz, es muß also ein Vernunfts-Prinzip sein. Der Hindu stellt es immer dar als Prinzip oder als die Allmacht, was bedeutet, daß der Mensch selber zu diesem mächtigen kontrollierten Element wird. Der Mensch steht da in seiner Allmacht, sobald er sein Denken auf diese alleinige Kontrolle, auf diese zentrale direktive Autorität hinlenkt.

7.

Es ist alles so einfach, wenn man die ganze Situation mit offenen Augen und mit der richtigen Einstellung ansieht. Ihr sagt zu eurem Verstand, daß diese Person oder jene Situation euch traurig machen kann. Das heißt, einer bestimmten Form, einem bestimmten Platz Autorität übertragen. Wenn ihr dieser Autorität, die ihr solchermaßen eingestellt habt, gehorcht, verkörpert ihr in euch selber den mentalen und gefühlsmäßigen Zustand, welchen ihr anerkennt als in dieser Natur, dieser Autorität existierend. Es wäre euch nicht möglich, Freude aus einer Quelle zu schöpfen, welcher ihr die Macht schenkt, euch traurig zu machen. Denn, mit eurem Gehorsam dieser Macht gegenüber, verkörpert ihr die Traurigkeit, welche, wie ihr zugebt, im Stand ist, sich durch euch zu offenbaren, und ihr sagt „ich bin traurig". Man wird zu dem, was man so verkörpert. Das ist die ganze geheime Macht, aber um diese mächtige Kraft zu manifestieren, die uns Allen gegeben ist, müssen wir nur eine einzige leitende Ursprungsquelle bestimmen, dieser müssen wir gehorchen und ihre charakteristischen Eigenschaften in uns aufnehmen; dann sollten wir nicht zögern zu sagen: *„Ich bin das"*, wie der Hindu sich ausdrückt, wenn dieses *„das"* zu dem wird, was wir verkörpern. Alles dies wird jedermann völlig klar werden, der eine zeitlang über die Sache nachdenkt.

8.

In diesem Staat ist Willenskraft nicht eine Methode von Kontrolle. Willenskraft gibt uns den Anstoß, daß diese Kontrolle zur Existenz gelangt, aber sie ist nicht der treibende Faktor hinter der Kontrolle. Wille kann etwas ganz anderes sein als Kontrolle. Eigenwille ist nie imstande, Gedanken nach einem bestimmten Punkt hin zu senden. Definitive, vernunftsgemäße Handlung ist imstande Gedanken, Gefühle oder Handlungen zu einer zentralen Kontrolle hinzulenken, welche ein bestimmtes Attribut oder Element ist, das der Mensch immer anwendet und mit dem er z u s a m m e n wirken kann. Nicht *über* ihm, aber *mit* ihm. Es ist genau diejenige Kraft, die der Mensch im selben Augenblick aktiv macht, da er sein Denken auf diesen Brennpunkt des Prinzips richtet, der alle Lebensumstände aktiviert.

9.

Nehmen wir ein einfaches Beispiel: der Mensch hat die Macht, sein Denken dem Prinzip der Mathematik zu unterordnen; aber er hat nicht die Willenskraft, dieses Prinzip aktiv zu machen. Das Prinzip wirkt aus sich selber und ist ein einzelnes Zentrum der Kontrolle in seinem eigenen Umkreis. Der Mensch kann seinen Willen dahin bringen, daß dieses Prinzip aktiv wird, aber von da ab ist das Prinzip die aktive Kraft, und durch Unterwerfung seines Willens — um genauer zu sein — findet er das Geheimnis seiner mathematischen Kraft. Das Prinzip des menschlichen Willens besteht darin, daß er sich einer höheren Autorität unterwerfen muß, und auf diese Weise kann er es verkörpern und erlangt dann die Macht dieser höheren Autorität. Die Schwäche des Menschen entstand daraus, daß er sich selber einem Etwas unterwarf, das in Wirklichkeit keine Macht besitzt, und das sollte für ihn der Beweis für die gewaltige Macht sein, die in seiner Möglichkeit liegt. Er muß also lernen das Prinzip seines eigenen Willens anzuwenden, und Macht einzig in dem Einen Prinzip existierend anzuerkennen.

10.

Unser tägliches Leben ist eine tatsächliche Anwendung dafür, insofern unsere Aussagen mit diesem Prinzip oder der Einen Vernunft (Mind) einiggehen. Wir sehen ein Ideal vor uns und wir projizieren ein solches. Nehmen wir an, dieses Ideal sei dasjenige der Vollkommenheit. Sogleich kommen wir in direkte Übereinstimmung mit der Kontrolle der Einen Vernunft (Mind) oder dem Prinzip. Wir projizieren ein Ideal, das wir erreichen wollen. Wenn es ein hohes Ideal ist, so wird diese Macht sogleich aktiv und bringt dieses Ideal in Existenz. Sobald ein Ideal projiziert wird und die dahinter stehende Kraft dadurch aktiv gemacht wird, das heißt, sobald das Ideal frei ist von der Tätigkeit unseres Willens und der Einwirkung des Einen Prinzips übergeben, so wird es vollendete Tatsache.

11.

Solange der Begriff von Dualität vorhanden ist, ist es für jeden schwer, einzusehen, wie solches auf der manifestierten Ebene möglich sein kann. Die Meister fassen keine Ebene außer der geistigen in Betracht — das Geoffenbarte Geistige. Wenn wir außer der geistigen Ebene keine andere in Betracht ziehen, so muß dieses Geistig=Manifestierte immer existieren, sobald eine Aussage gemacht worden ist, sogar noch vorher. Wir halten offensichtlich das Erreichen unserer Ideale von uns fern, weil wir an drei Ebenen denken, auf welchen sie sich offenbaren können. Heute hat man überzeugend eingesehen, daß ein Ideal sich nur auf einer einzigen Ebene manifestieren kann, es manifestiert sich auf der geistigen Ebene, allezeit. Es ist immer Tatsache.

12.

Wenn wir uns an die geistige Ebene halten und in ihr verbleiben wollten, würden wir sie in ihrer eigenen Weise des Ausdrucks erkennen. Wir hätten nicht nötig auf das Materielle zu schauen, denn wenn wir es tun, so reden wir in Ausdrücken von Materialisationen, und Materialisierung ist geistig keine Tatsache. Das Aktuelle ist immer die Tatsache. Es ist das Geistige in materielle Form gebracht. Zwei und zwei sind vier im mathematischen Prinzip, sie sind vier für die Vernunft (Mind) und ebenso in der Manifestation. Es sind nicht drei Ebenen, sondern es ist immer die mathematische Tatsache, auf gar keinem Punkt getrennt oder differenziert.

13.

Nach einer Manifestation, heißt es, schade es nichts, ob man sie materiell oder physisch heiße, denn man kann der Tatsache nicht mehr schaden. Aber sie wird empor erhoben, erhöht zum Geistigen. Das hat *Jesus* gemeint, wenn er sagte: „Wenn man alle Dinge ins Geistige erhebt, sind sie schon in Existenz." Offenbar hatte er das Gleiche im Sinn, wenn er betete: „Vater, ich danke Dir, daß du mich erhört hast und daß du mich immer erhörst." Er wußte mit Bestimmtheit, daß das, was er als Sein Ideal sah, schon vollendet war.

Für ihn wurde es augenblicklich zur Tatsache. Dann tat der den Ausspruch: „Wenn ihr in den Weinberg geht, ist er schon zum Ertrag bereit."

14.

Wenn wir uns definitiv so einstellten, so ist es fraglos, daß wir den Schwierigkeiten enthoben würden. Er erhob sich immer unverzüglich über alle Schwierigkeiten nur durch die Einstellung, die er bewahrte. Es war für ihn nicht ein langer, mühseliger Prozeß. Es war ein Ding des Augenblicks. Er sah vollkommen hindurch durch das, was nicht=existierend war. Es wird nicht behauptet, daß er es verneinte. Es ist ganz sicher, daß er nie irgend einen Zustand verneinte. Er erhob sich immer darüber hinweg in den wahren geistigen Zustand, und dann bestand keine Notwendigkeit zur Verneinung, oder zur Aufmerksamkeit auf etwas anderes, als auf den wahren, geistigen Zustand. Er sagte: „Ich lebe immer im Geiste."

15.

Unsere Bibel sagt: „Ich lebe immer in einem Geiste", das ist eine ganz falsche Interpretation. Dieses Einfügen eines „ein", wo es nicht hingehört, macht einen großen Unterschied. Auf diese Weise sind viele Irrtümer in unserem Verständnis entstanden.

16.

Die (englische) Übersetzung der christlichen Bibel sagt: „Gott ist ein Geist." Die ursprünglichen Worte sind: „Gott ist Geist"; nie wurde Gott ein Attribut oder eine Lebensbedingung zugeschrieben. Ein Schriftsteller hat gesagt: „Es ist gleich, wie wenn man Gott in ein Litermaß unseres Intellektes einsperren möchte." Geist und Vernunft (Mind) sind synonym. Sie sind, was ihren Schwingungs=Einfluß anbelangt, ein und dasselbe. Was einen Unterschied macht, scheinbar, kommt daher, daß wir unsere Gedanken für gleichbedeutend mit Vernunft (Mind) halten. Mind (Vernunft) ist Bewußtsein, denn Bewußtsein und Vernunft sind unzertrennlich. Das Element des Bewußtseins ist Gedanke, und wenn man geistiger Tatsachen bewußt ist, besteht für uns kein Unterschied zwischen Vernunft und Geist. Wir sind dann in einem Zustand des geistigen Bewußtseins.

17.

Man hat recht an die Vernunft (Mind) als an Bewußtsein in Aktion zu denken, aber so ist auch Geist Bewußtsein in Aktion. Auch diese beiden sind synonym. Jedes der beiden kann stumm werden, oder sich im Individuum verlieren, aber sie sind nicht untergegangen in den äußeren Umständen. Wenn das Äußere gleich ist dem Inneren, geht die Vernunft (Mind) nie unter im Individuum, sondern ist nur stumm geworden. Nur der Betreffende selber meint, sie sei untergegangen, und für ihn kann sie nicht existierend werden, weil er ihrer nicht bewußt ist. Das Bewußtsein ist allezeit vorhanden und tritt sogleich in Existenz, wenn man Bewußtsein darauf richtet, was immer ist: die geistige Tatsache.

18.

Das Element des Bewußtseins ist eher direktive, als antrei=
bende Vernunft=Kraft. Darum ist es bei einem Aussenden der
Vernunfts=Kraft, oder, wie wir es ausdrücken: bei einer Erhö=
hung der Vernunft=Erzeugnisse in ihrem richtigen Zustand un=
erläßlich, daß wenigstens das Element des Bewußtseins der gei=
stigen Tatsache treu ist.

19.

Heute nähern sich viele Gelehrte der gleichen Schlußfolge=
rung, was die allen Dingen zugrunde liegende Ursache sei. Sie
lösen die ganze Struktur der Substanz auf und führen sie zu=
rück zu der ausgehenden Energie, die identisch ist mit Geist.
Geist ist alles durchdringend, er offenbart sich in allen
Dingen. Man hat gefunden, daß alle Elemente, einschließlich
Radium, auf dieses eine primäre Element zurückgeführt werden.
Aber diese Energie ist in letzter Analyse nicht eine blinde, son=
dern eine intelligente Kraft. Sie weiß, was sie tut. Gelehrte
geben sogar zu, daß es eine gewisse Form von „Elektrizität"
gibt, welche zu wissen scheint, was sie tut. Diese alles durchdrin=
gende und schöpferische Energie hinter allen Dingen ist sich
ihrer selbst bewußt, ist bewußt dessen, was sie tut; bewußt,
wie es zu tun ist, und wir nennen sie darum Geist oder Gott.
Sie ist allgegenwärtig, allmächtig und allwissend, wie die
Christliche Bibel sagt.

20.

Wenn der Mensch anfängt, in seinem Bewußtsein die Betäti=
gungen irgendeines Prinzips zusammenzufassen, da beginnt er
zu sagen: „Ich bin Das." Das ist die Zentralisierung der Auto=
rität des Prinzips in ihm. „Ich bin" macht die Vernunft (Mind)
dynamisch, anstatt sie in der Potentialität zu belassen. Sie wird
dynamisch im selben Augenblick, da wir den Gedanken auf das
„*Ich bin*" richten. Dieser fixierte Punkt ist immer das Zentrum
und aus ihm gehen hervor die autoritären Befehle, welche die
ganzen Zustände des geoffenbarten Menschen kontrollieren
und bestimmen. Das *Ich bin* muß angewendet werden, damit

des Menschen eigentlicher Zustand sich zeigt, das, was er tatsächlich ist, nicht das als was er sich in seiner manifestierten Form vorkommt. *„Ich bin das ich bin"* ist die Verkörperung der Bewegungs=Autorität im Universum. Neben diesem *Ich bin* gibt es keine wahre Existenz, nur Täuschung.

21.

Der Name „Ich bin" war Gott für Moses. Es ist durch alle Zeitalter hindurch das „Ich bin" gewesen. Für den Hindu ist es *Aum*, was das Gleiche bedeutet. Auch für die Arier ist es *Aum*. Die Chinesen nennen es *Tau*.

22.

Die sogenannten „blinden Flecken" (toten Stellen?) im Äther, in unserem Radio und in wissenschaftlichen Gebieten sind gewissermaßen symbolisch für „tote Stellen" im menschlichen Bewußtsein. Der Radiostrahl geht direkt hindurch durch diese nicht=magnetischen Felder, wie wenn sie nicht existieren würden. Unsere Lagen der Atmosphäre, die konzentrischen Bänder atmosphärischer Zustände, sind in Bewegung. In der Erde sind sie stillstehend. Wenn ein nicht=magnetisches Feld sich über ein magnetisches Feld unserer konzentrischen Bänder bewegt, entsteht ein vacuum=ähnlicher Zustand. Wenn ein magnetisches Feld über ein nicht=magnetisches Feld der Erdoberfläche geht, geht es direkt hindurch und verliert sich. Das ist oft während der Nacht stärker als am Tage. Diese nicht=magnetischen Felder sind wie statische Zustände im menschlichen Bewußtsein, intensiver bei größerer Dunkelheit oder Unwissenheit. Aber die positiven Strahlungen des geistigen „Ich bin", die Feststellungen dessen, was der Mensch tatsächlich ist, dringen hindurch durch diese statischen Felder seines Bewußtseins, und es ist dann so, als ob sie nicht existierten. Die andauernde Feststellung geistiger Tatsachen, die sich auf den Menschen und auf seinen Platz im Universum beziehen, wird schließlich alle solchen statischen Felder sowohl im Bewußtsein des Menschen, wie in seinen Lebensumständen zunichte machen.

23.

Die Eine Vernunft (Mind) erschafft nicht fortwährend neue Ideen. Es sind geoffenbarte Ideen, die von Anfang an erschaffen worden sind, denn die Eine Vernunft (Mind) ist und war alle=zeit allwissend, alles=wissend. Sie ist nie mehr gewesen als *sie selbst*, und wird nie weniger, noch mehr sein. Es ist alles ein Prozeß der Rückwirkung. Es ist das gleiche wie unsere heutigen Radiowellen. Sie strömen zurück und vorwärts von einem Platz im Raum zum andern. Das heißt, ihr könnt sagen: von Raum zu Raum.

24.

Gedanke ist natürlich die mächtigste aller Schwingungen, denn er hat Kontrolle über das Schwingungsfeld Elektrizität und Radio. In der Tat, das Schwingungsfeld von Elektrizität und von Radio wird immer einwirken auf das Gedankenfeld, und daraus zurück. Radio folgt einer Spur in der Atmosphäre ungeachtet einer Führung. Radio folgt einer Spur, einer Rich=tung. Radio wirkt durch den Äther. Aber ein Gedanke „fährt" nicht, Gedanke ist allgegenwärtig. Er ist immer schon da, auf welchen Punkt man auch hinweise. Es ist die Einwirkung des Gedankens auf die Elektronen, was den Gedanken anscheinend in Bewegung setzt. Vernunft (Mind) ist das antreibende Ele=ment, der Gedanke bewegt sich gleichzeitig mit ihr, und indem er auf die Elektronen stößt, bringt er alle Bewegung auf der Ebene der manifestierten Substanz hervor.

25.

Das, was wir Raum nennen, ist tatsächlich die Eine Geistige Vernunft (Mind). Es ist das Prinzip, welches der menschlichen Seele, die das Gegenstück der geistigen Vernunft ist, Zeit und Raum zu überwinden erlaubt, denn im Geistigen gibt es weder Raum noch Zeit. Im Geistigen ist alles vollkommen, und im Vollkommenen kann es nichts Derartiges geben wie Zeit und Raum. Das ist die Bedeutung der Worte „Laßt in euch das gleiche Gemüt (Mind) sein, welches auch in *Christus* war". Es ist ein Zustand vollständiger Einheit, der als Tatsache besteht

Die eine Vernunft

zwischen dem Individuum und der universellen Seele und soll für Jeden eine bewußte Tatsache werden. Das ist die vollkommene Vernunft (Mind), die kontrollierende Vernunft, welche bewußt durch jeden Einzelnen wirkt.

26.

Der physische Mensch, der seiner selbst sich bewußte Mensch, der sich für ein bloß physisches Wesen hält, denkt, daß er ein von Gott getrenntes Wesen sei. Und er denkt im Sinn von Fortbewegung von einem Ort zum andern, und doch bewegt er sich nur in seiner Illusion über sich selber, und ist unglücklich. Aber in Wirklichkeit ist er in und von dieser Vernunft und lebt und bewegt sich und hat seine Wesenheit in ihr. In den Reden *Jesu* war seine wichtigste Feststellung „Friede, sei still". Sie wird nie mit lauter Stimme gesagt, nie ausgesandt aus dem Willen des Menschen, aber in Einheit mit der ruhigen, wissenden Macht, welche aus der Erkenntnis der Einheit hervorgeht. Das ist die größte Sicherheit, die größte Macht. Wir haben gesehen, wie einige der größten Stürme mit diesen einfachen Worten überwunden wurden. So werden auch die scheinbaren „Gemütsstürme" zum schweigen gebracht, bis man die kontrollierende Macht der Einen Vernunft fühlen kann.

ANMERKUNGEN FÜR DEN LEHRER

Kapitel II

1., 2.

Die Abschnitte 1, 2 geben reichlich Gelegenheit, jedem Einzelnen überzeugend zu zeigen, daß er, solang sein Denken geteilt ist, durch diesen Akt der Teilung seinen Sinn für Macht und Direktion verloren hat. Nur von einer sicheren Prämisse aus kann irgendeine Struktur aufgebaut werden, und ehe man nicht bei dieser Prämisse angelangt ist, kann man nicht mit irgendetwas anfangen. Das muß es gewesen sein, was *Jesus* meinte, als er sagte: „Du sollst den Herrn deinen Gott anbeten und Ihm allein dienen."

3.

Dieses eine, grundlegende Lebensprinzip, Gott, ist die kontrollierende und herrschende Kraft im Universum, und der Mensch kann sich selbst nur in Beziehung zu diesem Prinzip finden. Die einzige Berichtigung, die das Wesen des Menschen harmonisieren kann, ist eine Wieder=Einfügung seiner ganzen Natur in die Tatsachen, aus denen er hervorgegangen ist.

4.

Der Mensch selber hat der äußeren Welt Macht zugeschrieben, denn ursprünglich hat sie keine solche besessen, noch hat sie eine, auch wenn der Mensch ihr anscheinend solche zuschreibt. Diese Macht bleibt in ihm selber, und das, was ihm als Macht vorkommt in seiner Umgebung oder in irgend etwas außerhalb seines eigenen *Ich bin*, seiner inneren Identität, ist eine Verdrehung dieser selben Macht in sich. Die Macht ist immer im Inneren des Menschen, und sie betätigt sich den Richtlinien entsprechend, die man ihr gibt. Hinter Allem aber ist die kontrollierende Kraft des Universums, und was ich als Einzelner bin, muß eins sein mit dem *Ich bin*, welches universell ist. Vollkommene Übereinstimmung muß sein zwischen Ursache und Wirkung, denn die Bewegung der Ursache ist das Leben der Wirkung.

5., 6., 7.

Kann entlang dieser gleichen Linie ausgedehnt werden, und die Lehre kann zu einer bleibenden Wohltat für jeden Einzelnen werden.

Anmerkungen zu Kapitel II

Nichts stimmt so vollkommen überein mit der wahren Lehre, die *Christus* der Welt geben wollte, wie sein: „Größere Dinge, als diese sollt ihr vollbringen." Das war seine Einschätzung der menschlichen Möglichkeiten.

8., 9.

Die nützlichste und befreiendste Lehre und Praxis kann aus den Abschnitten 8 und 9 entwickelt werden. Der willkürliche Versuch, das Denken in die Ebene der Manifestierung hinein zu drängen, ist eine hoffnungslose Aufgabe. Der Weg zur Befreiung ist das Akzeptieren der Universellen Macht, als einer zentralen Ausstrahlung der Ausführung, welche Himmel und Erde als schon vollendete Offenbarung ihrer Selbst hervorgebracht hat, und die als selbst=existierende Tatsache jeder konstruktiven Idee des Menschen zugrunde liegt.

10.

Zeigt die Methode des Vorgehens bei einer sogenannten Demonstration, welche in letzter Analyse ein Vermeiden unseres Unvollkommenheits=Begriffs ist, und unserer Unfähigkeit, Tatsachen anzuerkennen.

11.

Zeigt ausführlicher, was vor sich geht in der Sache manifestierter Resultate. Ein Freimachen der Vernunft von aller Dualität ist die Lösung dieser ganzen Frage.

12.

Ist eine weitere Ausführung der gleichen Idee.

13., 14., 15.

Kann dem Vorangegangenen zur Bestärkung dienen.

16.

Können wir nicht ein für allemal klar machen, daß die verschiedenen Arten von Vernunft oder Gemüt, wie wir es nennen, nur Verschiedenheiten des Denkens sind? Vernunft funktionierend in dem, was wir Denkprinzip nennen, ist die gleiche geistige Fähigkeit im

Menschen, die er, durch Pervertierung zu niedrigen Zwecken miß=
braucht. Wenn der Mensch „dem Gedanken Gottes nachfolgt", ist
seine Vernunft vergeistigt, sie funktioniert in gleicher Ebene mit dem
Gottesgedanken, sie denkt, wie Gott denkt, oder besser gesagt: sie
weiß, wie Gott weiß. Der menschliche Verstand denkt, die Vernunft
Gottes *weiß*.

17., 18., 19.

Bieten ausgezeichnete Möglichkeit, diese Idee weiter zu entwickeln
und dem Menschen einzuprägen, daß er in Wirklichkeit nicht lebt,
solange er nicht bewußt in Harmonie mit seinem Lebens=Ursprung
funktioniert.

20., 21.

Die richtige Anwendung des *Ich bin* besteht darin, die ursprüng=
liche Identität der Menschen in und mit seinem Urquell festzustellen
und nicht zu erlauben, daß es erniedrigt werde, indem man in sich
aufnimmt, was man nicht ist. Der Mensch ist nicht seine Erfahrung,
er ist was er *ist*. Erlebnisse mit Dem, was weniger als er Selbst ist,
sollten nie eingeschlossen werden in seiner eigenen Wertschätzung.
Ich bin immer das, was „*Ich im Geiste bin*", nicht das, was ich gemäß
meinen Erfahrungen zu sein scheine, oder was ich in der Welt erlebt
habe, oder anscheinend durchmache, immer bleibe ich doch, was
ich im ursprünglichen Sinn bin, das Bildnis und Gleichnis Gottes.

22.

Zeigt den weitgehenden Einfluß der geistigen Tatsache, wie sie alle
Begrenzung übersteigt. Der Geist zieht Übel, Armut und Krankheit
nicht in Betracht. Sie sind nur leere Stellen im Bewußtsein des Men=
schen. In der *Wissenden* Vernunft gibt es keine derartigen Dinge,
so ist es immer bei ihr mit Dem, was *sie weiß* und *ist*.

23.

Die Vernunft, die Gott ist, ist die gleiche, gestern und alle Zeit.
Was für uns eine neue Idee zu sein scheint, ist nur unsere Entdeckung
von etwas, was schon immer war. Heilung und sogenannte Demon=

strationen bringen nicht etwas ins Dasein, sondern sind nur ein Erwachen zu dem Zustand, der schon immer geherrscht hat.

24.

Die sogenannte Gedankenkraft ist nicht die Kraft des Denkens. Der Gedanke ist nur der Übertrager der Macht. Die Macht ist im Geist, und der Gedanke überträgt oder vermittelt Macht nur soweit, als es unserem vom Geist getragenen Standpunkt und Zielen entspricht. „Meine Worte sind Geist", sagte *Jesus*, das bedeutet, daß Seine Worte absolut der universellen Richtlinie angepaßt seien, welche er Wille Gottes hieß.

25., 26.

Zeigen den Menschen als einen wesentlichen Teil des unendlichen Raumes und nicht als isoliertes Wesen unter isolierten Lebensformen. „Von Einem Geist sind wir getauft in einem Körper." Indem wir unsere Ruhe finden in dieser ewigen Einheitlichkeit aller Dinge, finden wir unseren Machtzustand, wo alle gegensätzliche Illusion sich auflöst in den Frieden und die Ruhe der Erleuchtung.

III

Die duale Seele

1.

In der Welt des Westens denken viele an Dualität, anstatt an die Eine Vernunft, oder das Prinzip. Das zersplittert die Kräfte, und man ist nicht imstande, sein Denken so im Zaun zu halten, wie es möglich ist, wenn man das Eine Prinzip erkennt und sich selbst und alle Dinge als zu dem Einen gehörige Teile ansieht.

2.

„Siehe, unser Gott ist alleinig", sagen die Schriften, und nur in der Aufrechterhaltung dieser fundamentalen Wahrheit lebt der Mensch in Harmonie mit seiner eigenen Natur. Der Mensch ist nicht ein abgetrenntes Wesen, weggeschleudert aus seiner Ursprungsquelle, sondern er ist erschaffen nach dem Bilde Gottes und Gott gleich. Nur im *Sinn* einer Isolierung, der die Wurzel alles Übels ist, verliert er die segensreichen Einflüsse der *schöpferischen Ursache,* die ihm der natürlichen Ordnung der Dinge gemäß zugehören. Im Gefühl dieser Vereinsamung hat er sich alle möglichen Einwirkungen eingebildet, welche sich seinem Wohlbefinden entgegenstellen, und oft ist er versucht, das Universelle System für sein Mißgeschick verantwortlich zu machen. In Wahrheit aber sind alle diese Dinge seinem eigenen Tun zuzuschreiben, denn das Universum isoliert ihn nicht, noch ist es verantwortlich für die Schwierigkeiten, welche aus seiner

Selbst=Isolierung hervorgehen. „Kehre zu mir zurück, und ich will zu dir zurückkommen", sagt der Herr.

Das wird Dem angeboten, der seinen ihm zufallenden Platz in der göttlichen Ordnung akzeptiert, wie er im ganzen Schöp=fungs=Schema vorgesehen ist.

3.

Dualität wurde zur Existenz gebracht durch das Denken und Handeln, das ohne Rücksicht auf das Ganze vor sich ging. Jedoch, wenn dieser Dual=Gedanke umgedreht, oder wenn die Gedanken auf einen einzigen Punkt der Handlung gerichtet werden, wird Dualität vollkommen ausgeschaltet. Es ist eine wohlbekannte Tatsache, daß wir nichts erreichen, das doppel=ten Zweck hat oder auch nur eine doppelte Natur.

4.

Es gibt in Wirklichkeit keine Dualität in der Natur. Es gibt das Positive und das Negative, das Gute und das Böse, warm und kalt, und alle Gegensätze, aber wenn die Gegensätze mit=einander in Beziehung gebracht und verbunden werden, führen sie den Gedanken einem Ziel, einer Handlung, einem Prinzip entgegen. Was die Gegensätze anbelangt, ist es nicht nötig, sie als gegenteilig oder gegensätzlich anzusehen. Die zu Grunde liegende Erkenntnis ist der einzige Zweck. Jesus sagte immer wieder, daß seine größten Errungenschaften in der zielbewuß=ten Einstellung, dem festgehaltenen Zweck bestehe, welche er innehalte. Diese Beständigkeit bringt uns in die Einheitlichkeit, in welcher immer Prinzip ist. Darin ist Prinzip immer immanent. Dann hat man anstatt Dualität das *„Eine Auge"* oder das *Ich bin*.

5.

Viele Hindus gebrauchen den Ausdruck: Ich, während andere das *Ich bin* anwenden. Manche meinen, es sei hier, wo Dualität sich zuerst geoffenbart habe, in dem *Ich* und dem *Ich bin*. Viele glauben, daß diese Praxis zwei Einstellungen oder Zwecke habe, währenddem nur eine Wechselbeziehung, oder die Unterwer=

fung von Allem unter das Eine Ziel in Frage kommt. Es gibt keine Dualität des Prinzips, sondern die Einheitlichkeit des Prinzips in allen Dingen. Diese Worte *„Ich bin"* drücken sogar das genaue Prinzip, die genaue Wahrheit aus. So wie man diese Worte anwendet, erlaubt die Erhöhung des Einen Prinzips, sich endgültig auszuwirken. Ebensowenig sehen wir eine Dualität in der Natur, und darum anerkennen wir sie nicht. Wenn aber Dualität keine Anerkennung findet, wird sie harmonisiert.

6.

Sommer und Winter sind nicht zwei Dinge, sondern Phasen in der Natur. Der Winter ist für das Wachstum der Pflanzen ebenso wichtig wie der Sommer, er zeigt nur zwei Phasen eines einzigen Prozesses an. Was wir übel nennen, enthält den Keim des Guten, und wenn man hineinschaut, um das Gute zu finden, verschwindet der Begriff des Übels und es bleibt nur die Einsicht, daß alle Dinge zusammen wirken, dem Guten entgegen. Das anscheinend Üble, welches Zustände von Armut und Not umgibt, die von Menschen gemieden werden, würde verschwinden, wenn man es um des darin liegenden Guten willen betrachten wollte. Jesus lehrte, daß Blindheit nicht ein Übel und nicht das Resultat von Übel sei, sondern eine Gelegenheit „die Glorie Gottes" hervorleuchten zu lassen. Ein Problem ist dem Prinzip der Mathematik nicht fremd, noch ist es ein Hindernis für den, der ein Mathematiker werden will. Das Problem ist nichts weiter, als eine Darstellung von bestimmten Bedingungen, bei welchen das Prinzip angewendet werden kann, damit ein gewisses Resultat erzielt wird, und für den, der sich in dieser Weise zu ihm stellt, ist es ein Mittel zum Wachstum. Lebensumstände, die sich anscheinend unserem höchsten Guten entgegenstellen, sind nur Dinge der Praxis solange, bis wir die Charakterstärke haben, nur die Vollkommenheiten der Einheit zu sehen und zu offenbaren. Wenn das Leben in dieser Weise betrachtet wird, verschwindet alle Unannehmlichkeit, und alles wird zu einer Art von Praxis=Spiel, bei welchem wir sehen, leben, uns bewegen und unser Dasein haben, damit das in unserem Charakter existierende Gute sich in unserer Umwelt zeigen kann. Die Natur ist also harmonisch. Alles ist Harmonie. Alles wirkt zu= sammen unter dem Einfluß des Einen Zweckes.

7.

Genau wie der Unterschied eines Akkordes und eines Dis= kordes sich sogar einem Novizen bemerkbar macht, so ist das Individuum fähig, in sich selbst zu wissen, was in Harmonie ist mit dem Universellen Prinzip, und was dazu im Gegensatz steht. Jeder unharmonische Zustand in der Natur des Menschen ist Beweis dafür, daß er nicht in Harmonie ist mit der natür= lichen Ordnung der Dinge, und das Geheimnis seines vollkom= menen Fortschrittes besteht darin, jedem Umstand so zu begeg= nen, daß er das Gefühl der inneren Ruhe beibehält. Das ist un= möglich, solange das Gefühl einer inneren Abtrennung vom angeborenen Guten existiert, das in allen Dingen besteht. Die Natur des Menschen ist ewig im Einklang mit dem Guten, denn er ist aus Gott entstanden, und Gott ist gut. Wenn wir uns bewußt sind, daß unser Gutes sich ewig und unveränderlich immer zu offenbaren sucht in allen Dingen und in der eigenen Natur, ist man harmonisch mit sich selbst und dem Prinzip des eigenen Wesens. Wer sich anstrengt, in jeder Lebenserfahrung das darin enthaltene Gute zu entdecken, ist immer augenblick= lich imstande, das was andern als Übel erscheint, zur Quelle für sein Gutes zu machen.

8.

Selbstverständlich kommen wir zur gleichen Einstellung in Bezug auf Gegensätze. Es wird gesagt, es könne viele gegensätz= liche Offenbarungen geben, aber sie stellen sich einander nicht entgegen, wenn der Mensch keine derartige Opposition erlaubt. Jeder muß Gegensätze in seiner Einstellung zu ihnen harmoni= sieren, denn in Wirklichkeit sind sie nicht außerhalb der Har= monie. Wenn wir zu der Einstellung kommen, daß alles harmo= nisch ist, dann sehen wir die harmonische Beziehung zu allen Dingen und in uns selber. Das wird zu einer beständigen Ein=

stellung vollkommener Harmonie. Dann kann es keinen Miß=
ton mehr geben zwischen Gegensätzen, weil sie im Prinzip ihre
vollkommene gegenseitige Beziehung haben.

9.

Manche Gelehrten machen heute bei ihren Forschungen die
gleiche Feststellung: Der einzige Mißton, der existiert, ist im
Menschen, im Individuum, und dieser Mißton wird erzeugt
durch widersprechende Gedanken. Es heißt, daß das amerika=
nische Volk in seinem Denken das widersprechendste Volk sei.
Es ist ganz klar, daß diese Tatsache hervorgegangen ist aus den
mancherlei gedanklichen Auffassungen, welche sich finden in
den zahlreichen Nationalitäten, die hier zusammenkommen.
Diese Nationalitäten sind noch nicht völlig assimiliert worden.
Aber es zeigt sich, daß der große Assimilierungsprozeß jetzt
rasch vor sich geht.

10.

Die mathematische Formel, daß Dinge, die einem Dritten
gleich sind, auch untereinander gleich sind, ist eigentlich der
Schlüssel zu aller Harmonie. Erst wenn die Völker Amerikas
von einem gemeinsamen Impuls angetrieben werden, kann
etwas wie Harmonie entstehen. Das ist ebenso wahr von der
Welt im Allgemeinen, wie es wahr ist für den Einzelnen. Nur
wenn die Kräfte, die zu einem einzelnen oder zu mehreren Orga=
nismen in Beziehung stehen, angetrieben werden von einem
einzigen Impuls und in vollkommener Einheit einem bestimm=
ten Ziel entgegen streben, besteht vollkommene Harmonie.

11.

Es ist keine Frage, daß Jung in seinen Werken eine tiefe Note
angeschlagen hat mit seiner Stellungnahme zur Harmonie in allen
Dingen, als er von seinem Erlebnis sprach, seinem Eintreten in
eine Höhle. In manchen Gegenden von Indien pflegen sich Leute
in Höhlen zurückzuziehen, damit sie in völliger Ruhe eine
bestimmte Schlußfolgerung über gewisse, darauf bezügliche
Faktoren, ausarbeiten können. In allen Fällen, in denen darüber
Nachrichten zu bekommen sind, zeigt es sich, daß sie zur größ=

ten Lebens=Aktion kommen, wenn sie sich an einen Ort bege=
ben, wo sie sich zu Allem um sie herum schweigend verhalten.
Sie sehen weiter, je weiter hinaus sie ihre Vision ausdehnen. Sie
sehen vollkommen hindurch durch alles Materielle oder Phy=
sische, hinein in das, was sie als vollkommenen Lebens=Zustand
bezeichnen, wo alle Aktion harmonisch ist. Was sie aber sehen
und für wahrhaft universell halten, ist nur mit der Welt der
Dinge im Zusammenhang. Das heißt, daß die Welt nicht dem
Geistigen untertan, sondern nur, daß sie in Verbindung ist zu
ihrem ursprünglichen Zustand, und daß sich dann die Vollkom=
menheit des Geistigen augenblicklich offenbart. Dieses Wirken,
in harmonischer Übereinstimmung, geschieht unter ihrer Anlei=
tung, ohne Fehler.

12.

Das ist in der Tat die gleiche Prozedur, welche alle Menschen
befolgen, wenn sie irgendein Prinzip in Anwendung bringen.
Es ist notwendig, daß man zuerst die äußeren Formen wegläßt,
durch welche das Prinzip ausgedrückt wird, bis man klar die
Bewegung des in Frage kommenden Prinzips erkennt. Dann
wird die Bewegung des Prinzips mit der äußeren Form in Zu=
sammenhang gebracht, und wir haben Harmonie und Rhythmus
in Musik, korrekte Antworten auf Fragen, vollkommene archi=
tektonische Bauten, vollkommene Malerei und vollkommene
Statuen. Alle solchen Manifestationen kommen zustande durch
die Fähigkeit des Einzelnen, sich mit der zugrunde liegenden
Realität zu identifizieren, und diese Realität wird hervorge=
bracht durch die Form, in gleicher Schönheit und Harmonie,
wie sie im Prinzip sich zeigt.

13.

Diese gleichen Leute werden euch sagen, daß es nicht für
jeden nötig ist, ihnen gleich zu werden, um in solche harmo=
nische Lebensbedingungen zu kommen, sondern daß solches
auch im Alltagsleben erreicht werden könne. Sie stellen sich
absichtlich so ein, um zu sehen, was geschieht, damit sie zu
einer bestimmten Schlußfolgerung kommen. Wenn sie diese

Schlußfolgerung erlangt haben, sind sie imstande, andere zu belehren. Aber sie lehren sie nicht das Gleiche tun, was sie selber getan haben; sie lehren, daß man dies praktisch machen kann, daß es nicht notwendig ist, lange Jahre in Meditation zuzubringen, um dies zu erreichen, weil sie eine kürzere Methode, einen einfacheren Weg gefunden haben; daß man im gleichen Augenblick, da man stille wird, eins wird mit Harmonie oder Einklang. Daher fängt mit diesem Augenblick euer Fortschritt an; die Denkeinstellung wendet sich von Unruhe zu Harmonie; Streit ist nicht mehr zu bemerken; folglich hat man die Körperschwingung empor erhoben dahin, wo kein Streit existiert.

14.

Wenn einer imstande ist, diesen Zustand zu erreichen, können es alle tun, doch müssen nicht alle den langen, mühseligen Weg machen. Wenn eine Tatsache einmal geoffenbart worden ist, braucht man diese Tatsache bloß anzuerkennen. Der Gedanke der Meister ist: Wir sind durch diesen Prozeß gegangen, der uns zu der Entdeckung geführt hat, wir wissen, was die entscheidenden Faktoren sind, und die übrige Menschheit braucht diese Entdeckung nicht auch zu machen, sondern sie kann akzeptieren, was schon geoffenbart worden ist. Folglich ist es nicht nötig in Samadhi zu sitzen. Sie stellen fest, daß jemand, der in Samadhi sitzt, andern mitteilen kann, was er entdeckt hat. Jedermann kann durch die Praxis von Samadhi gehen, wenn er will, aber es ist nicht notwendig, aus dem Grunde: Ein Anerkennen der geoffenbarten Zustände hat einen gewissen nivellierenden Einfluß, eine gewisse belebende Bedingung, die zu klarem Schauen führt. Wenn man mit dem geoffenbarten Wissen beginnt, kann man sich leichter an die Stille anpassen, an die harmonischen Bedingungen und Tatsachen, die uns umgeben. Wer also die Schlußfolgerungen derer befolgt, die die vorbereitenden Schritte schon getan haben, gelangt sogleich direkt in den samadhischen Zustand. Alle, die durch diesen Zustand hindurch gegangen sind, sind Wegweiser und Lehrer. Wie sie sagen, ist es nicht notwendig, einem Lehrer

Schritt für Schritt nachzufolgen, da sie den Weg schon geebnet haben. Sie haben die Umstände erkannt, welche dann allgemein werden, und der Vorsprung hat den Weg für alle aufgetan.

15.

Dies ist die Wahrheit hinter der „stellvertretenden Sühne" Jesu. Er erklärte, wir seien alle eins mit dem Vater, so wie Er eins war mit dem Vater. Wir haben nicht zu kämpfen, um den Weg zu diesem Zustand zurück zu finden, denn er hat ihn als festgestellte Tatsache geoffenbart. Unsere Aufgabe besteht nur darin, als wahr anzuerkennen, was er als Wahrheit bewiesen hat. Wir haben nicht zu beweisen, daß die Summe aller Winkel eines Dreiecks der Summe von zwei rechten Winkeln gleich ist, nachdem es schon bewiesen worden ist. Bei einer bewiesenen Tatsache haben wir weiter nichts zu tun, als sie anzuerkennen. Wäre es nicht so, so würde jedermann selber jede mathematische, mechanische, künstlerische etc. Tatsache beweisen müssen; wenn aber andere diese Dinge bewiesen haben, treten wir ihr stellvertretendes Werk an, fahren weiter, wo sie aufgehört haben, und gehen unter dem gleichen Prinzip zu weiteren Bedingungen über.

16.

Je größer eine Gruppe, oder je größer die Zahl ihrer Mitglieder ist, umso größer ist ihr Einfluß. Je größer der Einfluß, umso größer ist immer der Antrieb. Darum heißt es, daß eine Gruppe von hundert, die in Samadhi, also in vollkommenem Schweigen, sitzen, einen Einfluß schaffen würden, der für Tausende genügt. Es würden also Tausende durch dieses eine Hundert zu größerer Erleuchtung geführt.

17.

Hier ist es, wo die Yoghis eine wichtige Rolle spielen. Zielbewußt opfern sie einen Teil ihres Lebens, damit ein derartiger Einfluß ausgesandt werde, besonders ein Einfluß für Körper-Vervollkommnung. Und es wird oft gesagt, es sei nicht für jedermann nötig, durch das Yogha-System hindurch zu gehen, um den Körper zu vervollkommnen, weil sie hindurch gegangen seien und eine solche Vervollkommnung für alle möglich gemacht haben. Das ist es auch, was zum Ausdruck kam, als Jesus sein Leben am Kreuze aufgab. Sie wissen, wie es auch Jesus gewußt hat, daß das Leben nicht aufgegeben wird. Sie gaben diesen Lebensanteil hin an eine höhere Ausdrucksform, daß alle es sehen und nachfolgen konnten. Sie wurden zu Wegweisern oder Lehrern. Darum sollten Menschen, die weiter voran kommen wollen, noch weiter und mit größeren Schritten voran gehen.

18.

Dies sind die Gründe, weshalb gesagt wird, es sei nicht nötig durch alle die vielen Gradstufen von Yoga oder Joga zu gehen. Manche legen diese Schritte in wenig Stunden zurück, weil ein stärkerer Antrieb ausgeht von denen, die mehr Zeit an den Dienst und stärkeren Impuls darauf verwendet haben. Es gibt gewisse auserwählte Gruppen, welche allezeit diesen Richtlinien nachwirken. Ihr Einfluß kann aufgenommen werden, so wie er von mehreren Gruppen und Zentren jederzeit ausgesandt wird.

19.

Dieser Einfluß wird auf der geistigen Ebene aufgenommen, wie auf der elektrischen Ebene die Radio=Musik aufgenommen wird. Aber, wie die Radio=Musik, die auf der elektrischen Ebene aufgenommen wurde, auf der materiellen und der mentalen Ebene gehört wird, so sind diese geistigen Einflüsse auf allen niedrigeren Ebenen wahrnehmbar, denn alles wird umfaßt. Alles ist geistige Ebene, eine *einzige Universalebene*, die in vollkommener Einheitlichkeit in sich selber wirkt, wenn der Einzelne erst einmal dazu erwacht ist, dies zu sehen, wie es in Wahrheit ist. Der Kontakt kommt nicht zustande, indem man die Meister oder ihren Einfluß sucht, sondern indem man die Ebene des harmonischen Gedankens und der geistigen Einwirkung sucht, welche alle Zeitdauer und allen Raum durchdringt, und auf welcher sie wirken.

20.

Eine Linie kann scheinbar zwei Enden haben, aber bringe diese beiden Oppositionen zusammen, und du hast einen Kreis und die beiden Gegensätze sind verschwunden. Dehne den Kreis aus und du hast eine vollkommene Kugel, was eine völlige synchronisierte Zusammenfassung der Elemente bedeutet. Wie Millikan sagt: „der Kosmos wird zur Erdkugel." So wird der Kreis in jeder Weise vollendet und vollkommene Einheitlichkeit ist da. Der Punkt wird zur Linie, die Linie zum Kreis, der Kreis zur Kugel. So ist es auch bei jeder Gedankenreihe, und durch den fortschreitenden Prozeß der Verbindung aller Dinge in das Eine, anstatt eines Abtrennens von Einzelheiten, wird der Punkt der Einheitlichkeit festgestellt. Das ist Einstrebigkeit.

21.

Wenn jemand Konzentration im Denken erlangt hat, tritt er ein in den Samadhi=Zustand und hier beginnt dann sein Er= folg — wenn er diese Zielstrebigkeit erreicht hat.

22.

Man muß jedoch im Sinn behalten, daß diese Konzentration oder Zielstrebigkeit ein erweiterter, nicht ein angespannter Ge= mütszustand ist. Er wird herbeigeführt durch das Prinzip, alle Dinge eher miteinander in Zusammenhang zu setzen, als sie, unrichtigerweise, auseinander zu halten. Samadhi macht es einem möglich, durch das Ganze hindurch die Wahrheit, das Prinzip zu sehen.

23.

Das schließt aus, was die westliche Welt von Bewußtsein und Unterbewußtsein lehrt. Tatsächlich gibt es nur eine Vernunft, und wir können sie Überbewußtsein heißen. Hier kommt Be= wußtsein und Unterbewußtsein zusammen. Dann wird man sich des Ganzen bewußt. Es gibt dann keine Unterabteilungen, und wo wir keine Abteilungen machen, sind wir in völliger Übereinstimmung.

Die duale Seele

24.

Die Teilung in Bewußtsein, Unterbewußtsein und so weiter wurde anfänglich zur Hilfe bei Belehrungen aufgestellt. Aber das Gegenteil ist heute wahr. Wir können die Vernunft am besten verstehen und bewußt in geistiger Entwicklung Fort= schritte machen, wenn wir im Sinn der *Einen* Vernunft denken und handeln. Abteilungen haben zur Lehre der Symbole ge= hört, die jetzt überlebt ist. Vielleicht war eine solche Klassifi= zierung früher notwendig, aber die menschliche Rasse hat sich jetzt vollkommen durch Symbolik hindurch gearbeitet. Wir anerkennen die Einheitlichkeit aller Symbole. Wenn wir eins werden mit dieser Gedankeneinstellung, fangen wir an Erfolg zu haben.

25.

Ich habe mit Männern gesprochen, die Großes geleistet haben, und ich fand, daß sie meistens mit dieser *Einen* Vernunft arbei= ten, mit dem Bewußtsein, daß alles immer vorhanden ist und immer gegenwärtig. Das ist ihre Stellungnahme gewesen. Diese Stellungnahme tritt heute so sehr in den Vordergrund, daß wir sehen werden, wie sie unser ganzes ökonomisches System wan= deln wird. Könnten wir uns völlig eins machen mit dieser *Einen* Vernunft, so gäbe es keine Durchkreuzungs=Projekte. Energie= Verschwendung käme 90% seltener vor. Diese Energie wird in wachsender Weise für höhere und größere Zwecke angewandt, anstatt daß sie verzerrt wird in Anstrengungen, dem Nächsten wegzunehmen, was er selber braucht. Die wahrhaft Großen haben nie nötig, andern etwas wegzunehmen, um etwas hervor= zubringen. Bei ihnen gehört alles, was da ist, ihnen an, und was ihnen gehört, kann von ihnen frei angewendet werden.

ANMERKUNGEN FÜR DEN LEHRER

Kapitel III

1., 2.

Jedes Prinzip, mit dem wir zu tun haben, beginnt mit einer bestimmten Prämisse, und jeder Aufbau ist nur in strikter Bezugnahme auf diese grundlegende Prämisse möglich. Die Ursache davon, daß das Leben der Menschen anscheinend dem Verfall entgegen gegangen ist, liegt darin, daß er die dem Leben zu Grunde liegende Tatsache außer Acht gelassen hat. Diese grundlegende Tatsache des Lebens ist, daß das ganze System des Universums eine einzige Einheit, und daß der Mensch ein dazu gehörender Teil ist. Er ist keineswegs davon abgetrennt, und nur seine Auffassung, daß er ein alleinstehendes Wesen sei, hat ihn seine berechtigte Stellung und Autorität verlieren lassen.

3., 4.

In den Abschnitten 3 und 4 kann klar hervorgehoben werden, wie der Begriff der Dualität entwickelt worden ist, und darum auch, wie man ihn überwinden kann.

5., 6.

Das „Ich" in jedem ist die erste Bewegung seiner Natur, der Zentralpunkt seiner Identität. „Bin" ist das, was im „Ich" die individuelle Identität verkörpert, sie einschließt, was auch immer damit eingeschlossen wird. Das „Ich" ist eine positive Feststellung und das „Bin" das Element der näheren Bezeichnung. Das „Ich" ist das männliche und das „Bin" das weibliche Prinzip. Das „Bin" bringt ins Dasein, was immer es erfaßt oder in sich aufnimmt. Das „Bin" muß in dieser umfassenden Macht makellos werden, wenn der Mensch das, was er im Geistigen ist, hervorbringen soll: „Ich" als meine Identität im Geiste, „Bin" als alles, was in Gott ist umfassend oder verkörpernd, das ist die richtige Anwendung dieses Ausdrucks. „*Ich bin das Ich Bin*", ist die Verkörperung Gottes. Das Ich kann in Wirklichkeit nie etwas anderes sein, als *das*, welches im Geist ist. „*Ich Bin das Ich Bin*", und neben mir ist kein Anderes.

7., 8.

Sie bieten wundervolle Gelegenheit, die Notwendigkeit und den Vorteil zu zeigen, die ein Harmonisieren von Allem mit sich bringt.

Anmerkungen zu Kapitel III

Natürlich ist es unmöglich, alle Dinge in unserem eigenen Denken und unseren Auffassungen in Harmonie zu bringen, aber wir können wenigstens einsehen, daß etwas, was überhaupt da ist, bis zu einem gewissen Grad alle Elemente des Ganzen in sich tragen muß. Wenn wir es im Zusammenhang mit dem Ganzen sehen und es mit dem All in Harmonie bringen, entgehen wir wenigstens dem Diskord, der sich in unserer eigenen Natur erhebt und erhalten uns in unserer richtigen Beziehung dazu. „Gott wirkt in geheimnisvoller Weise", und wenn wir auch nicht genau sehen, wie sich alle Dinge in schließlicher Harmonie mit dem universellen Zweck zutragen, braucht es keine große Einbildungskraft um zuzugeben, daß es so sein muß, weil die Natur Gottes so beschaffen ist.

9.

In der natürlichen Ordnung des Universums gibt es keinen Mißton. Jeder Mißton ist unsere eigene Reaktion auf das, was wir als falsch ansehen, oder am falschen Platz. Nur in dem Grad, als wir selber nicht im Einklang sind mit den Dingen, wie sie tatsächlich sind, entsteht in unserer eigenen Natur Diskord. Es ist nicht außerhalb, sondern innerhalb unserer eigenen Natur. Um dies zu vermeiden, müssen wir uns in Einklang setzen mit der geistigen Realität hinter dem Anschein. Das Gedankengemisch in Amerika ist symbolisch nur für das Gedankengemisch des einzelnen Amerikaners, und alles wird sich harmonisieren, wenn wir einem gemeinsamen Ziel entgegengehen.

10.

Illustriert den Abschnitt 9.

11., 12.

Zeigen deutlich, wie Harmonie hergestellt werden kann. Alle, die ans Ziel gelangen, lassen das Denken und Tun der Welt beiseite und bemühen sich um das, was getan werden soll.

13., 14., 15.

Zeigen den abgekürzten Weg geistigen Zielen entgegen und sollten deutlich genug gemacht werden, damit der Schüler für immer von der Idee frei wird, daß er eine Menge zu überwinden habe, ehe er seinen geistigen Zustand erreichen könne. Er soll seinen geistigen Zustand anerkennen, so wie jeder erleuchtete Lehrer vom

Anbeginn der Zeiten diesen gelehrt hat, und dieser erleuchtete Zustand ist an und für sich die Überwindung.

16., 17.

Geben ausgezeichnete Gelegenheit auf den Wert individueller und gruppenweiser Meditation über geistige Dinge hinzuweisen. Dies ist das grundlegende Werk jedes Zentrums und jeder Klasse, und ein Vernachlässigen desselben läßt uns die mächtigste Kraft des Aufbaus geistiger Hilfe und individueller Macht aus dem Auge verlieren, die uns die Aufgaben des Alltags erfüllen helfen.

18., 19.

Sind Illustrationen der Tatsachen, auf die in den Abschnitten 13, 14 und 15 hingewiesen wird.

20., 21.

Illustrieren das Prinzip der Harmonisierung und können mit Vorteil durch Beispiele erweitert werden.

22.

Dieser Abschnitt sollte den Schüler für immer von der Idee frei machen, daß Konzentration ein Zustand von mentaler Anspannung sei, oder daß man das Denken auf Ideen, Bilder oder Gegenstände richten solle. Konzentration ist der erweiterte Gemütszustand, der die Einheit aller Dinge ins Auge faßt, weit eher als ein Versuch, etwas vom Denken fern zu halten. Es ist ein Prozeß, alle Dinge zu ihrem Ursprung zurückzuführen.

23., 24.

Das sogenannte Unterbewußtsein ist weiter nichts, als eine reaktionäre Phase der Vernunft, dem intellektuellen Denken gegenüber, welches eine Person ausgeschlossen hat aus der natürlichen Aktion des universellen Denkens. Es gibt in einem Strom keine Schnellen, solange der Fluß in seinem Lauf in keiner Weise unterbrochen wird, und es gibt kein sogenanntes Unterbewußtsein, wenn der Strom des erleuchtenden Denkens ununterbrochen bleibt. Wenn man eingetreten ist in den Strom des Lebens, gibt es nur noch das strahlende Bewußtsein der Realität. —

IV

Grundlage der kommenden Gesellschaftsordnung

1.

Wir wollen zum Beginn unserer Besprechung dieses Gegen=
standes, der sozialen Re=Organisation, Hawai und die dortige
Situation vornehmen. Es besteht eine große Ähnlichkeit im
Denken des Hawaischen Volkes und unserem eigenen, beson=
ders was Erfahrungen anbelangt. Man kann einen Hawaianer
irgendwohin mitnehmen auf den Ozean und verliert ihn nie.
Sie fuhren nie aus in ihren Kanoes, ohne daß in jedem Kanoe
mindestens einer war, der sagen konnte, wo sie sich befanden,
genau wie wenn sie auf dem Boot den besten Kompaß der Welt
gehabt hätten. Es war Sache der andern, das Boot zu steuern,
und die seinige, es jederzeit zu lenken. Sie haben diese Fähigkeit
durch alle Zeitalter hindurch mitgebracht.

2.

Wir nahmen einmal einen Hawaianer mit auf den Atlanti=
schen Ozean, wo er nie zuvor gewesen war, und entdeckten,
daß dieser Sinn für Direktion ihm angeboren war. Wir setzten
diesen Mann in ein Boot mit Seeleuten, die nichts von Schiff=
fahrt verstanden, und er dirigierte sie nach den Cap=Verde=In=
seln, hunderte von Meilen weit entfernt. Die Hawaianer sind
still und finden leicht eine Lösung. Sie wenden diese Eigenschaft
ganz definitiv an.

3.

Die große Erfinderkraft der amerikanischen Vernunft funktioniert in gleicher Weise. Der Unterschied liegt hauptsächlich im Gebiet, auf das sie hingelenkt wird. Auch wir wenden diese Kraft in viel weiterem Sinne an, als wir meinen. Wenn wir wissen, wie wir naturgemäß funktionieren und dann bewußt in Harmonie mit uns selber vorangehen, werden wir in jeder Hinsicht viel bessere Fortschritte machen. Habt ihr je beobachtet, wie ihr einem inneren Sinn, einer Ahnung, einem Gefühl folgend, oft in gewisser Weise handelt und wie sich dann nachher alle Gründe entwickelt haben, welche das Warum und das Wozu gezeigt haben? Manche Leute versuchen immer vorher alles auszudenken und tun eigentlich weiter nichts als denken, denn es zeigt sich keine anscheinende Lösung, ehe etwas getan worden ist. Das Gefühl, daß es getan werden kann, oder getan werden sollte, oder daß es so oder so besser wäre, ist die erste Betätigung dieses inneren Sinns, und wenn wir nur still wären, würde der Rest der Information kommen und den ganzen Plan der Sache vollkommen machen. Dann könnten die intellektuelle Erklärung, oder die Gedanken, die den Prozeß definieren, leicht formuliert werden. Der folgernde Verstand, wie wir ihn im Allgemeinen kennen, geht nur über den gleichen Grund, über den er schon vorher gegangen ist, aber der Verstand ist nie vollkommen, ehe dieser andere Sinn auch hinzugezogen wird. Die neue soziale Ordnung wird genau so kommen, wie die Ideen des Erfinders kommen. Sie wird sozusagen ein sich offenbarender Funke sein, und die Vernunft kann ihn zusammenfassen und ausführen. Die Beschreibung, die der Mensch von dieser neuen Ordnung machen wird, wird erst in ihrer Auswirkung vollkommen sein. Der Verstand beschreibt, aber dieser andere Sinn sieht und geht über den Verstand hinaus und öffnet den Weg für ein erweitertes Verstehen.

4.

Das ist nicht eine Phase des Unterbewußtseins, wie manche es nennen mögen. Und es ist auch keine Phase des Unterbe=

wußten. Es ist die Macht, in beide einzudringen. Bei den Hawaianern ist es eine vollkommen bewußte Sache. Sie ist entstanden durch Entwicklung, sie wurde ihnen gegeben, und sie haben sie ausgearbeitet. Als sie noch barfuß über ihre Inseln gingen und noch gar keine Transportmittel besaßen, wurden sie zu den Orten, wo man sie nötig hatte, hingezogen. Ich habe vierzig oder fünfzig von ihnen die Insel durchqueren sehen, um jemanden ihres Volkes zu finden, den sie in Not wußten. Manchmal kamen ihre Freunde aus andern Teilen ihres Landes sie besuchen. Sie verfehlten sich in solchen Sachen niemals. Sie waren allezeit miteinander in Verbindung. Ich habe sie früher befragt darüber, sie dachten sich nichts dabei. Sie machen es einfach so, weil man ihnen nie die Idee gegeben hat, es sei anders als natürlich.

5.

Wären die Interessen von Denen auf einer Seite der Insel einzig auf sich selber eingestellt, so würden sie sich nicht kümmern um die Sorgen Derer auf der andern Seite. Sie sind unter sich verbunden durch gemeinsame Interessen, und sie sind besorgt um die Wohlfahrt derer um sie herum, und es ist dieses Interesse, das sie aufmerksam macht auf die Notwendigkeiten außerhalb ihres eigenen Lebenskreises, oder Wohnortes. Wo bei ihren Mitmenschen eine Sorge besteht, ziehen sie den Sinn dieser Sorge in sich hinein durch das Band, das sie unter sich verbindet, und so werden die Sorgen einer Gruppe augenblicklich einer andern bekannt. Selbstsucht und Selbstinteresse trennen und isolieren uns vom Rest der Menschheit, und dieser Begriff von Abgetrenntheit macht Menschen immun den Sorgen anderer gegenüber, und so wird die soziale Struktur aus dem Gleichgewicht gerissen. In dieser Weise entwickelt sich in einer Gruppe immer größerer Mangel, während größerer und immer größerer Überfluß sich in einer andern entwickelt, und die ganze soziale Struktur geht aus den Fugen. So entsteht Krieg und Streit. Kann man sich vorstellen, daß zwei Gruppen in den Krieg ziehen, wenn jede die Not der andern erleichtern möchte? „Natur haßt eine Leere", und genau wie unter extremen Unterschie=

den in dem atmosphärischen Druck sich heftige Stürme erheben, so entwickeln sich Kriege vor allem aus den Extremen von menschlichen Lebensbedingungen.

6.

Diese Eigenschaft der Hawaianer ist zum großen Teil Erinnerung, die auf frühere Generationen zurückgeht. Sie haben sich nicht daraus entfernt. Es bestehen keine Schranken zwischen ihnen und den früheren Lebenszeiten. Sie sagen: „Wir haben nicht immer an dieser Stelle gewohnt. Wir sehen alle Orte zu jeder Zeit von einem Punkt aus, wir haben uns nie davon weg begeben: man muß nur ruhig sein und man weiß, wohin man gehen will."

7.

In gewissem Sinn ist dies die gleiche Eigenschaft des Instinktes, welche das Tier benutzt, aber wie der Mensch eine viel höhere Lebensform ist als das Tier, sind alle seine Fähigkeiten entsprechend erweitert. Beim Tier ist es Instinkt, aber beim Menschen ist es als Möglichkeit viel weiter ausgedehnt, ob man es nun Intuition oder geistige Unterscheidungskraft nennt. Das Tier hat es nur bis zu einem bestimmten Grade, aber beim Menschen ist es durchgehend. Er kann das, was er erreichen will, genau vor sich sehen. Das Tier kehrt zurück über den gleichen Grund, über den es schon gegangen ist, aber der Mensch kann irgendwohin gehen, ohne den gleichen Weg zu nehmen.

8.

Es kann nicht genau bestimmt werden, wie weit diese Eigenschaft ein Tier in neue Gebiete hineinführen kann, aber wir wissen, daß es die primäre Funktion dieser Eigenschaft gewesen ist, welche den Weg für menschlichen Fortschritt auf jedem Gebiet gebahnt hat. Der einzige Unterschied zwischen Menschen, die Großes erreichen und jenen, die in der Mittelmäßigkeit stehen bleiben, besteht darin, daß die Großen dem, was getan worden ist, wenig Aufmerksamkeit schenken, auch den Hindernissen oder anscheinenden Gegengründen gegen eine

Unternehmung, sondern sich ganz dem widmen, was getan werden kann oder getan werden sollte. Wer der mentalen oder emotionellen Natur erlaubt, zurück zu schrecken und dieser Fähigkeit nicht gestattet sich auszudehnen bis hinein ins Unbekannte, zerstört die eigenen Gaben, und das hält ihn immer im Gefängnis der Begrenzungen zurück. Aber man muß sich merken, daß dieses Gefängnis nichts weiter ist, als der Rückprall oder Reflex der eigenen Natur. Genius ist, was durch Bedingungen und Umstände hindurch dringt, und sich ewig im Ausdehnungsprozeß und der Erweiterung der ausführenden Kraft erhält.

9.

Die Möglichkeit, diesen Sinn für unbeschränkten Fortschritt anzuwenden, ist bei jedermann. Sie ist nicht für den auserwählten Einzelnen allein. Jedermann kann ihn anwenden. Die Hawaianer sind viel bewußter als jeder andere, uns Bekannte, ausgenommen die Polynesier. Diese letzteren mögen aus einer Distanz von dreitausend Meilen nach Hawai auf Besuch kommen. Der eigentliche Polynesier und Hawaianer ist ein richtiger Kaukasier. Es scheint, daß diese Eigenschaft sich definitiver in der kaukasischen Rasse zeigt. Wenn sie sie nicht unterdrücken, indem sie an ihr zweifeln, oder vor anscheinenden Begrenzungen anhalten, wird sie anscheinend immer stärker.

10.

Das hat Theodore Roosevelt in Afrika angetroffen. Es ist auch evident in Alaska und in Sibirien. Als ich im Jahre 1905 auszog, um Amundsen Hilfe zu bringen, war gar keine Wegspur zu sehen, aber als wir etwa 30 oder 40 Meilen von jenem Dorf entfernt waren, kamen uns die Dorfbewohner entgegen, sagten uns, wieviele Hunde und Schlitten wir bei uns haben, und überhaupt alles, was unsere Gruppe und ihre Ausstattung anbetraf.

11.

Ein Grund, weshalb die Amerikaner diese Fähigkeit nicht besitzen, liegt darin, daß sie zuviel Annehmlichkeiten haben.

Wir haben sie uns einfach entgehen lassen und haben sie nicht bewußt in uns erhalten. Unterbewußt oder unbewußt hat der Amerikaner diese Fähigkeit in hohem Grade. Die meisten Amerikaner haben ihre Erfahrungen damit gemacht, aber meistens zögern sie, sie allgemein anzuwenden oder irgendetwas darüber zu sagen.

12.

Der Durchschnittsamerikaner meint, man stehe ein wenig abseits, wenn man etwas erwähnt, für das scheinbar kein Grund da ist. Solch ein Gefühl ist das Resultat der Unwissenheit gegenüber den wahren Fähigkeiten jedes Einzelnen und den wichtigsten Hilfsmitteln, die ihm zur Erreichung irgendeines Grades von Vollendung dienen. Es ist der Zweifel an sich selber und an seinen Fähigkeiten, was ihn zurückhält. „Wenn ihr Glauben habt und nicht zweifelt, wird euch nichts unmöglich sein", sagte *Jesus*. Diese Eigenschaft ist das erste Erfordernis für gesundes Denken, während andere Denkprozesse, auf die man sich gewöhnlich verläßt, als auf die einzige Basis für intelligentes Folgern in zweiter Linie kommen. Großes ist geleistet worden von Höhen aus, die den Verstand übersteigen, und die Gründe zeigten sich nachher. Gesundes Denken geht vor sich, indem man zuerst die Hindernisse klar durchschaut, und die Vision des Nicht=Wahrnehmbaren, aber dennoch Möglichen, erkennt und erst hernach die andern Denkprozesse aufbaut, wenn die Tatsachen ausgearbeitet worden sind. „Füge Weisheit hinzu zum Wissen", sagen die Schriften, aber die meisten von uns versuchen, Glauben zu erlangen durch vorangegangenes Wissen über eine Sache, objektiv also.

13.

Ferner lassen wir andere für uns denken. Wir verlassen uns auf sie, daß sie alles ausdenken, die Form dafür finden sollen, und dann verlassen wir uns auf die so hervorgebrachte Sache. Der Erschaffende wird immer fähiger, und der Abhängige immer abhängiger. Emerson sagte ungefähr das, wenn er auf die Tatsache hinwies, daß wir einerseits gewinnen, was wir andererseits verlieren. Wir haben Uhren, aber wir haben die Fähigkeit verloren, die Tageszeit aus uns heraus zu wissen. Die Entwicklung des Selbstes durch Abhängigwerden von Dingen außerhalb uns selber, bedeutet Schwächung unserer eigenen Natur.

14.

Die chaldäischen Astronomen erlangten ihre Informationen über Astronomie durch Anwendung ihrer intuitiven Fähigkeit, der Denkkraft, die dem Verstand erlaubt, Tatsachen zu durchdringen. Sie verließen sich vollkommen darauf und arbeiteten dann alle ihre Theorien aus. Diese alten Chaldäer schlossen die Auswertung dieser Fähigkeit ein in ihre Geschichte. Das zeigte sich immer ganz deutlich. Der Einfluß existiert immer noch. Wenn wir ihn haben wollen, müssen wir ihn einschließen, eins werden damit. Das ist alles.

15.

Das ist das „Auge der Seele", von dem die Mystiker schrieben. Durch dieses „Auge" haben die Menschen die Akasha-Chronik gelesen und werden sie weiterhin lesen. Auf diese Weise können wir Ereignisse sehen, die sich fern von uns begeben, oder — mit der Geschwindigkeit des Lichtes, 186 000 Meilen pro Sekunde — Dinge, die sich zukünftig ereignen werden. Manchmal geschieht es uns während eines Erdbebens oder einer andern außerordentlichen Begebenheit. „Zukünftige Ereignisse werfen ihre Schatten voraus." Alles geschieht zuerst auf höheren Ebenen, dann folgt hier die Rückwirkung. Es geht vor sich in der Devachan-Periode zwischen Bewußtsein und Form. Es ist das Doppelgesicht des Gargoyle am Tempeltor. Nach einer Richtung hin schauend zieht es die Begrenzung der Täuschung hinein in den Tempel, in das menschliche Dasein. Nach dem Gebiet des Geistes schauend, nimmt es die Freiheit und Macht der Erleuchtung in sich auf.

16.

Die Hawaianer besitzen eine große, natürliche Einsicht in Dinge, und sie prophezeien und sagen voraus. Es gibt gewisse

Gruppen von Hawaianern, die zusammen kommen und sich auf bevorstehende Einwirkungen einstellen. Wenn sie einen uner=wünschten Einfluß voraussehen, so überweisen sie ihn einer andern Gruppe, welche sich dagegen einstellt, und er wird sich nicht manifestieren. Die Hindus sagen, daß ein Mensch prophe=zeien und ein anderer der Erfüllung der Prophezeiung Einhalt gebieten kann.

17.

Bei unseren Erfahrungen mit den Hawaianern haben wir kei=nen Fall gehabt, wo sie eine negative Begebenheit nicht aufge=halten hätten, die vorausgesagt worden war. Es wird behaup=tet, daß sie viele Einfälle verhindert haben. Diejenigen, denen diese Pflicht zukommt, stellten eine gewisse Linie auf, und der Feind war nicht imstande, sie zu überschreiten. Oft wird das in ihren Legenden erwähnt. Manchmal konnte der Feind nicht einmal an ihren Ufern an Land gehen.

18.

Das Carnegie=Institut machte vor einiger Zeit Experimente mit einer Gruppe von Indianern in Arizona. Diese Gruppe be=schrieb eine bestimmte Linie und niemand konnte sie über=schreiten, außer in Liebe. Zwei Männer versuchten ihren Weg über die Linie zu erzwingen, und beide verloren ihr Leben dabei.

19.

Die Unerleuchteten machen den Fehler zu meinen, das Pro=phezeiung unfehlbar sei, so daß etwas, was als Ereignis vor=ausgesetzt werde, auch geschehen müsse. „Ob da Prophezei=ungen seien, sie werden fehlschlagen", sagen die Schriften. Prophezeiung kommt meistens aus einer festgesetzten mentalen Struktur aus der unmittelbaren Umgebung der Erde und ist die Projektion des beschränkten menschlichen Gedankens. Die Fähigkeit der Wahrnehmung, auf dieses Gebiet gerichtet, mag den Sinn dieses mentalen Einflusses erfassen, und was seine wahrscheinliche Realisierung auf der materiellen Ebene sein wird. Das gehört in das Gebiet der falschen Prophezeiung und man kann es ganz beiseite lassen. Die Schriften warnen vor falschen Propheten, welche die Aufmerksamkeit der Leute von Gott ablenken. Wahre Prophezeiung ist das Resultat der beständigen Einstellung dieses Sinnes auf die geistige Ebene, solange bis der Betreffende die Richtung des Universellen Gesetzes erfaßt. Das Gesetz des Universums macht sogleich alle Ansammlungen gegenteiliger Art im Denken des Einzelnen oder der Rassen zunichte. Das geschieht ebenso leicht, wie Schatten vom Licht aufgelöst werden. Die Sonne vertreibt die Nacht, eine einzige Kerze verbannt die Dunkelheit aus einem Zimmer; denn Licht, sei es klein oder groß, hat unbegrenzte Macht über umgebende Dunkelheit. Eine kleine Erleuchtung nur auf Seiten eines Einzelnen vermag jede Negierung, Beschränkung oder falsche Prophezeiung um ihn herum zu verbannen, denn sie sind nur unbedeutende Schatten und besitzen keine Macht. Akzeptiert keine Prophezeiungen von Zerstörung und Katastrophen. Schaut in das Reich des Geistes und sie verschwinden.

20.

Es hat in Hawai eine Gruppe von Leuten gegeben, welche von Japan her gekommen waren und schwarze Magie eingeführt hatten. Sie behaupteten, sie könnten eine Person tot beten; aber diese Gruppe existiert nicht mehr. Ehe jemand schwarze Magie treiben oder ein Antichrist werden kann, muß er zuerst imstande sein, die Kräfte des Christus=Bewußtseins anzuwenden. Er erhält das Christus=Bewußtsein und wendet es falsch an. Das Ergebnis dieser Praktik ist Selbst=Zerstörung, und mit der Zerstörung derer, die sich der Praxis der schwarzen Magie hingeben, geht auch die Kunst selbst zugrunde.

21.

Die schmerzvollste, wenn nicht die rascheste Methode der Selbstzerstörung, ist der Mißbrauch geistigen Wissens. Wer sich versucht fühlt, sein geistiges Wissen zu verwenden, Andere zu beeinflussen, zu kontrollieren oder sie zu übervorteilen, sollte sich daran erinnern, daß jedes Gebot, das aus seinem eigenen Gemüt oder Mund ausgeht, zuerst durch sein eigenes Wesen hindurchgeht, und sich in ihm genau so auswirkt in seiner Natur, als Kraftstrahl, wie er es für einen andern bestimmt hat. Das ist es, was *Jesus* meinte, wenn er sagte, das Reich des Himmels sei inwendig in uns. Dein Wesen ist ein Königreich, untertan der Herrschaft, die du darüber bestimmst. Ob ein Gebot von jemand anderem angenommen wird, macht für denjenigen, der es aufstellt, keinen Unterschied. In seinem eigenen Bereich wird es empfangen und ausgearbeitet, und er kann sicher sein, daß in seinem eigenen Wesen die vollkommensten Resultate sich zeigen werden. Das Königreich im Innern eines Jeden wird nur dann himmlisch sein, wenn er Gebote ausschickt, die aus himmlischen Reichen stammen, aus dem Geiste, da alle Dinge in Harmonie sich bewegen, damit das Wohlbefinden und das Vorwärtskommen jedes Einzelnen auf der Erde gefördert werde. „Die Gabe ist des Gebers und kommt zu ihm zurück", ob sie gut oder böse sei, „sowie du gibst, so erhältst du."

22.

Eine Klasse von Rishis in Indien ist imstande, ein Ereignis im voraus wahrzunehmen, das geschehen sollte. Ist es übel, so nimmt es die Gruppe sofort auf, und es geschieht nicht. Das war auch der Fall bei der hebräischen Rasse in vergangenen Zeiten. Sie haben manche Kriege unter ihrem Volke auf diese Weise vermieden.

23.

Manche wenden heute diese Methode zur Verhütung von Unfällen an. Viele Leute haben nie einen Unfall. Wir arbeiteten zusammen mit einer Gruppe von siebenhundert Leuten in den Vereinigten Staaten, welche definitiv darauf hinwirkten, daß Unfälle vermieden werden, und während den dreiundeinhalb Jahren, die wir mit ihnen zubrachten, geschah nie ein Unfall in dieser Gruppe. Diese Gruppe hat sich heute vermehrt und zählt ungefähr 4 000 Mitglieder. Sie arbeitet in der Stille und ist öffentlich nicht bekannt.

24.

Warum sollte der Mensch nicht alle Kräfte seines Wesens hingeben, um für einen guten Zweck zu schaffen? Indem er seine Wahrnehmungskraft, oder wie man es heißen mag, auf geistigem Gebiet anwendet, wo alles in vollkommene Harmonie dem vollendet Guten jedes Wesens sich zuwendet, würde ein entsprechendes Handeln in der Vernunft aller Leute entwickelt. Wo alle im Gehorsam zur Macht schaffen wollten, die das Gute für alle im Sinn hat, könnten sie gar nichts sagen oder tun außer dem, was für jeden gut ist. Mit andern Worten, bei solchem Gehorsam dem großen Gesetz gegenüber, könnte unter den Einzelnen kein Konflikt sein. Es könnten keine Kriege, keine Unfälle, noch irgend etwas vorkommen, was im Umkreis der menschlichen Natur Elend herbeiführt.

25.

Diese Fähigkeit kann in macherlei Art angewendet werden. Nehmen wir den Fall des Kriegsveteranen De Jong, welcher im Letterman Hospital in San Francisco in Behandlung war und welcher, obschon blind, bewies, daß er höhere Erleuchtung bekam, indem er einen Wagen durch die Straßen von San Francisco und Los Angeles lenkte. Dieser besondere junge Mann hatte die Fähigkeit vorher schon entwickelt, und dies war nur sein plötzliches Erwachen. Das kommt oft vor.

26.

Wesentlich ist, daß wenn sie erweckt werden kann, wie an so vielen Fällen bewiesen worden ist, diese Fähigkeit auch besteht. Wenn sie besteht, kann sie begriffen, richtig gelenkt und zu richtiger Funktion erweckt werden. Wir müssen auf diese Dinge aufmerksam sein, und intelligent vorangehen, um in unserer eigenen Natur die schlummernden Möglichkeiten zu entdecken, wenn wir den Grad der Meisterschaft erreichen wollen. Niemand kann das für uns tun, nur wir selber.

27.

Das erfordert besondere Kontrolle, mehr emotionelle noch, als mentale. Wir müssen das Ziel im Auge behalten; wenn unsere Kräfte zusammengefaßt sind, gelingt es bestimmt. *Jesus* sagte: „dem einen Ziel, Gott entgegen."

28.

Die ganze Sache unserer sozialen Re=Organisation hat ihren Mittelpunkt in einer tieferen Einsicht. Die Menschen müssen lernen, wie sie diese Fähigkeit entwickeln können. Das wird die soziale Re=Organisation sein: daß man weiß, wie man das Rechte zu rechter Zeit tun muß. Es wird dazu beitragen, immer den Gedanken an richtiges Handeln im Sinn zu behalten. Wir werden dazu kommen, wo wir wissen, daß alles, was wir tun, das Richtige zur rechten Zeit ist. Das ist die Substanz der sozialen Funktion der Zukunft.

ANMERKUNGEN FÜR DEN LEHRER

Kapitel IV

Diese Belehrung bezieht sich auf das Motiv, aus welchem sich die neue soziale Ordnung heraus entwickeln wird, durch diese veränderlichen Zeiten hindurch, und welche zurückgreifen wird auf die ursprüngliche Unterscheidungskraft des Menschen, eher geistigen Richtlinien nach, als im Anhängen an intellektuellen Standpunkten und materiellen Bewertungen der früheren Zeit.

1., 2.

zeigen, wie die primitiven Rassen, wie wir sie nennen, einen Sinn besitzen, der in gewisser Hinsicht unseren Sinnen überlegen ist, und sie zeigen auch, daß es ihnen in mancher Hinsicht besser geht, als uns.

3.

zeigt, auf welchem Gebiet diese Fähigkeit sich ganz klar bei uns betätigt, daß sie aber geistigen Richtlinien entlang erweitert werden muß, wenn wir das Beste aus unseren eigenen Möglichkeiten und Gelegenheiten herausholen wollen.

4.—5.

Diese Fähigkeit kann verschieden benannt werden, aber im mystischen Wissen ist sie das, was man den „Sinn der Durchdringung" heißt, oder die Fähigkeit, die Vernunft in neue Gebiete hinzulenken, oder hinein zu drängen. Wenn sie ihrem höchsten Zweck dient, führt sie uns ebenso gewiß zu geistig Wertvollem, wie sie uns in das Feld des erfinderischen Genius geführt hat.

6., 7., 8.

erklären sich von selber, können aber aus dem Wissen des Lehrenden heraus weiter entwickelt werden.

9., 10., 11.

bieten gute Gelegenheit, klar zu zeigen, wie das Denken des Menschen verdunkelt wurde durch zuviel Interesse am Gebiet der Wirkungen, und wie alles wieder geklärt werden kann, indem man es zurücklenkt in die Gebiete der Ursachen.

12.
dürfte sich selbst erklären, bietet aber viel Gelegenheit zur Er=
weiterung.

14.
kommt zurück auf die gleiche Kategorie wie die Abschnitte 1 und 2.

15., 16.
führen die Möglichkeiten dieser Fähigkeit weiter aus und zeigen die Gebiete, auf denen sie sich normalerweise betätigen kann. Mehr kann noch gesagt werden darüber, was diese Fähigkeit eigentlich ist. In ihrer einfachsten Form ist sie die Phase des Denkens, die uns zurückschauen läßt auf das, was wir gestern getan haben mögen, oder was wir morgen zu tun hoffen ... der einfache Akt der Auf=merksamkeit. Richtet sie sich auf die Form, so entdecken wir bloß ihre Komplikationen, aber richtet sie sich auf das Geistige, so dehnt sie sich aus in das Gebiet der geistigen Wirklichkeit.

17.
zeigt einige Möglichkeiten, die aus der Anwendung der Fähigkeit hervorgehen. Dies kann stark erweitert und für den Lernenden äußerst wertvoll gemacht werden, wenn er die angeführten Rat=schläge beachtet.

18.
kann im Zusammenhang damit behandelt werden.

19.
Der in diesem Abschnitt hervorgehobene Punkt ist, daß Prophe=zeiung nicht genau ist, wenn sie auf die mentale und physische Ebene gegründet ist. Was auf der mentalen Ebene durchgehend organisiert worden ist, mag auf der physischen Ebene stattfinden, wenn es nicht durch direkte Anwendung geistiger Autorität verhindert wird. Wahre Prophezeiung verkündet die konstruktiven Resultate, welche der gebieterischen Anwendung von entdeckten geistigen Vorgängen folgen.

20.
Die Torheit der falschen Anwendung von geistiger Kraft sollte für jedermann selbstverständlich sein, aber sie müßte auch, als Mittel des Selbstschutzes, der Vernunft eines jeden deutlich eingeprägt werden. Die Gewohnheit, die in gewissen metaphysischen Zirkeln

entwickelt wird, daß man andere mental beeinflußt, zu tun, was ein Anderer will, ist schwarze Magie in embryonaler Form und kann nur zu Chaos führen.

21.
sollte im Zusammenhang mit Abschnitt 20 behandelt werden.

22., 23.
können wie Abschnitt 19 behandelt und können weiter entwickelt werden, der Anleitung des Lehrenden entsprechend.

24.
erklärt sich von selbst, bietet aber auch praktische Gelegenheit zu Hinweisen auf die Grundlage wahrer Zusammenarbeit bei der Vor= bereitung auf die neue Ordnung der Dinge. Das wahre Motiv des Geistig=Strebenden ist in Harmonie mit dem Universellen Motiv, welches gleicherweise für den Heiligen und den Sünder, den Reichen und den Armen, den Freien oder den Gebundenen wirksam ist, und in einem gemeinsamen Motiv kann keine Uneinigkeit und Streit sein, und darum kein Krieg. „Dinge, die einem Dritten gleich sind, sind sich gleich", das ist die Basis der Universellen Einheit.

25., 26.
bieten Gelegenheit jedem einzelnen Schüler die Tatsache einzuprä= gen, daß noch nie jemand irgendeine sogenannte ungewöhnliche Kraft entwickelt oder ausgedrückt hat, sondern daß diese gleiche potentielle Kraft in ihm da ist, und daß es seine Sache ist, seine eige= nen Fähigkeiten zu entwickeln, wenn er gern einen Maßstab für seine Seele hätte.

27.
Ein ganzer Band könnte herausgegeben werden über die Notwen= digkeit der Selbstbeherrschung. Sie ist ebenso unerläßlich für eigene Macht und Fortschritt, wie Organisation und Energie=Anwendung unerläßlich sind für mechanische Macht. Ohne sie besteht keine prak= tische Möglichkeit für konstruktive Zwecke auf irgendeinem Gebiet.

28.
Kann, je nach Geschicklichkeit des Lehrenden, erweitert werden.

V

Die Macht des gesprochenen Wortes

1.

Das gesprochene Wort hat eine große Macht, aber etwas ist sicher: man muß seine Worte auswählen und dann muß man ihnen Macht verleihen. In einem negativen Wort liegt keine Macht, außer wir wählen es und geben ihm dann Macht. An und für sich besitzt es keine Macht. Macht muß dem Wort gegeben werden von Dem, der es ausspricht. Natürlich ist, wie es die östliche Philosophie sagt, der dem Wort vorangehende Gedanke wichtiger. Infolgedessen kann der Gedanke die motivierende Kraft hinter dem gesprochenen Wort sein, auf diese Weise gibt es ihm mehr Kraft, und, wie die Meister feststellen, muß dieses Wort ausgehen und erschaffen.

2.

Wenn nun ein Wort nachlässig oder ohne Gedankenkraft gesprochen wird, erreicht es nichts. Bei der Auswahl dieses Wortes kann es nicht anders sein, als daß die Macht, die ihm durch den Gedanken gegeben wird, das ausführt, wofür es ausgeschickt worden ist. Darum verlangen die Meister eine solche Auswahl des gesprochenen Wortes, und deshalb sagen sie, daß ein gesprochenes Wort ausgewählt sein soll.

3.

Die Macht, die wir einem Wort verleihen, das wir erfüllt sehen wollen, muß diejenige der Energie sein, die wir selber anerkennen. Sie sagen, es sei nicht die Energie, die wir einem Wort verleihen, sondern die Energie für die Ausführung des Wortes, was wir wahrnehmen.

4.

Jesus sagte: „Meine Worte sind Geist und sie sind Leben, und sie bringen das zur Erfüllung, wofür sie ausgesandt worden sind." Geist ist die schöpferische Ursache im Universum, und unsere Worte tragen nur dann Macht in sich, wenn dieser selbe Geist als wirkende Kraft hinter ihnen gesehen wird. Es ist die Aktion der Naturkraft, welche den Samen wachsen läßt, denn in sich selbst hat kein Same Macht. Er ist vielmehr ein Gefäß oder Träger dieser Kraft. So ist es auch mit Worten. Die Schriften sagen: „Das Wort ist ein Same, und die Macht des Geistes wirkt ein auf Worte, wie die Natur auf den Samen einwirkt." Müßige Worte sind fruchtlos und unschöpferisch, auch wenn sie gewissermaßen den Zustand der Hypnose verstärken mögen. Negative Worte fürchten, heißt den Einfluß ihrer hypnotischen Energien verstärken und dadurch beitragen zum Einfluß der negativen Worte. Die Macht unwissender oder müßiger Worte ist nur, daß sie den hypnotischen Zustand der menschlichen Vernunft intensiver machen können, aber sie verändern die schöpferische Ursache nicht im Geringsten. Die Macht negativer Worte liegt nur in der Modernisierung der alten Idee vom Teufel, und ist eine direkte Vergewaltigung der Tatsache, daß es nur die Macht Gottes gibt. Es gibt keine Macht, die sich dem schließlichen Guten der universellen Idee entgegenstellen kann. Das, was Opposition scheint, liegt in unserem eigenen Denken, welches oftmals göttlichem Zweck entgegen schafft. Die schöpferische Richtlinie des Universums, oder der Wille und Zweck Gottes ist, Unwissenheit aufzulösen, wie das Licht die Dunkelheit auflöst.

5.

Wir haben *Sie* gesehen — „*Sie*" in diesem Sinn angeführt, bezieht sich immer auf die Meister — wie *Sie* ein Wort aussenden, und was der Sinn dieses Wortes war, ist augenblicklich in

Erscheinung getreten. Dabei kam kein Zeit=Element in Frage. Tatsächlich kann man gar kein Zeit=Element auf das gesprochene Wort anwenden, wenn die Energie — Geist — in ihm ist. Wie *Sie* sich ausdrücken, muß ein Wort, das mit dem Impetus des wahren dahinter liegenden Gedankens ausgesprochen worden ist, augenblicklich den betreffenden Zustand herbeiführen. Es ist ganz klar, daß die westliche Welt dem Wort weniger Bedeutung zuschreibt. Das heißt, daß ein Wort ausgesprochen, aber ohne dahinterliegende Energie gesagt, ganz ohne Macht ist. Man sagt oft, daß die westliche Welt aus diesem Grund zu ihrem kindischen Geschwätz kommt. Sie macht den Fehler, den Worten nicht ihren richtigen Wert zu geben.

6.

Der Gedanke, der einer richtigen Auswahl folgt, oder der die Kraft besitzt, die ihm zukommt, sollte dem Worte immer beigegeben werden, so daß ein Wort nicht vom Willen oder von der Willenskraft angetrieben wird, sondern daß ihm die Macht beigegeben wird, die ihm zugehört. — Das ist selbstverständlich die Macht des Geistes, und nur ein hoher, auserwählter Gedanke, welcher den schöpferischen Zwecken des Universums entspricht, kann sie unseren Worten einfügen. In dieser Weise sendet der Wille, der führende Fähigkeiten hat, das Wort aus, aber es ist nicht der Wille, welcher dem gesprochenen Wort Macht verleiht. Der Wille wählt aus, oder beteiligt sich an der Auswahl des Gedankens und dem Aussprechen des Wortes, aber die Macht wird ihm beigegeben, oder zugelassen durch ein erweitertes Bewußtwerden von der Gegenwart und Macht des Geistes. Wenn aber ein Wort, um seiner Bedeutung oder um seiner Anwendung willen ausgewählt worden ist, wird es jedesmal in die Schwingungsfrequenz, zu der es gehört, gewählt und an seinen Platz gesetzt.

7.

Das sollte die Furcht ausschließen, welche Viele vor negativen Worten haben, und zu gleicher Zeit Jeden zu einer intelligente=

ren Auswahl seiner Worte anfeuern, und wie sie auf bessere Art gebraucht werden. „Die Worte Gottes Ihm nachdenken" würde zum eigentlichen Wesen der geistigen Macht, denn hinter solchen Worten stünde dieselbe Macht, welche Himmel und Erde erschaffen hat. Die Worte des Menschen sollten jederzeit Ausfluß seiner eigenen, angeborenen geistigen Natur, und das Mittel dazu sein, in seinem äußeren Wesen diese geistige Natur festzustellen. Nur immer in Harmonie mit den (höheren) höchsten und konstruktivsten Idealen zu reden, hieße mit größter Macht reden, und was uns heute als größte Unwahrscheinlichkeit vorkommt, würde zum Höchstwahrscheinlichsten, weil solche Worte die größte Macht in sich haben. Mit andern Worten, je gottähnlicher der Gedanke, die Verwirklichung und das Bewußtsein, umso größer ist die mit diesem Prozeß verbundene Macht.

8.

Die Philosophen des Ostens sagen, man könnte vom Prinzip kein Yota abgetrennt werden, wenn man ausgewählte Worte sprechen würde. Daher kann jedes Wort, das ausgeht, ausgewählt sein. So kann keine negative Bedingung mit Energie beschenkt werden. Man schenkt nur dieser einzigen Folgerung Energie.

9.

Der Hindu oder Arier drückt sich in folgender Weise aus: „Der Mensch ist der Erschaffer von Worten, also ist es der Mensch, der diese Worte auswählt und über sie gebietet, und er sucht Worte aus und schenkt ihnen Existenz, welche wirksam oder mächtig werden sollen." In dem Maße nun, wie er richtigen Gebrauch von dieser Tatsache macht, wird es unmöglich, diese Macht mit negativen Worten in Zusammenhang zu setzen, sagen sie. Folglich kommen negative Worte nicht in Betracht und erhalten keine Berücksichtigung von Jemandem, der Formen zur Offenbarung bringen will. Dieser Gedanke an geoffenbarte Form ist immer die in Existenz tretende Vorbedingung, die den Menschen zum Erschaffen befähigt. Das heißt, wenn der Mensch die Herrschaft über jedes gesprochene Wort besitzt. Die Sanskritsprache gibt diese Vorbedingung in einer ihrer Phasen zu. Dort findet sich diese Macht der Manifestation. Damit wollen wir sagen, daß eine Zusammenstellung in der Sanskritsprache nur vier positive Worte oder Festsetzungen hat. Das heißt, daß Worte zu positiven Feststellungen gemacht werden können und von diesen gibt es keine Abweichung.

10.

Natürlich fragt jedermann, was diese vier positiven Worte sind. Es sind immer Worte, welche die positive Erklärung von Tatsachen enthalten. Jeder kann sie selber auswählen. Natürlich ist das positive Wort das erste Wort: Gott. Auf dieses Prinzip zurückgehend, würde man bei der Formulierung einer Feststellung dasselbe als Basis nehmen, man würde mit diesem Wort jeden beliebigen positiven Satz aufbauen. Hierin liegt die Macht des gesprochenen Wortes. Euer Grundwort ist immer das höchste, Gott. Dann sucht man die Worte, welche dieses erste bei eurer positiven Erklärung begleiten sollen.

11.

Genau, wie jede mathematische Berechnung aus der Einheit entspringt, welche mit Zahl 1 symbolisiert wird, müssen auch alle Worte aus einem gewissen Ursprung oder Prinzip hervorgehen. *Gott ist*, und da Gott ist, *bin ich*. Da Gott Leben ist, bin ich Leben. Da Gott Intelligenz ist, bin ich Intelligenz. Da Gott Macht ist, bin ich Macht, da Gott alle Substanz ist, bin ich Substanz etc. Vater bedeutet in Sanskrit das Erste Bewegende, und die erste Bewegung im Gemüt eines Jeden muß immer aus der einen Quelle hervorgehen und muß vom Bewußtsein dieses Betreffenden erhalten bleiben. Etwas im Bewußtsein eines Einzelnen aufnehmen, das seinen Ursprung nicht in den Tatsachen Gottes hat, heißt den Lebensprozeß in sich verfälschen, und im gleichen Maße verliert der Betreffende das Wissen von der Fülle seiner Göttlichkeit. Er muß sich selbst den Tatsachen des Lebens, in ihrer Ungeteiltheit, hingeben. Er muß verweilen in Jerusalem — seinem Kontakt mit dem All — solange, bis der

Heilige, oder vollendete Geist Gottes die antreibende Energie jedes Gedankens, jedes Wortes und jeder Handlung geworden ist.

12.

Der Mensch kann kein Wort, oder keinen Gedanken außerhalb seines eigenen Machtbereiches ausdrücken, dem manifestierende Macht zukommt. Er kann nicht außerhalb dieses Bereiches gehen, weil er mit jedem Wort, das er ausspricht, das Feld, in dem er wirkt, erschafft.

13.

Der Alltagsmensch weiß eigentlich nicht, was ein Wort ist. Er ist nur ein Gefäß, welches in den Denkprozessen angewendet wird, um bestimmte Ideen zu übertragen oder zu erweitern. Das Wort kann nichts übertragen, was nicht im Denken vorhanden ist. Webster (Dictonnaire) sagt, „ein Name" beziehe sich auf die „wesentliche Natur" einer Sache. Ein Wort ist nur der Name für bestimmte Bewußtseinszustände, und ist also etwas, was nur mit dem Betreffenden selber zu tun hat. Jemand mag sagen: „Ich bin glücklich", und das würde einem Andern, der das Wort hört, gar nichts sagen. Wenn sein Bewußtsein nur ein wenig fröhlich ist, haben solche Worte nur wenig Gewicht. Wenn er aber strahlend vor Freude ist, werden seine Worte vollkommen überzeugend sein. Müßige Worte sind leere Worte, Worte, die nicht das Bewußtsein und die Wirklichkeit geistiger Tatsachen in sich tragen. Seht ihr, so wie wir ein Wort anwenden, ist es genau das, was es in sich trägt, und der Inhalt eines Wortes wird von unserem Bewußtsein bestimmt, und unser Bewußtsein wird bestimmt vom Grad der intelligenten Auswahl, die wir treffen.

14.

Es ist nicht Wiederholung, was ein Wort wirksam macht. Eure erste Feststellung genügt, wenn sie wahr ist. Es bleibt weiter nichts zu tun, als bei der Feststellung zu bleiben, beim gesagten Wort. Wiederholung ist aber manchmal ein wirksames Mittel, um in Einklang zu den in der Feststellung enthaltenen

Möglichkeiten zu kommen. Man wiederholt manchmal einen Satz oder eine Regel immer und immer wieder, ehe die Bedeutung dem Bewußtsein sich klar enthüllt. Ohne diese Erweiterung des Denkens nach den inneren Tatsachen hin, ist Wiederholung nur hypnotisch.

15.

Wenn der Mensch Worte wiederholt, und diese nicht hypnotisch werden, so bringt diese Wiederholung ihn in näheren Zusammenhang mit den hinter den Worten liegenden Tatsachen. Das bewirkt eine höhere Verwirklichung. Es hat einen Wert, bis zu einem bestimmten Punkt zu wiederholen; und von da an hat es keinen weiteren Wert zu wiederholen, weil das Wort in euch feststeht. Wenn ihr begreift, daß euer Wort klar festgestellt ist, hat Repetition gar keinen Wert mehr. In der Realität lernen wir verstehen, daß unser Wort allezeit festgesetzt bleibt, und wir wiederholen es nie mehr.

16.

Wenn keine Manifestation eures Wortes erfolgt, ist es kein Beweis dafür, daß es wirkungslos ist. In solchem Fall ist es klüger, Dank dafür zu sagen, daß die Manifestation erfolgt ist. Auf diese Weise geht man ganz heraus aus dem Zweifel. Wenn man aber weiter geht und das Wort wiederholt, kann man leicht Zweifel hervorrufen; währenddem man mit dem Aussprechen von Dank in nähere Harmonie zum gesprochenen Wort kommt, und leichter merkt, daß es festgestellt worden ist.

17.

Die bloße Wiederholung eines Wortes bekräftigt es keinesfalls. Sie bringt uns nur in Harmonie mit dem, was schon *ist*. Es ist oft möglich, sich harmonischer in Beziehung zu setzen, wenn man dankt dafür, daß es schon vorhanden ist und jetzt schon besteht.

18.

Wenn man einsieht, daß das ganze Problem von geoffenbarten Resultaten mehr eine Sache des erwachenden Bewußtseins ist, so daß man etwas, was schon als Tatsache existiert, sieht oder einschließt, anstatt daß man etwas in manifestierte Form zu bringen sucht, was nicht ist, dann wird alles viel einfacher. Es ist das „Land, das du siehst, was ich dir als Erbteil geben will", was das ganze Geheimnis in sich hält. Es ist eine Tatsache im Geistigen, es ist eine Tatsache überall, und auf allen sogenannten Ebenen, denn es gibt nur eine Ebene, und sie ist geistig. Wenn das Denken sich so erweitert, daß es die geistige Tatsache sehen oder erfassen kann, kann keine Frage mehr sein von der Offenbarung dieser Tatsache. Wenn das in Gott so ist, so ist es überall, denn Gott ist Alles. Es ist alles eine Sache des Gewahrwerdens unserseits, und unser Wahrnehmen muß sich ausdehnen, um die Wirklichkeit und die Existenz der geistigen Tatsache einzuschließen.

19.

Das war die Arbeitsmethode von *Jesus*. Jedes seiner Worte war eine Feststellung, er erhöhte jedes Wort durch sein erhöhtes Bewußtsein, im Wissen, daß es schon in Existenz war. Der Hindu nimmt diese Einstellung ein. Er macht seine Erklärung, und dann kann er sagen, sie sei erledigt. Er stellt sich so ein, daß sie wirklich erledigt ist; daß sie schon im Dasein ist; sie gehört ihm zu; und dann geht er weiter. Auf diese Weise bringt man weit mehr zu Stand, als wenn man zur Wiederholung zurückgreift, und dies scheint Einen auch immer stärker zu machen.

20.

Was die Behandlung von sogenannter Krankheit anbetrifft, macht der Metaphysiker im Allgemeinen den Fehler, daß er sich mit Gegensätzen abgibt, mit Krankheit und Gesundheit. Es sind also zwei Gegensätze, von denen der eine den andern zu ersetzen hat. Im Osten arbeitet man ebensowenig mit dieser Methode, als es Jesus getan hat. Wenn ihr Vollkommenheit sucht, so wißt, daß sie euch schon bestimmt ist. Erhöht die Vollkommenheit. Vollkommenheit existiert unabhängig von beiden Gegensätzen: Gesundheit und Krankheit. Vollkommenheit ist eine im Prinzip ewig feststehende Tatsache und ist vollendet in sich selbst, auf jeder sogenannten Ebene. Beides, Gesundheit und Krankheit sind nach der Auffassung von Philosophen des Ostens bloße Täuschung, denn sie sind nur menschliche Ideen. Zum Beispiel würde euch eure eigene Idee von Gesundheit fünf Jahre später nicht mehr genügen, denn Gesundheit ist eine relative Idee in eurem eigenen Bewußtsein. Im Wesen selber aber gibt es nichts Relatives, alles ist vollendet, alles ist vollkommen, und der wahre Heilkundige identifiziert sich mit der Wirklichkeit und gibt sich nicht mit Täuschung ab. Laß alles Gegensätzliche fallen und gib dich anstatt dessen mit Vollkommenheit ab. Wir finden, daß Jesus in keinem Fall seine Behandlung auf Gegensätze einstellte. Er setzte an Stelle beider Gegensätze die Vollkommenheit. Seine große Aussage war immer Vollkommenheit, und diese Vollkommenheit wurde bei ihm immer zur Tatsache.

21.

Wenn ich auf der Wandtafel zeige, daß zwei plus zwei drei sind, und weiterhin, daß zwei plus zwei fünf ergeben, würdet ihr euch mit Drei und der Fünf abgeben und die richtige Antwort festzustellen suchen? Nein, ihr würdet diesen Zahlen genau nachgehen und euch mit der Tatsache befassen, daß zwei und zwei vier sind, und dann würden beide Extreme verschwinden. Was mehr oder weniger ist als die korrekte Antwort, hat mit der Tatsache im Prinzip nichts zu tun, und nur wenn man die Tatsache des Prinzips auf eine Situation anwendet, wird eine richtige Antwort möglich. Unsere Ideen von Gesundheit und Krankheit sind beide weniger als die Vollkommenheit, welche in den Grundlagen des Universums vorgesehen ist, und nie kann das, was weniger ist, als Vollkommenheit, zu Vollkommenem gemacht werden. Ihr habt mit etwas zu tun, was zu keinem der beiden Extreme Bezug hat. „Seid vollkommen, wie euer Vater im Himmel vollkommen ist", das ist die richtige Stellungnahme hier, bei einer Behandlung.

22.

Die meisten Leute haben keinen Erfolg bei sogenannten Demonstrationen, weil sie eine Feststellung der Vollkommenheit aussprechen und dann sogleich zurückschauen nach den Gegensätzen. Aber „wenn dein Auge einzig gerichtet ist, wird dein Körper voll Licht sein". „Lot's Weib wandte sich um und ihr Körper wurde zu Stein oder Salz." „Jetzt von heute an und immer, siehe nur Vollkommenheit", sagte Jesus. In demselben Augenblick, da wir Vollkommenheit feststellen, steht Christus als der Herrscher da. Eines bewirkt, daß das andere ins Dasein tritt, denn die Tatsache im Geistigen ist die Form ihrer Offenbarung.

23.

Die Wirkung richtiger geistiger Behandlung hängt nicht ab vom Grad der geistigen Entwicklung der „behandelten" Personen. Wir haben uns nicht um ihr Bewußtsein Sorge zu machen, denn es gründet sich auf Gegensätze, sonst würden sie nicht krank sein. Die geistige Tatsache *ist*, und im Augenblick, da wir in der Vollkommenheit stehen, ist auch unser Bewußtsein vollkommen.

24.

Das Aussprechen des Wortes ist nie hypnotisch, denn es ist das Wesen der Natur in aller Schöpfung. Heilbehandlung oder Aussprechen des Wortes heißt nicht, unsere Ideen von Gesundheit aussenden, um Krankheit zu beheben. Dieses Letztere ist hypnotisch. Das Wort aussprechen heißt nur, die Wahrheit sagen, heißt nur das erklären, was immer wahr gewesen ist und immer wahr sein wird für Jeden, für jeden Umstand oder Zustand, im Prinzip. Hypnose ist das Resultat des Wortes, das ausgeht vom menschlichen Gemüt mit seinen unvollkommenen Begriffen.

25.

Es ist nicht notwendig, daß die kranke oder hilfsbedürftige Person um euren Beistand bittet, oder daß sie sich bewußt ist, daß du das Wort zu ihr hinsendest. Wenn du es aussendest aus dem Strahl des Christus=Rechtes, schenkst du ihr nur ihre eigene angeborene Vollkommenheit. Auf diese Weise befreist du dich sowohl selber, wie auch sie, denn du gibst dich ja nur mit der Tatsache ab. Du handelst nicht gegen den Willen von irgend Jemandem, wenn du mit Vollkommenheit arbeitest, denn der angeborene Wille eines Jeden geht nach Vollkommenheit. Es löst vielmehr seinen Willen aus Bindungen im Bereich falscher Gewohnheiten und Auffassungen. Bei dieser Art, eine Situation zu betrachten, spielt keine sogenannte „Beeinflussung" mit. Es ruft nur hervor, was immer schon existiert hat, solange, bis die Aufmerksamkeit aller Beteiligten wach geworden ist, und dann sehen sie nur, daß dem so ist.

26.

Es ist die Macht im gesprochenen Wort, wenn immer wir es als Geistiges ansehen, denn dann kann es nichts anderes sein als ein Geistiges. Wir sind der Bestimmende. Wir sind Beides, die Macht und Der, der die Macht ausdrückt, und wir allein bestimmen, was das Wort in sich tragen soll. In der Medizin ist die Macht auf das Gleiche begründet. Sie ist bloß der Über= träger oder das Mittel, durch welches die Vernunft des Pa= tienten erweitert wird, daß es die schöpferische Autorität des Universums in sich aufnimmt. Gott ist im Arzt, im Patienten oder in der Pille. Jeder Einzelne, was auch sein Beruf, oder seine Stellung sei, braucht bloß Vollkommenheit zu projizieren. Na= türlich würden wir uns bald von Medizin ganz frei machen, wenn wir jederzeit in dieser Vollkommenheit und in der Offen= barung der Vollkommenheit wirken würden. Unser Wort allein würde heilen.

27.

Es ist kein Böses dabei, wenn wir ein Mittel beim Versuch, der leidenden Menschheit zu helfen, in Anwendung bringen. Es gibt viele Schritte und manche Methoden, aber nur eine Macht. Wenn Vollkommenheit unser Ideal ist, so werden wir bei einem Punkt ankommen, wo wir keine Vertretung mehr brauchen. Das Mittel, das jemand anwendet, zeigt nur den Fortschritt an, den er in seiner Vernunft als bestes und wirksamstes Mittel erkannt hat, um im eigenen Wesen Vollkommenheit zu erlangen. Einer denkt, eine Pille verhelfe ihm dazu, ein Anderer meint, Affirmation bringe sie ihm, aber was auch die Vollkommenheit herbeiführt, es ist die Vollkommenheit des Prinzips, die sich offenbart. Nur die höchsten Ideale sind dazu geeignet, das volle Maß von Macht in sich zu tragen, das im Göttlichen Prinzip existiert, denn je weiter der Behälter ist, umsomehr kann übertragen werden. Wenn Behälter und Inhalt eins sind — Vollkommenheit — dann ist sie auf jeder Ebene vollkommen.

28.

Bei Behandlung auf Distanz, oder was der Metaphysiker Fernbehandlung heißt, ist der Gedanke schneller und machtvoller als Worte. Gedanke kennt weder Zeit noch Raum, während das Wort oder der hörbare Ton zur materiellen Ebene gehört, und den Raum durchdringen und Zeitdauer erleiden muß, um seinen Bestimmungsort zu erreichen. Seht, wie Euer Gedanke augenblicklich die Sonne erreicht, das Zentrum der Erde oder irgendeine andere Stelle. Der Gedanke reist nicht, er ist schon dort. Jede Tatsache im Geistigen ist schon vorhanden, und ist schon wahrnehmbar. Um diese Tatsache einzusehen, muß man sich selber in sie emporheben. Das Ich, wenn es empor erhoben wird, — wenn die Eigenschaft der Wahrnehmung bis zur Ebene der Wirklichkeit empor erhoben wird, zieht sie alles bis dahin, in ihr Gebiet. Dies ist die richtige Einstellung, besser als jeder Versuch, etwas oder jemanden in den Zustand der Vollkommenheit empor erheben zu wollen. Wir könnten ebensogut Energie aus der Erde zu machen versuchen, indem wir Picke und Schaufel anwenden.

29.

Wir kennen einen Mann in Indien, der durch den Sturm hindurchgeht, nur um die Vollkommenheit des Sturmes zu zeigen. Er kann durch Regen und Sturm hindurchgehen, ohne naß zu werden. Wir haben ihm zugesehen, wie er Feuer und Stürme auslöschte. Der Mensch ist selber das Wort Gottes, wenn er in diesem Wort lebt. „Wenn ihr in meinem Wort verbleibt, und mein Wort in euch, dann seid ihr in mir, wie ich in euch bin", das ist die Wahrheit in alledem. Als *Jesus* das Wort aussandte und die Tochter des Hauptmanns heilte, sandte er nicht etwas aus, was wir in der dreidimensionalen Welt messen könnten. Jesus, oder *Der Christus*, war das Wort selber, und da war nichts, was gemacht wurde, außer was durch dieses Wort selber gemacht wurde. Darum ging das Wort, das er „aussandte", nicht durch den Raum hindurch, denn das Wort war schon dort, als die Wahrheit bei der Tochter des Hauptmanns, wie sie auch bei ihm war. Er verkündete einfach eine universelle Wahrheit und der Verstand der Umstehenden erwachte zu dieser Tatsache.

30.

„Unsere Heilmittel liegen oft in uns selber,
und wir schreiben sie dem Himmel zu."

(Shakespeare)

ANMERKUNGEN FÜR DEN LEHRER

Kapitel V

1.

Ward nicht dem Menschen am Anfang Gewalt gegeben über alle Dinge? Wenn dies der Fall ist, so ruht diese Gewalt auch jetzt noch im Menschen und alles, was scheinbar Macht über den Menschen hat. ist die Auswirkung einer Macht, die er diesem Ding selbst zugestan= den hat. Aber wenn auch die Macht von dieser Sache selber auszu= gehen scheint, oder von einer Person, liegt sie in Wirklichkeit im Individuum selbst, denn in ihm bekommt sie Bewegung und wird gespürt. Handlung und Reaktion der eigenen Natur beherrschen, wäre also eines der ersten Macht=Geheimnisse des Menschen. Die eigene Natur in ihrer Betätigung immer in vollkommener Überein= stimmung zu dem Göttlichen Vollkommenheits=Ideal zu erhalten, hieße alle Macht im Himmel und auf Erde besitzen.

2., 3., 4.

Es sollte für Jedermann klar sein, obschon es nicht der Fall zu sein scheint, daß die Worte, die wir sprechen, nicht mehr Macht besitzen, als die Zylinder in unserem Automobil Macht sind? Sie sind Träger der Energie, und nur die Art und der Grad der Energie, die sie in Bewegung setzt, bestimmt ihre Macht. Als Jesus sagte „meine Worte sind Geist", wollte er aussagen, daß er sich bewußt war, daß die be= wegende Gotteskraft durch das, was er sagte oder dachte, hindurch= ging, und es war diese selbe bewegende Energie, was anscheinend die Heilung herbeiführte. Die Feststellung einer Tatsache ist un= endlich in ihrer Gewalt gegenüber dem, was nicht Tatsache ist. Folgt dieser Idee mit irgendeiner Illustration auf dem Gebiete von Wahr= heit und Falschheit, von Licht und Dunkel.

5.

Der wichtige Punkt in diesem Abschnitt ist, den Lernenden zur Er= kenntnis zu bringen, was für gewaltige Möglichkeiten er bei müßi= gem Geschwätz verliert. Seine Worte könnten ebensogut eine un= endliche Energie übertragen, welche ihn aus seiner Mittelmäßigkeit befreien würde, wenn er bloß intelligent vorangehen würde.

6.

sollte sorgfältig in Betracht gezogen werden, und wir sollten zwischen dem natürlichen Antrieb einer anerkannten Tatsache und der Anwendung unseres Willens unterscheiden, wenn ein Zustand erzwungen werden soll, den wir für besser halten, als den schon bestehenden. Das Akzeptieren einer Sache schließt nie das in sich, was wir für einen kraftvollen Willen halten. Eine angebotene Gabe erhalten ist unendlich wirkungsvoller, als Jemanden zwingen, einem etwas zu geben, das er zu geben nicht schon im Sinne hatte. Eine Tatsache akzeptieren, die universell ist, verlangt keine übermäßige individuelle Willensanstrengung. Vollkommenheit kommt nicht zustande, indem wir unsere eigenen Ideen projizieren, sondern aus dem Erwachen zum Wissen, daß sie schon besteht in der festgesetzten Ordnung der Dinge.

7.

Befreie den Lernenden eindringlich von der Idee, daß negative Worte Gewalt haben. Sie sind bloß Zeitverschwendung und tragen zum Zustand der Hypnose bei. Je höher das Ideal, je erleuchteter die Idee ist, um so mächtiger wird sie. Dein hellstes Wort ist dein erleuchtetstes Wort.

8.

Wende richtige Unterscheidung an bei der Auswahl deiner Worte, so daß sie in die geoffenbarte Welt nur das übertragen oder aussenden, was deinen höchsten Idealen entspricht.

9.

Die Herrschaft des Menschen ist diejenige über sich selbst. Sein Wesen ist dazu bestimmt, das Königreich der Himmel zu sein. Nur das Gesetz, das den unendlichen Raum beherrscht, sollte seine Gedanken und Gefühle, seine körperlichen und seine geoffenbarten Zustände beherrschen. Die Sphäre seiner Herrschaft ist in ihm selber und ist himmlisch nur dann, wenn diese Herrschaft den Tatsachen des Prinzips entsprechend ausgeübt wird.

10., 11.

Zeigen deutlich den Ursprung aller konstruktiven Gedanken und Worte, und daß das ganze Feld des Denkens und Handelns in dieser Art des Vorgehens entwickelt werden sollte.

12., 13.

Zeigen, was im Wort liegt, das Macht besitzt. Repetition und Realisation.

14., 15., 16.

Die Funktion von Worten, oder *des Wortes*, ist nicht die, etwas ins Dasein zu projizieren, sondern die Vernunft des Menschen so zu erweitern, daß er einsieht, was schon von Anbeginn bestanden hat. „Noch ehe Adam war, *Bin Ich*", ist ebenso wahr in Bezug auf jede Tatsache im Geiste, als es wahr war von Christus.

17., 18., 19.

Sind eine Fortsetzung derselben Wahrheit ... ein Erziehen der Vernunft, daß sie durch den Schleier der Hypnose hindurchsieht, hindurch durch den Vorhang des Tempels und hin zur andern Seite. wo alle Dinge schon vollkommen und tatsächlich sind. Es ist alles eine Sache des Trainings der Vernunft, daß er sehen lernt.

20., 21.

Enthalten praktische Anleitung nicht nur für den Metaphysiker, sondern für Jeden, der einem Freund in der Not helfen möchte. So vieles der rein mentalen Praxis ist rein hypnotisch und ersetzt bloß einen Zustand, der sich vielleicht bessert nach einer schon vorhandenen Richtung hin. Weshalb sollte man einen menschlichen Zustand oder eine Auffassung gegen eine andere eintauschen, wo doch Gottes Vollkommenheit bloß auf Anerkennung wartet?

22.

Bei der Tatsache stehen, was auch die Folgen sein mögen, das ist richtiges Vorgehen. Es kann kein Verlust eintreten, außer dem Verlust unserer Illusion, und der Gewinn ist die Wahrheit selber. Warum also sollten wir zögern?

23., 24., 25., 26.

sind klar genug ausgelegt und erleuchtend für Jedermann, aber sie können erweitert werden aus dem Reichtum des Lehrenden und aus seinen Erkenntnissen.

27.

Der Unterschied zwischen dem Übermittler und dem, was er übermittelt, umfaßt alle Unterschiede bei unserem Erfolg in irgendeinem

Heilverfahren. „Es ist der Geist, der Leben gibt", und die Wirksam=
keit bei einer Behandlung hängt ab vom Maße des angewandten
Geistes.

28., 29.

schalten die Idee aus, daß es etwas gibt, wie Fernheilung von Krank=
heit; denn im Geistigen gibt es keine „Entfernung". Der Geist ist
allezeit und überall gleichermaßen gegenwärtig und braucht nur An=
erkennung.

VI

Bewußtsein

1.

Bewußtsein ist der menschliche Zustand des Wahrnehmens. Es ist die Fähigkeit des Gemütes, zu wissen, und sein Wissen bestimmt auf allen Linien seine Möglichkeiten. Der Mensch mag sich dessen, was wahr ist, bewußt sein, oder er mag in seinem Gemüt den Sinn des Wahrnehmens entwickeln für etwas, was den Anschein einer Realität hat, was aber ganz falsch ist. Daher ist die Wahrheit oder die Unrichtigkeit seines inneren Besitztums, abhängig von dem Grad seiner Wahrnehmung oder seines Bewußtseins.

2.

Bewußt sein muß das, was die höchsten Attribute vertritt. Es muß mit allen hohen Attributen in Beziehung stehen. Wir tragen unser Bewußtsein zum Gottes=Bewußtsein empor, in welchem wir alle Dinge, uns selber eingeschlossen, in ihrem höchsten Zustand wahrnehmen. Dies ist der Zustand, der uns durch alle Bedingungen und alle Umstände hindurch zu sehen erlaubt. Wie die Meister sagen, ist dann der Schleier vollständig beseitigt, der bis dahin zwischen dem Sterblichen oder Physi= schen und dem Geistigen bestanden hat. Da gibt es dann keine Schranken mehr. Die sterblichen und physischen Auffassungen sind vollständig für das wahrhaft Geistige aufgegeben worden.

3.

Dieses geistige Bewußtsein schließt die Betätigung der Sinne nicht aus. Die wahre Sinnes=Betätigung ist immer im höchsten Bewußtsein eingeschlossen. Die wahre Sinnes=Tätigkeit ist alle= zeit wahre geistige Betätigung. Die — sogenannten — Sinne be= tätigen sich nur dann in beschränkter Weise, wenn sie nicht unter dem richtigen bestimmenden Einfluß stehen. Wenn sie von den geistigen Tatsachen in Bewegung gesetzt werden, funk= tionieren die Sinne richtig, und dann sagt man, sie seien auf= getan worden.

4.

Oft wird die Frage gestellt, in welchem Bewußtseinszustand jemand in Trance ist. Trance ist nur eine teilweise Ausdrucks= form von Sinnestätigkeit. Wir können unser Bewußtsein eben= so gut zur richtigen Betätigung oder Vollständigkeit bringen, und wenn dieser teilweise Ausdruck im Einklang steht mit der richtigen Betätigung, sind wir nie in Trance und sind nie unter irgend einer schädlichen hypnotischen Beeinflussung.

5.

Diese gleiche Tatsache bezieht sich auch auf das, was wir gewöhnlich mit Unterabteilungen des Bewußtseins bezeichnen. Man sollte nicht versuchen, das Bewußtsein zu klassifizieren, denn es kann nicht eingeteilt werden. Es ist *Ein* Bewußtsein und man kann an diesem Zustand nicht in Ausdrücken von Eintei= lungen oder Unter=Abteilungen denken. Die Unter=Abteilun= gen sind Illusionen, genau wie illusorische Trance. Sie sind so subtil, daß sie für jemanden, der nicht höhere Unterscheidung anwendet, sehr trügerisch werden können. Es ist so viel leichter, alles als *Eines* anzusehen. Die Unterabteilungen haben ihren Ursprung im Menschen. Der Mensch sah in den Unterabteilun= gen Attribute, aber sie sind gar keine.

6.

Es ist möglich, daß der Gedanke der meisten Lehrer nach Klarheit sucht, wie die Botschaft übertragen werden kann, aber

es ist besser, wenn sie jederzeit etwas Einheitliches daraus ma=
chen. Einfachheit ist schließlich immer das Klarste. Das Schlimme
liegt bei den Unterabteilungen darin, daß sie fast immer als
Attribute aufgefaßt werden. Es ist besser, wenn wir unsern
Blick auf *Eines* gerichtet halten. Wir geraten in negative Zu=
stände, wenn wir an Unterabteilungen uns halten. Sie sind fast
immer symbolisch und die meisten unserer Symbole stellen
Unterabteilungen des Bewußtseins dar. Das ist ein weiterer
Grund, weshalb Symbole nicht länger genügen. Es ist wohl be=
kannt heute, daß wir uns durch die Symbole hindurch gearbeitet
haben. Wie die Meister sagen, sind wir heute im reinen Licht
des Tagesbewußtseins. Es ist viel leichter, dieses Bewußtsein,
das vollständige Licht, zum Ziel zu haben, ohne irgendwelche
Unterabteilungen.

7.

Betrachte zum Beispiel die Sache des Essens, Verdauens, Auf=
nehmens und des Wiederaufbaus des Körpers durch die Um=
wandlung der Nahrung in Energie, Muskeln, Knochen, Blut,
Zähne, Haar etc. Stelle dir vor, du habest eine Theorie ausge=
arbeitet, bei der jede dieser einzelnen Funktionen für sich in
Betracht gezogen werden müßte, und daß man bei jeder Mahl=
zeit zu bestimmen hätte, welcher Teil der Nahrung durch jede
dieser besonderen Funktionen bearbeitet werden, und wenn
jede dieser Funktionen ihrerseits an die Reihe käme. Wie
könnte man da Verwirrung vermeiden? Man erkenne alles das
als einen Prozeß mit vielen Phasen, und jede dieser Phasen als
einen von selber wirkenden Prozeß in einem und demselben
System. Bei einem normalen physischen Zustand gibt es keine
einzige Phase, die unabhängig vom ganzen System funktio=
niert, sondern jede der vielen Phasen arbeitet mit an einem und
demselben System.

8.

Der Körper ist nur ein Symbol der Seele, oder des wahren
Menschen, der im Inneren des Körpers wohnt. Das heißt, der
Körper ist ein Symbol vom Schaffen des Bewußtseins. Zum
Schutz, und zum Auswählen dessen, was ins Bewußtsein ein=

tritt, was durch die Kontrolle unserer Aufmerksamkeit geschieht; das ganze System des Bewußtseins ist als einheitliches System selbst=tätig. Es gibt kein Bewußtes, Unter=Bewußtes, Ober=Bewußtes, sondern nur ein einziges, leuchtendes, lebendiges Bewußtsein von der Wirklichkeit. Das ist der Zustand der vollständigen Freiheit von Symbolen, und darum der Freiheit von Hypnose.

9.

Gewisse Leute werden so interessiert in den psychischen Sinn, oder in die niederen Phasen des Bewußtseins, daß ein ganzes Erdenleben daran gegeben wird in einem Maße, daß das eigentliche Bewußtsein sich nicht offenbaren kann. Die beste Lösung ist, einfach damit aufzuhören, und mit dem Ganzen eins zu werden. Darauf hat Paulus hingewiesen, wenn er sagte: „Seht euch selber als tot für die Sünde, aber lebendig für Gott." Der Unterschied liegt bei klarem Wissen und beeinflußtem Wissen. Klare Vision ist das, was Hellsichtigkeit zu übertragen beabsichtigt, aber der allgemein akzeptierte Begriff von Hellsichtigkeit ist ein teilweise oder verschleiertes Schauen, ein nur teilweises Schauen.

10.

Es mag gewisse relative Phänomene geben, die durch zur Anwendung gebrachte Hellsichtigkeit und Hellhörigkeit, oder durch eine der fünf Bewußtseins=Abteilungen zur Existenz kommen, aber sie können nie das Ganze sein oder zum Ganzen führen. Ihr seht, sie können falsch werden, und bei der Offenbarung solcher Umstände kann man eine ganz falsche Vorstellung bekommen, also das, was ich als negative Idee bezeichne. Wenn wir uns an das Ganze halten, können wir weder negativ werden, noch irre gehen. Es sollte ein klares Wissen von der Wahrheit sein. Wir können diesen Zustand des Wissens oder dieses Eine Bewußtsein nicht erlangen durch Mediumschaft, oder irgendeine andere Form der Hypnose. Alle diese sind absolut schädlich bei der geistigen Entwicklung.

11.

Bei dieser hohen Bedeutung werden alle Sinne zu einem Einzigen. Sie werden alle Eins in vollkommener Zusammen=wirkung. Unsere Sinne arbeiten absolut miteinander, und jeder Einzelteil und jede Zelle unserer Körper wirken miteinander und schwingen in Einheit. Eine große Schwierigkeit liegt bei diesen andern Zuständen darin, daß dabei wahrscheinlich ein Teil des Körpers in einem falschen Gebiet schwingt und daß sich dann die neuen Zellen nicht in richtiger Weise an das Organ anschließen, zu dem sie gehören. Jede Zelle, die erschaffen wird, stellt das Organ dar, dem sie sich anfügen will. Wenn eine Zelle aus dem Schwingungsfeld austritt, zu dem sie gehört, kann sie sich an ein falsches Organ anschließen, und dann entsteht ein unharmonischer Zustand.

12.

Dieses Mißverständnis wird manchmal im Extrem verstärkt bei den verschiedenen okkulten Konzentrations=Methoden, die auf die physischen Zentren der Organe angewendet werden. Solche Praxis überträgt nur einen hypnotischen Zustand noch ausgesprochener in manifestierte Form, und das Resultat ist eine noch größere Verwirrung. Hypnose ist erstens nur Funk=tion eines teilweisen Bewußtseins, oder ein spezialisiertes Be=wußtsein von bestimmter Form und Richtung. Darum wird das Bewußtsein umso hypnotischer, je mehr es sich verteilt auf be=stimmte Gebiete. Und sich willkürlich in Unter=Abteilungen und Phasen des Bewußtseins betätigen, ist höchst definitiv: hypnotische Beeinflussung. Die Aufmerksamkeit sollte jeder=zeit auf das Ganze, auf die vollständige Einheit gerichtet sein, und dann wird die Verteilung der Schwingungs=Energie durch den Mechanismus des Bewußtseins durchgeführt, genau, wie es sich im Körper zuträgt. Dann erfolgt die vollkommene Syn=chronisierung oder Harmonie durch den ganzen Organismus.

13.

Die Idee eines inneren und eines äußeren Bewußtseins ist ebenso eine Phase von Hypnose, denn die Theorie setzt den

Begriff einer Trennung oder Einteilung voraus. In Wirklich=
keit gibt es nicht ein inneres und ein äußeres Bewußtsein, ein
persönliches und ein universelles. Wenn das Selbst sich seiner
bewußt wird in der äußeren Welt, so ist das nur eine be=
stimmte Einstellung des Bewußtseins, und ist in jeder Hinsicht
vollkommen und es ist *Eins* und in und mit dem universellen Be=
wußtsein. Ich und der Vater sind *Eins*.

14.

Wir sind dann nicht eines Inneren bewußt, denn Inneres und
Äußeres sind eins. Das Ganze ist immer (augenblicklich) augen=
scheinlich. Wenn wir unsere Vision oder unser Ideal erblickend
es aussenden, geschieht es immer für dieses vollkommene
Ganze. Die Meister nennen ein solches Wesen: Eines mit „ge=
sunder Vernunft", oder ganz „gesund" im Bewußtsein. Es ist
vollständig gesund und ganz. Auch der Körper ist vollkommen
gesund und ganz. Der Erkenner und das zu Erkennende werden
zu Einem und Demselben. Paulus hat dies in seinen Schriften
eingefügt, aber in den Übersetzungen ist dies nie erwähnt wor=
den. Wir können sowohl zum Erkannten wie zum Erkenner
werden, wenn wir beide ergänzen und miteinander verbinden.
Das Schlimme ist, daß wir eine Trennung machen, wo es in
Wirklichkeit keine gibt.

15.

Die Praxis der Verneinung zum Zweck der vollkommenen
Befreiung in diesen Zustand hinein, sollte auch in diesem Lichte
intelligent ins Auge gefaßt werden. Wir nehmen an, daß die
Verneinung aus dem Denken einen Prozeß oder ein Erlebnis
auslösche, also auch aus dem Wesen des Menschen selber, etwas
was nicht wahr ist oder anscheinend im Gegensatz steht zu sei=
nem vollkommenen Zustand der Ganzheit. Aber bringt die von
unserer Metaphysik angewandte Art der Verneinung eine
solche Befreiung hervor? Wenn die im Allgemeinen ange=
wandte Methode das erwünschte Resultat herbeiführt, dann
wohl und gut. Wenn es aber nicht so ist, wollen wir herausfin=
den, was dahinter steckt, und was die erfolgreiche Praxis in sich
schließt.

16.

Nehmen wir einen einzelnen Fall von Verneinung in Bezug auf das, was man allgemein als das Gesetz der Vererbung ansieht. Verneinung ist keinesfalls notwendig. Sie hat die Tendenz, Einen immer weiter in Illusion hinein zu führen, denn Verneinung hält das Denken auf den betreffenden Zustand gerichtet, und verstärkt also eher diese Bedingung. Der Verstand dehnt sich natürlich aus über diesen Zustand, auf den er gerichtet wird. Der Zweck ist aber, daß dieser Zustand vollständig ausgeschaltet werde, und um dies herbeizuführen, müssen wir ihn ganz aus unserer Betrachtung weglassen, er soll nicht unterstützt werden.

17.

In Wirklichkeit gibt es kein Vererbungs=Gesetz. Es ist nur eine Offenbarung. Es ist nicht notwendig etwas zu verneinen, was nicht existiert. Ihr werdet sehen, daß es viel besser ist, Vollkommenheit an die Stelle von Verneinung zu setzen. Ihr bekommt schnellere Resultate. Gewöhnlich bindet eine Verneinung den Betreffenden enger an sich, währenddem man sich eines Zustandes viel rascher bewußt wird, wenn man Vollkommenheit an Stelle von Verneinung setzt. Und es hat nichts zu bedeuten, was immer dieser Zustand ist. Es hat sich nach wiederholten Experimenten gezeigt, von dem Zustand am besten einfach abzusehen. Mach dich ganz von ihm frei durch Nichtbeachtung. Das war sicher die Meinung, wenn Jesus sagte: „Löse ihn und laß ihn fahren."

18.

Es besteht weder Rassen= noch Familien=Vererbung, denn eines bedingt das Andere. Leute mögen sich gleich sehen, aber das kommt immer her von einer früheren Beziehung, oder Ähnlichkeit von vergangenen Erlebnissen und Umgebung. Es gibt einen scheinbar chromosomatischen Zustand, welcher anzeigt, daß Entwicklungsprozesse parallel verlaufen, aber in Wirklichkeit sind es gar nicht parallele Prozesse, oder parallele Entwicklungs=Zustände. Sie verlaufen natürlich parallel mit der menschlichen Rasse, wie mit dem Tierreich, aber keineswegs in der gleichen Frequenz. Es ist eine heute wohl bekannte Tatsache, daß jede Frequenz des menschlichen Körpers eine höhere ist, als die tierische Frequenz. Übertragung von erworbenen Eigenschaften mag durch das Denken beeinflußt werden, aber sie kann auch durch entgegengeseztes Denken beiseite geschafft werden.

19.

Es ist ein Gemütszustand, welcher die Eigentümlichkeiten der Form verursacht, und Übereinstimmung der Form kommt von der Übereinstimmung von mentalen und emotionellen Erlebnissen von Einzelnen in einer Gruppe. Zwei Menschen, anfänglich nicht sehr ähnlich, entwickeln durch lange, gegenseitige Partnerschaft, und im Allgemeinen gleichen mentalen und emotionellen Reaktionen, ähnliche Charaktere. Ein Mann und eine Frau, die während einer Reihe von Jahren zusammen gelebt haben, fangen an, sich gleich zu sehen, wenn sie in ihren Interessen sich sympathisch sind, und in gleicher Weise auf gegenseitige Gefühlsreaktionen antworten. Es ist eine Reproduktion gleicher mentaler Zustände.

20.

Die medizinische Wissenschaft ändert heute völlig ihre früheren Meinungen, was erbliche Krankheiten anbelangt. Als Jesus den Epileptiker heilte, wollten die Jünger wissen, ob der Mann oder seine Eltern Sünde begangen hatten. Das war seine direkte Antwort: „Weder dieser Mann noch seine Eltern haben Sünde begangen, außer ihr könnt solche Sünde sehen." Es war nur Sünde, weil das Denken der Eltern oder der Umgebung unrichtig war. In Wirklichkeit war die einzige, mit diesem Zustand im Zusamenhang stehende Sünde ein falsches Denken.

21.

Das sogenannte Karma=Gesetz kommt unter die gleiche Kategorie. Es kann heute bewiesen werden, daß keine karmische Schuld existiert, daß die Seele keine solche mit sich bringt. Geistiges Verständnis legt keinen Wert auf karmische Bedingungen, oder auf irgendwelche unvollkommene Bedingung. Es ist ebenso töricht zu sagen, daß man mathematische Fehler korrigieren soll, ehe man die Regel studiert hat. Es ist tatsächlich so, daß ein Fehler von selber ausgetilgt ist, wenn man sich an die Regel hält. Die Regel ist immer für uns zugänglich, was auch immer der Fehler sei, und wenn einmal die Regel bekannt ist und befolgt wird, gibt es keine falschen Resultate mehr.

22.

Die führenden und besseren Universitäten in Indien, besonders diejenige von Dr. Bose an der Kalkutta-Universität, stellen heute die Behauptung auf, daß keine sogenannte Erblichkeit auftreten würde, wenn die Menschen diese ganz aus ihrem Denken ausschalten wollten. Auch bei Pflanzen kann Veerbung gezeigt werden, aber das Denken der Menschen in ihrer Umgebung kann eine solche korrigieren.

23.

Das, was gewöhnlich als vererbte Gemütskrankheit angesehen wird, ist nur ein Zustand, welcher von andern Leuten auf das Opfer übertragen wird. Es sind parallele Gruppen. Es ist Anziehung, nicht Vererbung. Anstatt daß man diese Vererbungstheorie anerkennt, sollte man die Idee von Paulus an ihre Stelle setzen, daß wir eine Erbschaft von Gott haben, die unveränderlich bleibt. Dies ist die wirksame Verneinung der Rassen-Vererbung, daß das Wahre an Stelle des Falschen gesetzt wird, indem man das Falsche ganz wegläßt aus dem Bereich unserer Betrachtung. Gott hat nichts zu tun mit Dingen, die Besitz ergreifen vom Gemüt des Menschen, und wir, als Söhne Gottes, sollten auch nichts mit ihnen zu tun haben.

24.

Jesus sagte, man soll keinen Menschen auf Erden unseren Vater heißen, denn Einer ist unser Vater, der im Himmel ist. Dies ist dann die wahre Vererbungslinie des Menschen, und wenn er aus seinem Denken alle solchen störenden mentalen Prozesse ausschalten will, muß er bloß zur Ursprungstatsache seines Wesens zurückkehren. Am Anfang erschuf Gott — das heißt, der Anfang aller Schöpfung ist in Gott. Das bezieht sich nicht auf Zeit, sondern auf Tatsache. Wenn im Denken nichts zwischen uns und unserem Anfang stünde, könnte es keine andere Vererbungslinie geben, denn nichts hätte Zugang in unserem Wesen, was aus anderer Quelle käme. Der Gedanke ist immer der bestimmende Faktor, und wenn der Mensch jederzeit zu seinem Anfang, zu Gott, zurückkehrt, erbt er durch seine eigene Vernunft immer das, was v o n A n f a n g an sein war.

25.

Im zweiten Kapitel der Genesis haben wir eine unrichtige Übersetzung, welche viel beigetragen zu unserer irrtümlichen Auffassung von Sünde und von dieser Vererbungs=Idee. Es bedeutet nicht, daß der Mensch gesündigt hat und darum sterblich geworden ist, und daß diese Sterblichkeit auf uns alle übertragen worden ist. Die Absicht war nicht, mitzuteilen, daß die Sünde die Natur des Menschen gewandelt habe, sondern daß die Sünde selber hätte gewandelt, korrigiert werden können. Zu jener Zeit hatte es bloß die Bedeutung eines Irrtums, der begangen wurde, aber die Belehrung war, daß der Fehler korrigiert werden konnte. Jesus lehrte die Vergebung von Sünde, viel eher als ein Weiterführen derselben und ihre Folgen. Irrtümer können *gewandelt* werden, das ist die Lehre.

26.

Alle sogenannten menschlichen Gesetze, oder mentalen Gesetze, gehören in diese Kategorie. Es sind alles Irrtümer, weil sie nicht das wahre herrschende Gesetz des Universums und aller Dinge darin definieren. Aber sie können jederzeit beiseite gelassen werden. Sie werden verneint einfach durch ein Abweisen zu Gunsten des wahren Gesetzes. Bose hat das endgültig bewiesen. Er stellt fest, daß alle sogenannten Vererbungs=Gesetze bloße Manifestierungen sind, welche durch das Denken der

Menschen herbeigeführt worden sind und die man zu jeder Zeit vollständig beiseite lassen kann.

27.

Zuerst aber müssen wir vollkommen eins werden mit dem Christus=Selbst. Es braucht ein Christus=Bewußtsein, um diese Gesetze beiseite zu lassen, genau wie es wahres Wissen braucht, um falsche Auffassungen zu vermeiden. Dieser Christus=Zustand muß zuerst erlangt, oder entwickelt sein, und ist dieser Zustand erreicht, so gibt es natürlich nichts anderes mehr.

28.

Hypnose kann aus zwei Bedingungen hervorgehen, einem teilweisen oder einem falschen Bewußtseinszustand. Ein teil= weiser Bewußtseins=Zustand gibt gewisse Möglichkeiten zu, und man fühlt sich gehemmt oder unfähig über das hinaus= zugehen, was er zugibt. Alle Behinderung, oder das Gefühl von Nicht=Erreichen, ist nur ein Zustand von teilweiser Hyp= nose. Der falsche Bewußtseinszustand gibt die Auffassung, daß gewisse Dinge wahr seien, die gar nicht wahr sind. Das ist in Wirklichkeit ein Zustand vollständiger Unwissenheit von der Wirklichkeit. Es ist ein mentaler Zustand, entstanden aus Ein= drücken, die ganz falsch sind, Bewußtseinszustände, die auf etwas aufgebaut sind, das — wenn man so sagen darf — gar nicht existiert, oder anderseits, auf einer Gruppe von Ein= drücken, die in Bezug auf etwas, was an und für sich wahr ist, ganz unrichtig sind.

29.

Das kann illustriert werden mit der Auffassung, die der Mensch einmal hatte, daß die Erde flach sei. Das hypnotische Resultat davon war, daß die Menschen sich in bestimmten be= grenzten Betätigungs=Gebieten hielten, weil sie fürchteten, daß sie von den Kanten der Erde herunterfallen würden, wenn sie sich nicht an die Begrenzungen halten wollten. Die Idee scheint völlig töricht heute, wo wir wissen, daß die Erde rund ist. Sie war allezeit rund, aber die Menschen waren in ihren Handlun=

gen genau so behindert, wie wenn die Erde tatsächlich flach gewesen wäre, mit einem großen Abgrund am Rande. Abenteurer, welche von der Erde eine andere Ansicht hatten, wagten sich über diese Grenzen hinaus, innerhalb welcher die anderen lebten, und sie segelten hinaus über diesen Abgrund ohne irgendeine Schwierigkeit, soweit es ihnen beliebte. Für sie existierte der Abgrund nicht, und tatsächlich existierte er nicht. Doch waren die Andern sicher, daß sie hineinfallen würden. Die Art und Weise, diesem Umstand zu begegnen, war nicht ein Überwinden des Abgrundes, denn es gab keinen solchen. Es war nur eine Sache des Hinausgehens über die Begrenzungen der Meinungen, und dabei wurde gefunden, daß gar keine tatsächlichen Begrenzungen existierten. Das ist genau die Art und Weise, wie die Meister jeder Situation begegnen. „Was scheint, existiert gar nicht", sagen sie. Sie sind nicht hypnotisiert von Meinungen, die eine Rasse hält, noch von Umständen, wie sie einer Rasse vorkommen, denn sie kennen die Wirklichkeit. Ihre Entscheidung liegt im Gebiet der Tatsachen, und sie gehen hindurch, durch Zeit und Raum wie Columbus über den „Rand der Erde" segelte. Die Erde hatte keine Ränder, und es hat keine Zeit und keinen Raum für den Meister. Es sind alles Illusionen, genau wie die flache Erde mit ihren Rändern eine Illusion gewesen ist.

30.

Das wollte Jesus sagen mit seinen Worten: „Gehe hinter mich, Satan", wie die Übersetzung lautet. In Wirklichkeit sagte er: „Gehe hinter mich, Begrenzung", denn es gibt nichts Derartiges. Er ließ es ganz aus dem Bereich seiner Betrachtung und Seines Verhaltens, denn in seinem erleuchteten Zustand gab es keine solchen Dinge. Er schaute hindurch durch den hypnotischen Zauber, den Schleier des Tempels, und lebte ganz in der Wirklichkeit.

31.

Im Schlaf wird das Bewußtsein vollkommen universell. Es wird wissend und mit allen Eigenschaften ganz wach. Darum können wir manchmal im Schlaf Dinge tun, die wir nicht tun kön=

nen, wenn wir wach sind. Wir unterdrücken es wegen unseren äußerlichen Betätigungen während des Tages. Wir durchleben den Tag in großer Hast und sind dann ganz erschöpft, wenn die Nacht kommt; unser Bewußtsein fließt sogleich zurück in den Allwissenden Zustand, obschon wir es nicht wissen. Wir sind dessen nicht bewußt, was vor sich geht. Wir sollten genau so bewußt sein, wie während unseres sogenannten wachen Zu=standes. Der Schlaf gestattet, daß das vollkommene Bewußtsein in Funktion tritt.

32.

Darum legt die Psycho=Analyse so viel Wert auf den Traum=Zustand, den sie für höher hält als den Wach=Zustand, wenn er vernünftig und ordnungsgemäß behandelt wird. Aber die bei=den, — der schlafende und der wachende Zustand — sollten genau gleich sein. Wenn wir unsere Gedanken auf dieses höhere Bewußtsein richten wollten, wären wir jederzeit in diesem Be=reich. Wir würden *wissen*. Der Traum ist eher ein hellsich=tiger Zustand niedrigerer Ordnung, bis wir unser Denken auf eine höhere Bedingung, auf den wissenden Zustand, richten. Wenn wir dies tun, sind unsere Träume jederzeit wahr, und nicht etwas, was gar nicht vorgekommen ist. Träume sind ge=wöhnlich ein Gemisch von irdischen und höheren Erlebnissen. Wären unsere Gedanken jederzeit von dieser höheren Art, so würden unsere Träume ihnen entsprechen. Unsere Tage wären zu Ende im gleichen Augenblick, da wir einschlafen.

33.

Manchmal, wenn ein Mensch sozusagen vor einer steinernen Mauer steht wegen ernsten Problemen, die zu lösen ihm un=möglich vorkommen, dann scheint sein Erschöpfungszustand den äußeren zu beruhigen, und oft kommt die Lösung dann von selber. Er ist nur weiter gegangen mit den falschen Lebens=gewohnheiten, bis er sein Wesen so angespannt hat, als es ihm möglich war. Es ist genau so, wie wenn er eingeschlafen wäre. Das Aufhören der Betätigung durch Erschöpfung hat verur=

sacht, daß sein Denken sich von dem Zustand gelöst hat, und dann kam die Lösung durch.

34.

Die Entspannungsmethode, welche die Meister anwenden, besteht darin, alle äußeren Umstände ganz wegzulassen und die Gedanken zu einer vollkommenen Betätigung auszusenden. Das Physische, Emotionelle und Mentale muß stille werden, indem die Aufmerksamkeit höher empor gerichtet wird.

35.

Der Unterschied zwischen dem gewöhnlichen Traum und einem Alpdruck ist der, daß das psychische Phänomen, das sich zeigt, in Zusammenhang gebracht wird mit einer äußeren Handlung, und daß noch Anderes dabei hinzukommen kann wie bei psychischer oder mesmerischer Beeinflussung. Ich habe gesehen, wie Leute hypnotisiert und gar nicht mehr sich selber waren. Sie handelten wie Affen oder bellten wie Hunde. Das ist ganz dem Alpdruck ähnlich.

36.

Wer von einem Alpdruck befallen wird, kann sich freimachen, wenn er denkt, wie er im Wachzustand zu denken pflegt. Ein Patient ist bekannt, der sich selber von extremen Alpdruckzuständen heilen konnte, indem er, währenddem er solche erlebte, gedacht hat: „Was würde ich tun, wenn ich wach wäre?" Er hätte das gleiche Resultat noch schneller gehabt, wenn er gedacht hätte, was er tun würde in einem vollkommenen Zustand des geistigen Bewußtseins, und er hätte sich damit jenem Zustand mehr genähert. Würde er sich fragen, was er erreichen könnte, wenn er direkt zum Geistigen emporschauen könnte, so würde er noch einfacher und noch nützlicher, weil er dann dauernd bliebe. Das Brechen eines Alpdruckes wird automatisch, wenn man vor dem Einschlafen erklärt, man sei eins mit Vollkommenheit. Dann ist keine Gelegenheit zu seinem Entstehen vorhanden, wenn man in dieser Verfassung ist.

37.

Die gleiche Praxis kann auch auf den sogenannten Wach=Zu=
stand angewandt werden. Alle negativen Zustände und schwie=
rigen Probleme können jederzeit mit dieser Methode korrigiert
und gelöst werden. Ihr werdet sehen, daß es sehr praktisch ist,
sich zu fragen, was man tun würde, wäre man in geistigem
Bewußtsein, sobald man Problemen oder anscheinend negati=
ven Bedingungen gegenüber steht. Macht euch frei von den
Schwierigkeiten des Erdenlebens auf diese Weise. Es ist wirklich
ganz so einfach, wie ich sage.

38.

Das „Sei still und wisse, daß ich Gott bin", schließt das Ganze
dieses Falles vollständig in sich, denn es ist die Vollendung von
allem. Und der andere Satz: „Gott ist in seinem heiligen Tem=
pel, laß alles Irdische vor Gott stille sein und freue dich", ist
ebenso anwendbar. Und weiter „in nie endender Freude haben
alle Dinge ihren Ursprung."

39.

Freude ist der allerhöchste Zustand. Sie ist der Überschwang
der Seele, wie das physische Vergnügen der Überschwang des
Körpers ist. Aber sie ist der eigentliche Gemütszustand des
Menschen, entstanden aus seiner inneren Befreiung in die
Wahrheit seines Wesens hinein. Erst wenn wir aus diesem Zu=
stand der Freude und der Harmonie herausgehen, fangen wir
an, vom Höchsten uns zu trennen. Ihr werdet viel darüber reden
hören in den kommenden Jahren in allen theologischen Schulen.
Es ist recht bemerkenswert, wie dies jetzt zum Vorschein
kommt, und wie diese Lehre sich zeigt in der Aufforderung,
daß die Kinder harmonisch werden, und daß sie den Lärm um
sich herum unbeachtet lassen sollen, wie er sein mag, ohne daß
sie daran teilnehmen.

40.

Sobald ihr die Kinder dazu anhaltet, auf konstruktive Ideale
zu antworten und sich zusammen zu tun, um Harmonie zu

pflegen, damit der Massen=Instinkt auf diese Weise sich ent=
wickelt, zerstört ihr die eigentliche Wurzel alles Unglückes, aller
Not, alles Mangels und aller Kriege auf der Welt. Unsere frü=
here Methode war, den Begriff von Streit zu entwickeln. So=
bald jemand auf eine Weise handelte, welche den Ärger oder
den Widerstand von jemand Anderem erregte, nahm Jeder=
mann diese gleiche Einstellung an, und auf diese Weise sind
wir dazu erzogen worden, den Sinn für Streit zu entwickeln.
Nur wenn der Prozeß umgekehrt wird, und man in den rich=
tigen Zustand zurückkehrt, werden wir unsere vollkommene
soziale Struktur in der Welt kommen sehen.

ANMERKUNGEN FÜR DEN LEHRER

Kapitel VI

1., 2.

Herauswachsen aus dem heutigen Bewußtseins=Zustand, der dem Menschen sich selber als ein materielles Wesen zeigt, und hinein in das Bewußtsein, daß er ein geistiges Wesen ist, darin liegt das ganze Geheimnis menschlicher Errungenschaft. Es ist eine strukturelle Wandlung im Bewußtsein, welche in Betracht gezogen werden muß, denn alle übrigen Veränderungen, die man bis anhin anstrebte, hän= gen davon ab. Es ist nur eine Sache des Unterscheidenkönnens von Wahrheit und Irrtum, zwischen richtigem Wissen und Unwissenheit. Sich selber als geistiges Wesen erkennen, aus einem unendlichen geistigen System herstammend, und eins mit allen Mächten und Möglichkeiten innerhalb dieses geistigen Systems, das ist das Eigent= liche des schließlichen Erfolgs.

3.

Ein Zustand des Erwachtseins schließt den Menschen und seine sogenannten Sinnestätigkeiten nicht aus. Sie werden emporgehoben und werden zum Ausfluß seiner Erleuchtung, anstatt zum Eingangs= tor für falsche Information.

4.

Selbst=Beherrschung und Selbst=Ausdruck sind das Gesetz des Le= bens, nicht aber unsere Unterwerfung unter die Kontrolle von Kräf= ten außerhalb, oder sogar unter nur teilweises Wissen.

5., 6., 7.

Das Bewußtsein wird immer verdunkelt, wenn der Mechanismus des Gewahrwerdens nur teilweise betätigt wird. Ein bloß teilweises Gewahrwerden bei irgend einer sogenannten Denkphase, ist nicht vollkommenes Bewußtsein. Die moderne Psychologie anerkennt, daß die Vernunft eine Einheit ist und als eine Einheit funktioniert, das heißt, daß sie ein einziger Prozeß ist und sich nicht zusammensetzt aus vielen Funktionen und Prozessen. Bewußtsein ist die Funktion des geistigen Menschen, wie essen, verdauen, assimilieren die Funktionen des Körpers sind, und das Physische ist bloß die äußere Entsprechung des Geistigen.

8., 9., 10.

Reines Wissen und reines Sein sind die Resultate von Hellsichtigkeit oder heller Vision, ein Schauen, das hindurch sieht bis zur geistigen Tatsache, wie sie im göttlichen Prinzip existiert. „Und er erhob seinen Blick zum Himmel empor", das ist die Praxis, welche reine Vision oder klares Sehen erweckt. Was gewöhnlich Hellsichtigkeit oder Hellhörigkeit genannt wird, ist nur eine Erweiterung des physischen Sinnes, welche die Bewegung der menschlichen Ideen in den mentalen oder psychischen Äthern zu sehen gestattet.

11., 12.

Dem Körper eine Idee aufdrängen als Ersatz für eine andere, oder versuchen, durch Denken die Körperzentren zu wecken, ist die intensivste Form von Hypnose, denn sie ist ein willkürliches Aufdrängen von Gedanken und wirkt sehr bindend. Habt ihr je beobachtet, daß ein lebendiges Gefühl von Freude, gleichmäßig und automatisch das ganze Wesen erfüllt? Kein Einzelteil eures Wesens mußte zu diesem Zustand von Freude stimuliert werden. Macht euch ein Bild davon, wie lang es brauchen würde, freudig zu werden, wenn ihr zuerst auf jeden Teil eures Körpers euch konzentrieren und damit weiterfahren müßtet, um diesen Zustand zu erreichen, bis ihr schließlich glücklich wäret. Mentale Prozesse bringen keine Geistigkeit, noch wecken sie die physischen Zentren auf. Geistiges Erwachen durchdringt augenblicklich das ganze Wesen des Menschen, und wenn das Ich emporgehoben ist, ist der ganze Mensch emporgehoben.

13., 14.

können in der gleichen, oben angegebenen Weise vorgenommen werden.

15., 16.

Verneinung ist nicht Sache des direkten Abweisens, sondern die Praxis, etwas zu ignorieren. Die erste Funktion der Vernunft ist Aufmerksamkeit, und was immer die Aufmerksamkeit beschäftigt, entwickelt sich in mentalem Prozeß. Darum bedeutet Verneinen etwas aus dem Bereich des Bewußtseins ausschalten. „Geh hinter mich, Satan" hat den Sinn, alle Verneinung aus dem Bereich der Betrachtung auszuschalten. Man braucht sich gar nicht abzugeben damit, sie ist nur ein Schatten. Licht ist das, was den Schatten zerteilt, und Wissen hebt Unwissenheit auf.

Anmerkungen zu Kapitel VI

17., 18., 19., 20.

Alle Gesetze der materiellen Welt sind bloße Versuche, das Verhalten in dem materiellen System zu regeln. Aber die Materie ist nicht daran gebunden, irgend einem solchen Gesetz Folge zu leisten, sondern entflieht immer wieder den sogenannten Bindungen dieser Gesetze und gehorcht etwas Höherem. Das endgültig=herrschende Prinzip der Materie ist Geist, denn das ganze Universum ist ein geistiges System. Die sogenannte Vererbung ist gar nicht das Resultat von aufgebürdeten falschen Gemütszuständen im Lebens=Prozeß. Die sogenannte Vererbung ist nicht ein Gesetz, sondern das Resultat des Zuwiderhandelns, dem wahren Gesetz gegenüber. Das Gesetz des Lebensgeistes ist das wahre herrschende Gesetz.

21.

Karma, ebenso, ist das Resultat einer dem Gesetz zuwider laufenden Handlungsweise. Die Früchte des Gesetzes sind Befreiung, Erleuchtung, Vervollkommnung. Nur solange man dieses Gesetz aus dem individuellen Bewußtsein fernhält, besteht eine leise Ähnlichkeit mit Karma, oder der Einwirkung eines anderen Einflusses. Das Karma überwinden ist nicht Sache von Bemeisterung oder Herr=werdens über die Resultate unserer begangenen Fehler, sondern das Gutmachen von Fehlern. Das wird herbeigeführt durch das Verstehen und Befolgen des wahren Gesetzes.

22., 23., 24.

Stellen das Erbteil des Menschen fest als herrührend aus der einen Quelle, und nicht aus den Wegen, durch die er hindurchgeht. Der Strom ist der Wasserlauf, der aus einer Quelle ausgeht, und nicht die Ufer, zwischen denen er hindurchfließt. Er sammelt Wasser aus seiner Quelle, aber nur Schlamm von den Ufern.

25., 26., 27.

Das Gesetz des Geistes geht nicht darauf aus, Sünde zu bestrafen, sondern den Menschen von den Wirkungen seiner Fehltritte frei zu machen. Ein falsches Vorgehen hat richtig gestellt zu werden, es wird nicht vom Menschen erwartet, daß er die Resultate seiner Irrtümer erleide. Die Natur des Menschen kann nicht gewandelt werden, denn er bleibt allezeit ein geistiges Wesen. Er kann bloß seine Auffassung von sich selber wandeln. Anstatt dies zu tun, sollte er besser seine irrige Idee wandeln, daß er ein materielles Wesen sei, und die Wahrheit erfassen, daß er ein geistiges Wesen ist, geschaffen nach dem Bilde und der Gleichheit Gottes.

28., 29.

Alles Bewußtsein, das begrenzt, ist im gleichen Grade hypnotisch. Der Mensch ist ein freies, allmächtiges Wesen, dem Gewalt und Herrschaft über alle Dinge von Anfang an gegeben worden ist. Der einzige einschränkende Einfluß ist die Begrenzung durch sein eigenes Bewußtsein. Das Bewußtsein frei machen, heißt den Menschen frei machen.

30.

Ist Fortsetzung dieser selben Idee. Die Summe von Belehrung liegt im Betonen, das Wichtige darin besteht, im Schlaf und im Wachen den Riß zu überbrücken, in welchem die Idee der menschlichen Begrenzung liegt. Solang wir irgendwie offen bleiben für irgendetwas Anderes, als das Höchste, ist unsere Natur entsprechend befangen. Man kann ebensogut reines Bewußtsein direkt von der Quelle empfangen, als man teilweises Bewußtsein aus weniger hohen Ebenen aufnimmt. Warum immer das Niedrigere suchen, wenn das Höhere leichter erreichbar ist? Warum nicht uns und unsere Kinder im Wissen der Wirklichkeiten erhalten, und die Begrenzungen und die Unwissenheit der Welt abseits lassen?

VII

Gott

1.

Leute sind im Allgemeinen interessiert, was die Idee der Meister ist, Gott betreffend und wo sich Gott befindet. Wir wollen darum im vorliegenden Kapitel diese Idee betrachten. Doch wird es unmöglich sein, diese Ideen zu betrachten, ohne den Menschen mit einzuschließen, denn Gott und Mensch sind untrennbar.

2.

Die Meister sprechen häufig von Gott, aber sie betrachten ihn als ein Attribut des *Seienden*, das Seiende als ein Attribut, oder eine einzige Einheit, welche das ganze Universum, das sichtbare und das unsichtbare, in sich schließt. Der Verstand des Menschen hat seine Idee von Gott vom Aberglauben über Gott bekommen. Der Mensch sah damals nur das Götzenbild. So wurde es notwendig, ihn zurückzuführen zur Wirklichkeit, daß er Gott ist, daß keine Trennung zwischen dem Individuellen und dem Universellen besteht; daß der Mensch ein wesentlicher Teil des Ganzen und in seiner Natur mit dem Ganzen identisch ist.

3.

Sie lehren, daß Gott allezeit im Inneren des Menschen ist, so wie Jesus, der Christus, gelehrt hat. Dies ist jederzeit die Einstellung und der Gedanke der Erleuchteten. Der Mensch ist

Gott. Die Aussage: „Ich bin Gott" ist eine der genauesten Aussagen, die ein Mensch tun kann. Wir haben nie gesehen, daß sie geschriebene Instruktionen ausgegeben hätten. Aber sie geben mündliche Belehrung und mündliche Reden. Sie nennen ihre Reden nicht Belehrungen. Sie stellen einfach Tatsachen fest, welche selbstverständlich sind und sie setzen voraus, daß das Selbstverständliche allgemein bekannt sein müßte. Darum belehren sie nicht, sondern bestätigen nur, was alle Menschen instinktiv wissen und was universell wahr ist.

4.

Zum Führer beim Fortschritt des Einzelnen raten sie die Mahabharata, die Veden, die Upanishaden und die Gita als Lektüre an. Dieses Lesen wird demjenigen zur Vorbereitung vorgeschlagen, der das eigentliche innere Werk vornehmen will, und zur Konzentration. Ein paar Verse jeweilen sind am besten. Sie raten niemandem an, ein ganzes Buch durchzulesen. Oft lesen sie an einem Tag bloß einen einzigen Satz. Die Lehren, die in der Gita niedergelegt sind, sind Stufen, die der Vervollkommnung der Wahrnehmung beim Einzelnen entgegenführen darüber, was Gott in Wirklichkeit ist, und in ihm das Bewußtsein wecken, was dies bedeutet.

5.

Kein Mensch wird in Wirklichkeit Gott kennen, ehe er selber Gott in sich erlebt. „Kein Mensch kennet die Dinge Gottes, außer der Geist Gottes, der in ihm wohnt, enthülle sie ihm." Die vorbereitende Arbeit vor der Entdeckung der inneren oder geheimen Lehre, wie sie manchmal genannt wird, ist das Resultat der Erziehung des Verstandes dahin, daß er erfaßt, was in den Aussagen enthalten ist, denn darin besteht das innere Werk oder die innere Doktrin. Es ist wie beim Studium von mathematischen Formeln. Der dahinter liegende Gedanke ist der, daß Jemand, der sich dazu trainiert hat, den inneren Sinn der Lehren der Gita oder der Bibel, oder irgend eines anderen Heiligen Buches zu erfassen, von da an in der Lage ist, in sich selber zu suchen, um den inneren Sinn seines eigenen Wesens zu finden.

Der Mensch ist nicht ein physischer Organismus, sondern das innere Selbst, das durch den physischen Organismus lebt. Das innere Werk ist es, das Selbst zu finden, welches das Gott= Selbst ist.

6.

Es gibt heute so viele orthodoxe Auffassungen, welche an der Theorie festhalten, daß Gott nach dem Bilde und Gleichnis des Menschen gemacht sei, anstatt an der Wahrheit, daß der Mensch nach dem Bilde und Gleichnis Gottes gemacht ist. Aber sie denken eher an den physischen Menschen, als an das, was hinter dem Physischen steht, den inneren Menschen, das innere Selbst. Der Mensch ist tatsächlich das Bild und Gleichnis Gottes.

7.

Wenn Gott die Summe ist aller sichtbaren und unsichtbaren Dinge, das unendliche Eine, dann umfaßt Gott alle Zeit und allen Raum, denn es ist nichts außer Gott. Der Mensch konnte nur in und nach diesem Bilde erschaffen sein, denn es gibt außerhalb nichts, wo der Mensch hätte erschaffen werden kön= nen. Er wird erhalten in diesem Bilde Gottes selbst, so wie un= sere Gedanken in unserer Vernunft existieren und als ein we= sentlicher Teil von ihr. Nicht nur ist der Mensch erschaffen in diesem Bilde Gottes, oder enthalten in der Allheit Gottes, er ist auch aus der Essenz der göttlichen Natur selber gemacht und ihr gleich. Wenn die Ursache Gott ist, so ist die Wirkung Gott in Manifestation. Ursache und Wirkung müssen eins sein. Kann es einen Gedanken geben ohne Denkkraft, und kann es eine Denkkraft geben ohne Gedanken?

8.

Die Vereinheitlichung jeder Bedingung bringt den Menschen geradewegs zurück zu Gott. Er muß das nicht zu erreichen suchen. Er ist Gott. Hier liegt das Ganze des Prinzips. Die Ma= terialität der Illusion ist es, welche uns in alle möglichen Schwie= rigkeiten und Widersprüche treibt. In der vollkommenen Ein= heitlichkeit des Prinzips im Menschen erheben wir uns voll=

ständig aus der Objektivierung, so wie wir Objektivierung auffassen. Es gibt eine reine Offenbarung Gottes, aber es ist nicht eine materielle oder begrenzte Objektivierung. Es ist der Zustand eines bewußten Ausdrucks von alledem, was Prinzip ist. Aber dabei ist nicht das Geringste einer Abtrennung oder Einschränkung. Es ist wie ein Lichtstrahl inmitten von unzähligen Lichtstrahlen, die, zusammen, das universelle Licht ausmachen, jeder Lichtstrahl aber *ist* Licht.

9.

Der Ausspruch „Ich bin Gott", zusammen mit der Erkenntnis dessen, was in Wahrheit eingeschlossen ist, wird augenblicklich jeden Umstand richtig stellen. Wenn du dies erfassest, und nichts siehst als diese Wahrheit, dann kann nur diese Wahrheit allein sich manifestieren. Wenn du dich selber oder jemand anderen heilst, siehst und bestätigst du nur die ewige Einheit mit Gott. Dieses Licht kommt augenblicklich hervor, denn es ist das wahre Licht; und dann wissen wir, daß in uns selber und mit Jedem außer uns Einheit besteht. Alles ist getan. Das ist das Christus=Licht, das Christus=Prinzip.

10.

Damit würde die Theorie ausgeschaltet, daß es nötig sei, sich besonders mit den Drüsen, den Körperzentren, oder dem Körper selber abzugeben, oder, wie ihr sagt, Krankheit zu behandeln. Das Physische wird sich einfügen, sobald wir diese grundlegende Einheit erkennen. Wenn dieser Zustand erreicht worden ist, sind die Drüsen und alle körperlichen Funktionen so angeregt, daß sie harmonisch werden. Jedes Atom des Körpers ist neu belebt. Ihr könnt nicht die Körpertätigkeit empor erheben zum Einklang mit dem Geiste, durch den Denkprozeß, denn der Geist steht ebenso über dem Verstand, wie die Himmel hoch über der Erde sind.

11.

Die zehn Gebote sind gar nicht das objektivierte Gesetz Gottes. Moses wollte in ihnen ein Gesetz für mentales und morali=

sches Betragen niederlegen, aber es gibt außerhalb des geistigen Gesetzes kein Verhalten, und das Bewußtsein von der Tätigkeit des Geistes muß als einziges herrschendes Gesetz anerkannt werden. Die Feststellung: „Wenn ihr eins seid mit dem Gesetz, so werdet ihr nicht solche Dinge tun", das war die ursprüngliche Meinung, aber es wurde dann übersetzt: „Du sollst nicht." Wenn ihr im Gesetz der Harmonie seid, werdet ihr keinen Streit veranlassen, aber bloß davon abzustehen, Streit hervorzurufen, bringt euch noch nicht in das Harmoniegesetz hinein. Von Streit absehen bedeutet bloß, daß man nichts tut, und auf diese Weise könnte niemand Musiker werden, noch würde damit Harmonie ausgedrückt. Die aktive Ausübung des Gesetzes erzielt Wir= kungen, die dem Gesetz entsprechen. Das Leben ist aktiv, dyna= misch und nicht statisch. Es ist das Tun der Wahrheit, nicht bloß das Ansehen von dem, was nicht Wahrheit ist.

12.

Wenn ihr dem Gesetz treu seid, werdet ihr euch automatisch davon fernhalten, gewisse Dinge zu tun, welche nicht inbegrif= fen sind in der naturgemäßen Auswirkung des Gesetzes. Ihr tut diese Dinge nicht, wenn ihr dem Gesetz folgsam seid, wenn ihr sie aber vermeidet, mag es gar nicht geschehen, weil ihr dem Gesetz folgsam seid, sondern weil ihr euren eigenen Auffassun= gen gehorcht. „Du sollst nicht" war das Mosaische Gesetz, wie es Moses gab. Es hatte seinen Ursprung in den Sephiroth, oder dem Lebensbaum. Er verschleierte diese Tatsache und gab ihm objektiven Ausdruck, soweit es das Volk anging, aber den Prie= stern gab er die Erklärung der eigentlichen Bedeutung, nach dem Talmud.

13.

Wenn es heißt: „Gott sprach zu Moses mit lauter Stimme", war damit nicht beabsichtigt, als Tatsache mitzuteilen, daß *Er* laut sprach. Gott ist eine „Ton=Sprache", welche Licht zum Aus= druck bringt. Das war es, was Moses feststellte. Eine Ton=Stim= me ist nicht eine Stimme, die „tönt". Das ist ein wichtiger Un= terschied. Wenn wir eine „Ton=Stimme" haben, ist diese Stimme einheitlich, und bringt Licht zur Existenz. Sie schenkt uns diese Macht. Sie kann vollständig geräuschlos sein, also was wir als tonlos bezeichnen würden. Und dazu kommen wir heute, zur Tonlosigkeit des Tones. Dann ist er vollständig tonlos und man schenkt dann keinem Laut mehr Aufmerksamkeit, weil man im lautlosen Ton oder im definitiven Prinzip ist.

14.

Ertönen ist Ganzheit, und als Gott mit „tönender Stimme" sprach, sprach *Er* in der Vollkommenheit seines Wesens. So sagen wir manchmal von Jemandem: „Er legte sein ganzes Wesen in das, was er sagte." Erst wenn die ganze Natur wach und tätig ist, wird die Stimme zum Ton, oder wir reden klangvoll Wir sprechen dann nicht teilweise, oder irgendwie abgetrennt, sondern in vollständiger Einheitlichkeit. Als Gott zu Moses sagte: „Ich bin, Der ich bin, und neben mir ist kein Anderer", sprach er mit klangvoller Stimme, denn er schloß nichts aus aus seinem Ausspruch, sondern brachte sein ganzes Wesen zum Ausdruck. Dies ist besonders bedeutsam im Hinblick auf die abgewiesene psychologische Idee, daß der Verstand ein Sektor oder ein Teil sei, der sich aus vielerlei Bestätigungen zusammensetze. Das ist die Hypnose der Klanglosigkeit. Je mehr der Verstand eingeteilt wird, um so klangloser wird er. Beobachtet etliche der Leute, welche sich mit diesen Teilfunktionen des Verstandes abgeben, sich hier konzentrieren und dann dort, und die ihr Denken jeweilen nur auf eine Sektion richten. Sie sind äußerst ungesund, und nie ihrer selber sicher, und es ist nicht ratsam, ihnen zu folgen, denn sie führen nur zu Verwirrung. Es mag eine gute Art sein, sich eine große Anhängerschaft zu sichern, denn eine Gruppe von Leuten, die mental unsicher sind, kann leicht zu Organisationen zusammengetrieben werden, aber am Ende wird solches zu größter Gebundenheit, vor allem für ihn, der die Leute so täuscht. Gesundheit ist Ganzheit=Einheitlichkeit. „Ich bin Gott" im Bewußtsein gesagt, daß man Eins ist mit dem All und daß das All in uns ein Zentrum hat, und daß man mit den Wirksamkeiten des Ganzen eingeschlossen ist und sich mit ihm und in ihm bewegt, das ist die einzig wahre und gesunde Feststellung, denn sie ist vollständig. Kein Bau ist feststehend, ehe er eine Einheit ist, und kein Mensch ist in sich befestigt, ehe er eine vollständige Einheit in und mit dem Prin=zip ist.

15.

Wir können bei unserem Fortschreiten uns nicht aufhalten bei Organisationen und Systemen, seien sie orthodox oder meta=physisch, denn sie sind abgeteilt, sektiererisch, und lehren eine Doktrin, welche sich mehr oder weniger mit der Idee von Ab=trennungen befaßt. Sie sind bloße Schritte im Prozeß des Men=schen, der sich selber erkennen lernt. Wir können an keinem Punkte anhalten, ohne orthodox zu werden. Es verhindert wei=teren Fortschritt solange, bis wir uns davon lösen.

16.

Das ist der Grund, weshalb so viele Leute sich mit Bestäti=gungen und Verneinungen befassen. Natürlich mischt sich ge=rade dies in vielen modernen Organisationen von Denkern ein, sobald sie zu verneinen anfangen. Sie hängen sich selber einen Umstand an, der gar nicht existiert, und wenn sie dann diesen unrichtigen Einfluß ihrer eigenen mentalen Reaktion spüren, heißen sie ihn bösartigen=tierischen Magnetismus. So kommen sie aufs Neue unter psychische Einflüsse, weil sie durch ihre eigenen Wiederholungen fest gehalten werden.

17.

Jemand, der verneint, arbeitet nicht richtig. Verneinung trennt uns vom Geiste, denn wir halten uns auf in der Betrach=tung von Etwas, was wir als „nicht=geistig" erklären. Im Gei=stigen gibt es keine Trennung und darum ist es nur das mensch=liche Abtrennen, was ihn in Psychisches oder Phänomenales ver=wickelt. Moses bezeichnete Alles und Jedes von Phänomenalem als ein Abtrennen vom Geistigen. Die orthodoxen Kirchen kom=men offenbar in Schwierigkeiten, weil sie Abtrennung zugeben. Sie haben ein großartiges Bild in den Himmeln erbaut und es

Gott genannt. Es ist dabei eine psychische Bestimmung, welche sie sehen; sie glauben, daß dieses Bild zu ihnen redete, anstatt dessen war es ihre eigene Stimme, die durch psychische Ein=wirkung zu ihnen sprach. Die Stimme Gottes spricht zum Men=schen innerlich, wie Jesus es gelehrt hat. Sie ist der Vater in unserem Inneren.

18.

Als Christus Begrenzung verneinte — Satan — war dies nicht eine Erklärung von dessen Nicht=Existenz, sondern ein bloßes Beiseitelassen der Idee, die ganz falsch war. Er schenkte ihr gar keine Bedeutung.

19.

Moses hat mit seinem Hinweis auf die Trennung von Him=mel und Erde offenbar sagen wollen, daß die Erde das Äußere sei. Im Sanskrit gibt es ein Wort, das die Erde als äußeren Zu=stand bezeichnet. Dieser Zustand muß überwunden werden, und es ist nur eine gedankliche Überwindung. Moses wollte mitteilen, daß Himmel und Erde immer vollständig und Eins sein sollten. Er ließ die Erde ganz beiseite und dann stellte sich die Eine Haltung des Prinzips in den Vordergrund. Er wußte ganz genau, daß die Form eine vollkommene Verkörperung des Geistes, als Leben, war.

20.

Das ist auch, was Hiob ausdrücken wollte, als er sagte: „Doch in meinem Fleisch werde ich Gott schauen." Es ist sogar in dieser Weise auch in den Upanishaden gesagt. In Allem bringe das Christus=Selbst zum Vorschein, und erblicke Wirklichkeit, an=statt einen physischen Körper zu unterscheiden. Der Körper ist leuchtende und reine Geist=Substanz und wird sich in diesem Zustand kundtun, wenn der Gedanke an seine Materialität zu=rückgezogen wird und der Wahrheit Platz macht, daß das Fleisch in seinem eigentlichen Zustand das leuchtende Gotteslicht ist, durch welches und in welchem Gott sich in seiner geistigen Vollkommenheit offenbart.

21.

Das Fleisch braucht nicht vergeistigt zu werden; es ist bereits Geist in Offenbarung, genau wie Wasser Sauerstoff und Wasserstoff in manifestierter Form ist. Das Wasser ist eins in und mit seinem Ursprung, und ist in seiner Natur identisch mit seiner Quelle. Oxygen und Hydrogen aus dem Wasser trennen heißt das Wasser auflösen. „Euer Körper ist gleichermaßen der Tempel des lebendigen Gottes" und wenn der Körper mit seinem Ursprung wieder vereint ist, wird er rein und vollkommen, wie leuchtendes Licht, denn das Licht war am Anfang, und aus ihm sind alle Dinge entstanden. Das was den Körper als etwas anderes scheinen läßt, ist die verdunkelte Mentalität, welche sich zwischen das Fleisch und seinen eigentlichen Ursprung gedrängt hat. Der Körper-Tempel des lebendigen Geistes ist zu einer Mördergrube geworden, beraubt seines wahren erhaltenden Prinzips.

22.

Im „Vater-Unser"-Gebet lag nicht die Absicht, eine Idee zu übermitteln, welche den Himmel anderswohin verlegte. Jesus meinte das, was auch die Original-Sanskrit-Auffassung ist, die überall gegenwärtige innere Harmonie und den Frieden. Das ist die wahre Bedeutung vom Himmel. Das Reich der Himmel ist unter euch. Es liegt noch ein innerer Sinn im „Vater-Unser", der aber nur privat und mündlich gegeben werden darf. Wenn der Mensch diesen inneren Sinn verstehen könnte, wäre er im Himmelreich. Es schließt in sich die vollständige Übergabe dessen, was wir das Selbst geheißen haben und das Anerkennen des S e l b s t e s , das die einzige Realität ist; es ist das geistige Selbst, denn es gibt kein anderes Selbst. Wer das Ziel erreicht hat, folgt diesem Pfade nach und tritt ein in das, was das Ganze in den Geist empor erhebt. Ein solcher erkennt sich selbst als Gott.

23.

Das ist für Viele sehr schwer zu begreifen, denn sie denken an sich selber nur in den Ausdrücken ihres bewußten Gedankens. Alle solchen Gedanken müssen aufgegeben werden. Die Wirklichkeit schließt den bewußten Verstand ein, wenn die Christus=Vernunft das vollkommene Bewußtsein des Betreffen= den geworden ist. Alle Gedanken, die wir in unserem Bewußt= sein festgehalten haben und die mit dieser Wahrheit unverein= bar sind, müssen aufgegeben werden. Das wollte Jesus sagen mit seinen Worten „verleugne dich selbst". „Gib deine eigene Wertschätzung auf und anerkenne dich als das, was du in voll= ständigem Zusammenhang zum Ganzen bist." Das bedeutet ein vollständiges Fallenlassen aller Umstände, welche äußerlich dem architektonischen Plan hinter Allem günstig zu sein schei= nen. Die Christus=Vernunft ist immer die Gottes=Vernunft.

24.

Sobald Jemand das wahre Wissen von Gott erlangt, erfüllt sich sein ganzes Tun sogleich. Wenn er ganz eins wäre mit Gott, so wäre es so. Jesus sagte: „Es ist vollbracht" und ging sogleich über zu anderen Taten. Wenn wir selber Vollendung anerken= nen, werden wir selber zu Vollendung. Wir brauchen keine an= dere Anerkennung. Es ist alles Gott, wenn wir es so sagen wollen.

25.

Das war das Einzige, was die Leute vor 2000 Jahren gegen Jesus hatten. Sie hielten es für Gottes=Lästerung, daß er sich selber als Gott ansah, denn in ihrem hypnotischen Zustand war es ihnen nicht möglich, das Mysterium seiner Stellung zu er= gründen, welche die wahre Stellung aller Menschen ist. Aber das war das Einzige, was sie gegen ihn hatten. Wenn wir so etwas sagen vor unerleuchteten Menschen, welche noch in Un= wissenheit befangen sind darüber, was den wahren Zustand aller Schöpfung anbelangt, so klagen sie uns heute genau so der Gotteslästerung an, wie sie es Jesus vor 2000 Jahren getan haben. Aber was sollte uns das kümmern? Solange es uns küm= mert, was andere Leute denken, solange werden wir uns dem hypnotischen Zauber der Erde unterworfen halten. Jedoch wird Jemand, der erwacht ist, nie mit solchen Aussprüchen vor die profane Welt treten. Eine der Bedeutungen des „*Ich bin Gott*" ist: „*Ich schweige.*"

26.

Der Versuch, aus Gott eine Trinität zu machen, entstand aus der Auffassung einer Differenzierung des *Einen*. Ein Zurückführen aller Elemente zum Einen Element oder der ausstrahlenden Energie, bringt die Drei zu einer Einheit, einer Einheitlichkeit, und direkt zu der wahren Dreiheit oder Triade, als einem Attribut der Wesenheit. Das ist der Heilige Geist, das Ganze *Ich*, der schöpferische Geist in vollkommener Betätigung. Sobald wir unser Denken dem Heiligen Geist zuwenden, richten wir unser Wesen auf den vollkommenen Schöpferischen Geist in seinem Wirken. Es ist die Bewegung des Ganzen als eine *Einheit*. Wenn der Heilige Geist über dich kommt, dann bist du bewußt, daß alle Tätigkeit im Inneren und im Äußeren nichts anderes ist als die vollkommene Aktion des Prinzips in seiner Ganzheit, ohne den leisesten Begriff von Abtrennung oder Abweichung. Es ist *eine Aktion*.

27.

Es kann keine tatsächliche Sünde wider den heiligen Geist geben. Im Urtext findet sich kein Hinweis auf Buße für Sünde. Der Mensch allein begeht, was er selber Sünde nennt, und nur der Mensch vergibt Sünde. Der Menschensohn hat die Macht, Sünde zu vergeben. Es könnte keine Sünde wider den Heiligen Geist geben, denn es ist dem Menschen unmöglich, das Unteilbare zu trennen, oder die einheitliche Betätigung des *Einen* aufzuteilen. Er tut dies nur scheinbar. Daraus ist das Göttliche Recht der Könige entstanden. Wenn der König in seinem Heiligen Recht ist, kann er keine Fehler begehen, und der Mensch, als ein König könnte keine Fehler begehen. Das hat sich nicht nur auf einen bestimmten König bezogen, oder auf eine Familie, die über eine Nation herrscht, sondern auf den Menschen, der Herrschaft über sich selber besitzt. Wenn er über sich selber herrscht, wird er zu einem König. Jeder Mensch ist ein König, der sich selber als Gott erkennt und seine Gottes=Autorität dazu anwendet, daß jede Phase seines Selbstes vollkommen der Einen Idee sich unterzieht.

28.

Die Auslegung, Gott spreche zu Einzelnen oder zu Gruppen so, daß es sich nur auf diesen Einzelnen oder auf die Gruppe beziehe, ist falsch. Was Gott zu einem Menschen oder einer Nation spricht, spricht er zu allen Menschen und zu allen Nationen, denn *Er* erschuf aus einem Blut alle Nationen der Menschen, und er achtet nicht die Persönlichkeiten. Aber aus dieser falschen Auffassung heraus hat der Mensch die Idee eines Gottes der Rasse oder der Nation gebildet. Das hat zu Religionskriegen geführt und unter den Nationen Gruppen abgetrennt. Die orthodoxen Kirchen haben mit ihrem Haß, so sagt Dr. Lynn Abbot, mehr zu einem Rückschritt der Zivilisation beigetragen, als irgend ein anderer Einfluß. Die erste Absicht bei einer Darstellung von Gott war, daß man sogleich auf das Licht hinschaue, das vom eigenen Wesen ausgehe und von jedem andern Wesen, das *ein* und dasselbe Licht in sich habe, und daß sich Gott gleicherweise allen Wesen und durch alle Wesen und durch alle Wesen gleicherweise und in genau dem gleichen Sinn offenbare, ohne Parteilichkeit oder Bevorzugung. Sobald du deinen Blick zu diesem Licht hinrichten kannst, bist du sogleich vollständig bewußt, nämlich im Göttlichen Bewußtsein, und hier kann es keine Einteilungen geben. Wo der Begriff von Trennung nicht ist, kann keine Trennung im Glauben oder in Rasse oder in Nation sein, und infolgedessen kann kein Streit oder Krieg sein.

29.

Beim Hinweis auf das Erlebnis, das in „Leben und Lehre der Meister im Fernen Osten" erwähnt wird, wo Emil die Schakale trennte, die sich über dem Geripp eines Tieres zankten, sagte Emil: „Es ist nicht das Selbst, das ihr seht, sondern nur allein das Gottes=Selbst, was diese Dinge tut." Er meint damit, daß Friede und Harmonie da ist, sobald man sich frei macht von der Furcht vor dem Tier und das Gottes=Selbst aussendet. Die Tiere kamen einander näher und beendeten ihr Mal in vollkommener Harmonie, anstatt im Streit.

30.

Das ist die Theorie bei unserem Erlebnis, als wir durch das Feuer hindurch gingen. Die Meister sagten uns später, daß wir unsere Schwingung so erhöht hatten, daß zwischen uns und dem Feuer kein Gegensatz mehr bestanden habe. Es war vollständige Harmonie und Einheitlichkeit dabei. Wir sahen deutlich, wie das Feuer ganz um uns herum wütete, aber wir spürten weder Hitze noch Unbehagen. Unsere Kleider waren nicht einmal versengt. Dieses Erlebnis ist vor kurzer Zeit von einem jungen Hindu Yoghi unter den schwersten wissenschaftlichen Überwachungs=Maßregeln wiederholt worden. Bilder von diesem Ereignis wurden im Film in Amerika gezeigt, und Edwin C. Hill, der berühmte Reporter, schrieb ziemlich ausführlich über die Sache. Kopien von diesen Erläuterungen wurden an 100 Lehrer gesandt, welche ihre Klassen in diese Lehren einführten.

31.

Das Leben der Meister ist das richtige Gottes=Leben. Sie heißen es „Leben ist Licht, sobald wir Licht ausdrücken, entsteht Leben". Wenn ihr das Leben lebt, werdet ihr wissen, und dieses Wissen wird vollständig sein. Es ist nicht ein Leben in Askese oder Abgetrenntheit. Es ist ein Leben und Licht vereint in einem Ganzen.

32.

Jedermann kann seine anscheinende Gebundenheit an einen Zustand lösen, der nicht Göttlich ist, wenn er einfach diese Gebundenheit beiseite läßt. Das war unsere Erziehung von Jugend an. Wenn in unserem Umkreis eine disharmonische Situation entstand, ließen wir sie ganz beiseite. Die Meister bleiben oft Hunderte von Tagen ohne zu essen. Sie sind in keiner Weise gebunden. Wenn sie aber äußerlich nicht essen, ernähren sie sich von Prana, der geistigen Substanz, die überall um sie herum ist. Sie nehmen Prana zu sich, und es wird assimiliert als direkter und vollkommener Unterhalt des Körpers. Pflanzen ernäh=

ren sich von Prana, und wenn der Mensch Pflanzen zur Nahrung nimmt, nimmt er auch Prana zu sich. Er kann es noch direkter und schneller tun, als die Pflanzen, als Gemüse, wenn er will.

33.

Es wäre kein weises Tun, wenn die Westliche Welt die Bibel zu Gunsten der Bhagavad Gita aufgäbe. Unsere Bibel ist von größerer Wichtigkeit für die Westliche Welt, denn wir verstehen die Bhagavad Gita nicht. Jedoch für den Osten ist die Letztere am Besten. Der Westen könnte mit Nutzen die Bhagavad Gita lesen, weil dies ihr die Notwendigkeit ersparen würde, sich durch die volkstümlichen Erzählungen und unrichtigen Übersetzungen der Bibel hindurch zu schaffen. Die Bhagavad Gita hat alles das weggelassen. Die Vedanta=Philosophie ist fast in Allem die beste Auslegung der Lehren der Meister. Manche Leute vereinfachen ihre Gedanken und können sie in den Vedas ausgedrückt finden. Dann können sie zu den Lehren der Vedas übergehen.

34.

Der Grund, weshalb es für Leute des Westens schwieriger ist, geistige Dinge zu verstehen, liegt darin, daß das Westliche Bewußtsein immer den Prinzipien ausgewichen ist, weil es nicht gewußt hat, was Prinzipien sind. Sie ließen sich sogar irreführen, hauptsächlich weil sie die Belehrungen ihrer Philosophen annahmen, daß Prinzip eine unbekannte Größe sei. Die Meister=Vernunft weiß, was Prinzip ist, und weiß, was es bedeutet. Wir müssen das Ziel erkennen, dem wir zustreben, oder wir schaffen überhaupt nicht.

35.

Man kann nicht nach Indien gehen mit einem Geist des Egoismus, der Selbstsucht und Gewinnsucht und dabei mehr herausbekommen, als man hier in den Vereinigten Staaten, aus der Bibel oder aus irgendeiner andern Wahrheits=Quelle bekommt. Die Wahrheit verträgt sich ganz und gar nicht mit solchen Einstellungen. Ihr bringt aus Indien zurück, was ihr nach Indien tragt. Es handelt sich gar nicht darum, nach Indien zu fahren, sondern um einen immer gegenwärtigen Zustand, wenn ihr imstande seid ihn aufzunehmen.

36.

Und es ist nicht Sache einer Fahrt nach Indien, eines Bibelstudiums, oder der Bhagavad Gita. Es handelt sich darum, alle die Irrtümer loszuwerden, die euer Denken belagern, und die aus ihnen entstandenen Zustände. Dann kann man große geistige Erhebung aus der Bibel oder aus irgeneiner andern Quelle holen. Wir erkennen, daß wir aus der Bibel das entnehmen, was wir zu ihr hintragen. Der Entschluß selber, die richtige Bedeutung des Buches zu verstehen, öffnet gewissermaßen schon seine Geheimnisse für uns. Wenn wir die Bhagavad Gita lesen oder irgendein anderes Buch, müssen wir es mit der gleichen Einstellung tun. Es ist natürlich nichts in der Bibel, was nicht in der Bhagavad Gita, in der Mahabharata und den Veden interpretiert wäre. Denn daher kommt alles Wissen, das in der Bibel aufgezeichnet ist.

ANMERKUNGEN FÜR DEN LEHRER

Kapitel VII

1., 2.

Für den Alltagsmenschen ist es vielleicht das Schwierigste, einzusehen, daß Gott das große, universelle Schema ist der Schöpfung, und dieser Punkt sollte solange vom Lehrer betont und vom Lernenden eingeprägt werden, bis diese eigentlich grundlegende Tatsache des Lebens Sache der Verwirklichung bei jedem Einzelnen geworden ist. Persönlichkeit ist eine einzelne Identität, während Gott die Universelle Identität ist, das Universum eine eigene, bewußte Identität, die Summe alles Bewußtseins, aller Macht, aller Liebe, alles Lebens und aller Substanz.

3.

Der Mensch kann der schließlichen Einheitlichkeit nicht entgehen, die zwischen ihm und dem Universellen System besteht, denn er ist ein Teil dieses Systems. Wenn er ein Produkt des Universellen Systems ist, muß er die Potenzen des Universums in sich tragen, und welchen Namen er auch immer dem Universum geben möge, muß er auch diesen Namen selber tragen, so gut wie seine Natur. Ein Lichtstrahl ist ebenso wahres Licht, wie es ein Dutzend, eine Million, eine Billion von Strahlen sind.

4., 5., 6., 7.

Nicht das, was ein Mensch studiert, sondern wie er studiert, ist das Geheimnis der Erleuchtung. Nicht was wir über eine Sache wissen, sondern *was* wir *von* ihr wissen, darin liegt der Unterschied. Man kann ebensogut versuchen Größe, Form, Farbe und Dichtigkeit von Samen zu beschreiben, um die Natur zu verstehen, wie man bloße Beschreibungen von Gott lesen mag, in der Hoffnung, Gott zu verstehen. Um die Natur zu kennen, muß man sie in ihrer Fülle verstehen, ihr Wachstum in jeder Einzelheit sehen, und bis zu einem gewissen Grad die Kraft verspüren, welche sie hervorbringt. Man muß still werden, und in gleicher Weise Gott erkennen; Beschreibungen beiseite lassen und *„ihn erfühlen"*, wenn man die Nähe, die Macht, die Weisheit und die Substanz erfassen will, die jederzeit sich in Seiner Natur bewegt. Das ist die innere oder geheime Lehre.

Anmerkungen zu Kapitel VII

8., 9., 10.

Wenn *Gott alles* ist, und der Mensch in Seinem Bild und Gleichnis erschaffen, wie könnte dann ein Mensch wachsen, außer in der Erweiterung seines Bewußtseins, daß er die Größe seines erschaffenen Zustandes begreife? Wahrlich erlangt er weiter nichts, als nur die Entdeckung dessen, was er schon ist. Der Punkt ist, soll er sich selber nach und nach, wenig auf's Mal, entdecken, oder soll er die endgültige Tatsache gleich von Anfang an einsehen? Die Weisen aller Zeiten haben erklärt, daß der zweite Weg der richtige ist. „Wißt ihr nicht, daß wir Söhne Gottes und Gott sind?" das ruft den Menschen zu seinem Anbeginn zurück; das ist seine Vollkommenheit in und mit Gott.

11., 12.

Wenn der Mensch in einem bestimmten Bewußtseinszustand ist, drückt er automatisch nicht aus, was gegenteilig ist. Anderseits führt das Weglassen von gewissen Gewohnheiten des Betragens keinen entgegengesetzten Bewußtseinszustand herbei. Aktion und auch Nichtaktion bringt Resultate. Es mag gut sein, im Zustand der Unwissenheit über die Wahrheit von unrichtigen Handlungen abzusehen, aber diese Praxis führt noch nicht zur Erleuchtung. Wenn man nicht glücklich ist, wird man es nicht, indem man einfach sich weigert, unglücklich zu handeln oder unglücklich auszusehen. Das kann auf mancherlei Weise illustriert werden.

13., 14.

Gesundheit ist Sache von Vollkommen=Sein, ein vollkommenes Ganzes. Gesundheit ist unteilbar. Ein gesundes Bauwerk oder Brücke ist eine Struktur, welche aus vielen Teilen zusammengesetzt, zu einer einzigen Einheit gefügt ist. Man könnte sich keinen Bau, der aus vielen nicht zusammen gefügten Teilen besteht, als gesunden Bau vorstellen. Gesundheit und Ganzheit sind synonym. In diesem Fall bezieht sich der Ausdruck „gesunde Stimme", wie „gesunde Vernunft", von denen in einer früheren Seite gesprochen wird, auf ein einheitliches Bewußtsein in Aktion. Kein Mensch ist gesund, wenn er sich selber für ein Teilwesen hält, und sein Verstand ist nicht gesund (klangvoll), wenn er bloß Halbwahrheiten ausspricht. Wahrheit ist das, was Gottes Wahrheit ist, denn Gott ist alles, und Gott ist *eines*.

15.

Wenn immer eine Gruppe, Rasse oder Nation sich als erwähltes Volk abtrennt, gewissermaßen näher mit Gott verbunden oder von Ihm bevorzugt, ist es nicht ein gesundes Volk und es sind nicht gesunde Leute, und ihre Doktrinen sind nie gesund. Gott achtet nicht der Personen, und Seine Schöpfung ist ganz Offenbarung, und sie sind alle gleicherweise in Ihm eingeschlossen. Es kann nicht sein, daß gewisse Leute von Ihm auserwählt und andere nicht von Ihm erwählt sind. Er hat alle Menschen erschaffen, und deshalb sind alle Menschen von Gott erwählt. Alle Menschen sind Gott in Offenbarung, gleich wie alle Pflanzenformen Manifestationen der Natur sind. Gleichheit liegt in der Tatsache, und äußere Gleichheit hängt ab davon, bis zu welchem Grad wir die universelle Tatsache in Wirklichkeit verkörpern.

16., 17., 18., 19.

Fortschritt wird nicht erzielt durch Verneinung, sondern durch die Praxis, gewohnheitsgemäß alle Dinge auf ihren Ursprung zurückzuführen. In Verbindung mit ihrer Quelle, fangen alle Dinge an, ihre Ähnlichkeit mit dieser Quelle zu zeigen, und aller Anschein von Gegensätzlichkeit verschwindet, gleich wie Unwissenheit in Gegenwart von Wissen verschwindet, oder Schatten in Gegenwart von Licht. Mit Tatsachen sich befassen heißt Phantasien zerstreuen. Mit Phantasien sich abgeben, heißt sich mit Nichtigkeit abgeben und nichts erreichen. Um etwas zu erreichen, muß man sich mit Wirklichem abgeben. Nie kann etwas aus Nichts gemacht werden.

20., 21.

Ob euer Gesicht vor Freude strahlt, oder von Sorge überschattet ist, es bleibt immer das gleiche Gesicht, aber unter verschiedenem Eindruck scheint es anders. Das Fleisch ist immer die gleiche geoffenbarte geistige Substanz, ob es krank oder gesund sei. Nur der dahinter liegende Einfluß muß sich ändern. Wo das Bewußsein zu seinem wahren Zustand erweitert wird, so daß es die Ganzheit und Einheit Gottes erfaßt, offenbart das Fleisch automatisch diesen Zustand. So wird es zur Rückkehr des Fleisches in seinen wahren Zustand als strahlende Substanz des Gotteswortes.

22., 23.

Das Reich der Wirklichkeit ist überall um uns, und alles, was wir ändern müssen, ist unsere Auffassung, daß es sich irgendwo an einem entfernten Ort befinde. Alles, was Gott ist, ist in, durch und um alle Menschen herum, und der Mensch selber ist eingeschlossen in diese Allheit Gottes. Er kann nichts dazu tun, außer dies anzunehmen, und, indem er es annimmt, dazu in Harmonie zu kommen, dann wird er dessen gewahr.

24., 25.

Ursache und Wirkung sind Eines, und das Erfassen dieser Wahrheit macht augenblicklich frei. Gott als Gesundheit erfassen, macht augenblicklich gesund. Gott als Wohlstand erfassen, heißt augenblicklich das Notwendige erhalten, denn das Eine bedingt, oder schließt das Andere in sich ein. Es kann kein Teilweises geben.

26.

Wir müssen verstehen lernen, daß wir auf dem Weg zurück zum Vaterhause sind und nicht von ihm weg. Wir nähern uns der Einigung, nicht den Abtrennungen. „Siehe, dein Gott ist *eines*" — das ist der Gesang der zurückkehrenden Seele.

27.

Der Schluß der Belehrung sollte selbst erklärend sein, kann aber illustriert und erweitert werden, nach Belieben oder Inspiration des Lehrers. —

Der Hauptpunkt des ganzen Vortrages weist hin auf das Weglassen von vorgefaßten Meinungen des Menschen, die ihn hineingeführt haben in den Begriff von Abteilungen und auf sein Bewußtwerden seiner Einheit mit dem Ganzen, mit dem universellen Ganzen, seiner Gleichheit mit dem Ganzen, und seiner Berechtigung zu Allem, was im unendlichen Raum ist.

VIII

Der Mensch

1.

Wie es im vorhergehenden Vortrag nicht möglich war, die Natur Gottes zu studieren, ohne den Menschen mit einzuschlie= ßen, wird es beim heutigen Vortrag nicht möglich sein, den Menschen in Betracht zu ziehen, ohne ein weiteres Studium von Gott. Das Eine setzt das Andere voraus und beide sind unzertrennlich. Es ist unmöglich, ein Königreich ohne einen Kö= nig, oder einen König ohne Königreich zu haben. Es ist undenk= bar, sich einen Schöpfer ohne seine Schöpfung vorzustellen, und sicher kann es keine Schöpfung geben ohne einen Schöpfer. Es sind nur 2 Aspekte einer und derselben Sache, und ohne den einen könnte der andere nicht sein. Der Mensch ist also ein unentbehrlicher Teil des Universellen Ganzen.

2.

Im Denken der Meister ist der Mensch, in seinem wahren Zustand, immer aktiv, und das ist es, was das Prinzip wirksam macht und zur Offenbarung gelangen läßt. Oft sagen sie: „Der Gott=projizierende Mensch; der Gott=werdende Mensch; das wahre Ideal aller Vollkommenheit; der erwählende Gott, aber immer vollständig universell." Offenbar entstand das Auswäh= len ganz durch das Denken des Menschen. Die Idee der Meister ist immer, daß der Mensch die Auswahl treffen muß, aber daß er diese Auswahl nie über das Ganze hinaus, oder **heraus** aus dem vollkommenen Prinzip oder Geist führen kann. Und das bedeutet natürlich, daß der Mensch nie aus seinem wahren Selbst, oder seinem wahren Ursprung herauskommt. Jeder Mensch ist sein eigener, bestimmender Faktor, und dieser Faktor ist jederzeit absolut eins mit dem Prinzip, nie abgetrennt vom Prinzip und nie von Anderem abhängig, als vom Prinzip.

3.

Der Mensch kann als Mensch nie ein völlig unabhängiger Organismus sein, denn er ist untrennbar mit dem Ganzen verbunden. Wie könnte er sich aus der Unendlichkeit herauslösen? Er bildet sich seine Isolierung bloß ein, und diese Einbildung ist die einzige Quelle seiner Begrenzung. Sie ist reine Einbildung. Die Ausdehnung seines freien Willens, oder das Recht der Wahl, kann nicht über seine Bildkraft hinaus ausgedehnt werden. Tatsächlich ist er immer in seinem Ursprung und mit ihm verbunden. Er braucht sich nur von seinen nutzlosen Einbildungen frei zu machen und das Unabwendbare zu akzeptieren, und sogleich ist er an seinem berechtigten Platz im universellen System. König ist er in dem Sinn, als er den Vorzug hat die Gesetze des Königreichs auszuführen, und jeder König, der die Gesetze seines Reiches mißachtet, bleibt nicht lange König. Königtum ist den Gesetzen des Königreichs ebenso unterworfen, wie es die Untertanen sind, und alle sind die Einheiten in einem einzigen System, über welchem allezeit das Gesetz herrscht. Nur durch die bindenden Einflüsse des Gesetzes bleibt das Königreich eine harmonische Einheit.

4.

Der Mensch ist triun, aber diese Dreiheit ist nie getrennt; sie ist immer eins. Man versteht alle Attribute des Menschen, wenn man den Menschen versteht. Die Griechen wußten dies und gaben ihm Ausdruck in ihrer Forderung: „Mensch, erkenne dich selbst." Es ist sehr offensichtlich, daß wir noch nicht damit begonnen haben, uns selber zu erkennen, unsere Wichtigkeit, un=

sere Göttlichkeit; diese Göttlichkeit ist natürlich so zu verstehen, daß der Mensch ein Teil des Ganzen ist und als solcher alles weiß und das Ganze in Manifestation *ist*.

5.

Es kann kein Dreieck geben, ohne daß die drei Linien, welche die Seiten darstellen, zu einer Einheit zusammengefügt sind. Ehe sie zusammengefügt sind, sind sie bloß drei Linien und gar keine Dreiheit. Die Dreiheit ist abhängig von Einheit, und ihre Einheit ist die Dreiheit. Es ist nicht Sache des Menschen, sich selber so lang zu zergliedern, bis er seine Dreiheit begreift, das wäre bloß Mannigfaltigkeit. Der Mensch kommt voran zu seines Vaters Haus, und sein Fortschritt bei dieser Rückkehr besteht darin, sich selber als Einheit zu verstehen und die untrennbare Position, die er im universellen Schema einnimmt.

6.

Es ist immer möglich für den Menschen, sein Bewußtsein zu berichtigen, bis dahin, wo er Gottgleich wird. Das war der erste Gedanke über das Göttliche Recht der Könige. Es war nicht Sache des Königs, sich als einzigen Göttlichen Gesetzgeber aufzusetzen. Die ganze Menschheit sollte Göttlicher Gesetzgeber sein und als Könige herrschen, immer aber mit dem Ausdruck der Liebe, die Dienst bedeutet. Der Mensch ist eins mit seiner eigenen Göttlichkeit, und so ist er jederzeit im Dienste. Er schätzt sich nie höher ein, als Andere. Ist er ein Egoist, so zerstört er sich selber. Er kann nicht lange ein Egoist sein. Das Königtum des Menschen kommt aus seinem Verstehen der Einheit mit dem Ganzen, und Egoismus kommt von der Idee, daß er ein abgetrenntes Ego in sich selber und aus sich selber ist, darum ist Egoismus die größte Verletzung des natürlichen Lebensgesetzes und bringt die schlimmsten aller Resultate.

7.

Die Bibel=Übersetzung ist fehlerhaft, wo sie sagt, daß der Mensch nach dem Bilde Gottes erschaffen ist. Man müßte sagen:

„Der Mensch *ist* das Ebenbild Gottes." Im Original kommt das Wort „nach" nicht vor. Und gerade hier finden wir die hauptsächliche Schwierigkeit in der orthodoxen Auffassung illustriert. Sie versuchen Alle, Gott nach dem Bilde des Menschen zu gestalten, und indem sie diese Einstellung nahmen, haben sie etwas erschaffen, was dem Menschen unverständlich ist. Der Mensch kann sich selber verstehen, und wenn er an Gott als an eine andere Persönlichkeit denkt, die ihm gleich, aber von viel größeren Proportionen ist, kann er niemals die wahre Beziehung verstehen, die zwischen ihm und seinem Ursprung besteht. Wenn er aber begreift, daß er das individualisierte Universelle ist, oder, daß er als Individuum das ist, was Gott universell ist, dann ist er etwas, was er verstehen kann. Wenn wir das Wort „nach" in dem erwähnten Satz auslassen, dann ist der Mensch das Bild Gottes. „Ich bin *Gott*" ist der große Ausspruch. Er gehört völlig zum Menschen. Das Bild oder Gleichnis bedeutet in der alten Sanskritsprache „Genauigkeit". Name und Natur von Ursache und Wirkung sind immer abwechselnd, denn das Eine ist im Grunde das Gegenstück des Andern. Die Tätigkeit der Ursache ist Leben und Form der Wirkung.

8.

Manche Leute fragen natürlich, wenn dies so sei, weshalb denn Jesus immer sagte: „Ich bin der Sohn Gottes" und nie: „Ich bin Gott." Das war aber nur eine seiner Aussagen. Er sagte: „Ich und mein Vater sind eins." Die Übersetzer, die den nachfolgenden Satz nicht verstanden: „Ihr seid Gott, so wie ihr Gott darstellt, darum stelle ich Gott vor euch dar" — haben ihn ganz ausgelassen. Aber er sagte doch: „Wer mich gesehen, hat den Vater — Gott — gesehen."

9.

Man sollte sich daran erinnern, daß der Name *„Ich bin Gott"* für die Alten der unaussprechliche Name war. Die Theorie war, daß es niemals ein hörbarer Ausspruch sein durfte. Er wurde ausgesprochen im Schweigen der eigenen Seele, und die einzige Art, wie er jemals geäußert wurde, war die natürliche Ausstrah=

lung der Autorität, Vollkommenheit und Macht, welche aus dieser geheimen, inneren Feststellung hervorging. „Der Vater, der ins Verborgene sieht, wird dir öffentlich lohnen", das ist der Gedanke. Es ist der schweigende Name des schweigenden Gottes wesens, die innere und universelle Tatsache aller Schöpfung. In einem vorhergehenden Vortrag bemerkten wir, daß eine andere Bedeutung des Ausspruches: „Ich bin Gott" heißt: „Ich bin schweigend." Das *„Ich bin Gott"* ist der schweigende Zeuge in der Natur des Menschen für eine universelle Tatsache. Es ist der im Namen Jesus Christus verborgene Name, und der Name jedes Menschen, der Atem hat, und dieser Name ist der Atem.

10.

Diesen Ausspruch hörbar zu äußern, wurde als gotteslästerlich angesehen, und zur Zeit des Christus faßten die Leute seine Worte auf, als wenn der unaussprechliche Name sich auf den Menschen Jesus bezöge. Sie verurteilten ihn nach dieser ihrer Schlußfolgerung, seine Worte betreffend. Aber Er war den Gesetzen der Mystiker getreu, und wenn auch etliche seiner Aussprüche auf die Tatsache hinwiesen, äußerte Er sie nicht. „Wer mich gesehen hat, hat den Vater gesehen", „Du hast gesagt", *„Ich bin"*, alle diese Worte beziehen sich auf die gleiche Tatsache, aber was er auch in seinem Herzen gesagt haben mag, nie konnte man ihm nachsagen, daß er *„Ich bin Gott"* hörbar gesagt hätte. Die Theorie ist, daß der Mensch das Wort selber *ist*, und seine Gegenwart im Universum ist dafür der ausgesprochene Beweis, und er braucht keine weitere Äußerung. Am Anfang war das Wort, das Wort wurde Fleisch, und wenn der Mensch in der Schöpfung erscheint, *ist* er das unaussprechliche Wort, das nicht in Worten oder Silben gesagt werden muß, denn so wie er ist, ist er das vollendete Wort. Wenn *Ich bin*, wenn ich die lebendige Verkörperung von Etwas bin, so kommt es in Erscheinung und braucht kein weiteres Aussenden. Alles, was von diesem Bewußtsein aus gesagt wird, ist Autorität des Universums, welche mit aller Macht im Himmel und auf Erden spricht.

11.

Dies war enthalten in seinem Ausspruch, daß ehe Abraham war, *"Ich bin"*, denn der Mensch, als der Form=Aspekt des uni= versellen Gottes, war immer und wird immer der geoffenbarte Gott sein. Er wies ganz zurück auf das alte Sanskrit=Gesetz des Abraham: A — Brahm — Licht — ein Gott. Dann kam Daniel, der Lichtträger. Einer, der das Licht der ganzen Menschheit brachte, und Maria, der Tempel=Lehrer des Schöpferischen Prin= zips. Man kann alles zurückführen auf das Ah Brahm, das ein Christus=Kind bedeutet, die Vereinigung aller Kräfte, damit das Christus=Ideal dargestellt werde; der Mensch ist Gott — für die Welt.

12.

Es sollte kein Unterschied gemacht werden zwischen dem Universellen und dem Individuellen Menschen. Ein solcher Un= terschied kann ebensowenig gemacht werden, wie man einen machen kann zwischen dem Umkreis und dem Mittelpunkt eines Kreises. Daraus sind die meisten Übel hervorgegangen. Man kann den Menschen nicht teilen. Der Mensch ist Eins, „Eins mit Gott". „Ich und mein Vater sind Eins", war die rich= tige Feststellung von Jesus, und er führte sie weiter aus mit seinen Worten: „Wenn ihr betet, betet zu dem Christus Gottes; schließt euch selber ein als den Christus."

13.

Die Meister reden nicht von *Gott und* dem Menschen. Beide sind immer Eins nach ihrer Auffassung. Es gibt keine Trennung. Es gibt nicht den Priester und eine Gemeinde außer ihm. Es ist Gemeinde und Priester, beides zusammen.

14.

Huxley und Darwin und ihresgleichen brachten vielerlei Be= weise betreffend den sterblichen Menschen, und versuchten, seine menschliche oder tierische Herkunft festzustellen, in der Hoffnung, dabei die Schöpfungstheorie umzustoßen. Die Ein= stellung der Meister ist diejenige der Göttlichkeit des Menschen;

daß er göttlichen Ursprungs, nie von seiner Göttlichkeit abge=
trennt sei. Darwin und Huxley und die Andern bauten ihren
Beweis so auf, daß gar kein Oberhaupt angenommen wurde,
und das ist der Grund für ihren Irrtum. Sie versäumten voll=
kommen, ihre Theorie bis zum Prinzip durchzuführen. Das
allerletzte Wort von Darwin war: „Hinter dem, was wir aufge=
baut haben, ist immer noch das Prinzip, und es ist ein Myste=
rium für uns." Es gibt keine Wirkung ohne Ursache, und es ist
unmöglich, die Wirkung zu verstehen ohne die Ursache in Be=
tracht zu ziehen.

15.

Darum ist es, daß Emil sagt: „Ihr könnt diese Dinge genau so
leicht tun, wie ich sie tue", mit wahrer kindlicher Einfachheit.
Das war der Grund für die großen Errungenschaften von Jesus,
sein Weglassen von allem Egoismus. „Dies und größere Dinge
sollt ihr tun."

16.

Der Mensch kann, als abgesonderte Identität nichts voll=
bringen. „Ich kann nichts aus mir selber tun", sagte Jesus. Ab=
getrennt vom Ganzen ist der Mensch wie ein Straßenbahn=
wagen, der die Verbindung mit der Leitung verloren hat. Er hat
den Kontakt mit der ganzen bewegenden Kraft verloren, welche
die aller Offenbarung zugrunde liegende Ursache ist. Die Be=
tätigung, welche die Ursache ist, ist nicht bloß die bewegende
Kraft, die die Wirkung hervorbringt, sondern auch die Wirkung
selber, und die einzige Art und Weise, wie ein Mensch weiter=
kommen kann, ist seine Verbindung mit Dem zu erhalten, was
ihn am Anfang hervorbrachte. „Es ist der Vater in mir, der diese
Werke tut." Die Ursache muß immer die antreibende Kraft sein
in der Wirkung, denn die Wirkung könnte sich nicht selber
anstoßen.

17.

Bis jetzt haben wir auf dieser Fahrt viele Rassen gesehen,
sehr verschieden voneinander in Aussehen und Gewohnheiten.
Die Meister sehen alles im Licht des Einen Bewußtseins. Wenn
wir an sie denken als an verschiedene Bewußtseins=Phasen,

kann es leicht sein, daß wir eine Abtrennung von diesem Einen veranlassen, in uns. Der einzige Unterschied ist im Äußerlichen, denn alle werden angetrieben vom gleichen inneren Ideal, welches der Christus, oder das *ich bin Gott* in Jedem ist. Wir müssen alle Menschen von diesem Standpunkt aus einschätzen, wenn wir den Unterschieden, die äußerlich sich zeigen, entgehen wollen. Wenn dieses Innere das Äußere wird, dann kann es keine äußeren Unterschiede, daher keinen Streit, keine Gier, keinen Krieg geben. Es gibt vielerlei Samen und Blumenzwiebeln, aber wenn jede sich in ihrer äußeren Form erfüllt hat, ist alles zu einer einzigen harmonischen Natur geworden.

18.

Es ist von diesem Standpunkt aus, daß die Meister Wiederverkörperung ansehen. Sie sagen, sie sei nicht nötig und nur eine menschliche Hypothese. Sie sagen, wenn in einem Zimmer in der Mitte ein Licht brenne, sei der beste Weg zu diesem Licht hinzuzukommen, geradewegs zu ihm hinzugehen. Warum es wieder und wieder umkreisen? Wenn man direkt hingeht zu diesem Licht und es aufnimmt und in sich verkörpert, ist man vollständig fertig mit aller Wiederverkörperung und allem Karma. Es ist einzig der Fehler des Menschen, wenn er nicht direkt zum Mittelpunkt oder der Lebenstatsache hingeht, welcher ihn auf das „Rad der unaufhörlichen Umdrehung" gebunden hält. Wenn er diese Tatsache annimmt, die das Licht ist, das Jeden, der auf die Welt kommt, erleuchtet, so ist er angekommen, und alles Rundherumgehen hat aufgehört, es hat sein Ende gefunden.

19.

Alle diese großen Probleme, die das Denken des Menschen quälen, werden völlig überwunden, wenn er das Leben der Meister, oder das Leben seiner eigenen Meisterschaft, seines wahren, inneren Selbstes, lebt. Es war die ständige Feststellung Jesus, daß die Wahrheit uns frei macht. Der Mensch befreit sich von der Idee, er sei nicht Gott, wenn er verneinende Aussagen abweist. Der Ausspruch: *„Ich bin Gott"*, wenn er gewohn=

heitsmäßig als innere Tatsache in seiner geheimen Natur festgehalten wird, befreit ihn von der negativen Aussage, er sei nicht Gott. Es ist immer besser die Wahrheit zu sagen, als Unwahrheit.

20.

Sogar deine Fähigkeit, das *„Ich bin"* zu analysieren, ist ein direkt geistiger Beweis deiner Göttlichkeit. Wenn dieses *„Ich bin"* nicht da wäre, könnte man es nicht analysieren, noch käme es jemandem in den Sinn, es analysieren zu wollen. Man muß nur diese Göttlichkeit akzeptieren, ohne negative Gedanken oder darauf bezügliche Aussagen, so wird man Eins mit ihm. Analysis und alles Bestreben, es mit Formeln zu verbinden, halten euch von ihm weg. Sogar in der Mechanik produzieren wir zuerst eine Sache und geben nachher über sie Rechenschaft. Alle Versuche, die Sache zuerst zu analysieren, zeigen nur die Unmöglichkeit. Das ist wahr von jedem einzelnen Fortschritt, sogar bei unseren materiellen Errungenschaften. Um wie viel mehr wird sich das gleiche Vorgehen empfehlen bei Dingen, die weit über unserem gegenwärtigen System menschlicher Berechnung liegen. Das Luftschiff wurde nie als Möglichkeit angenommen von der Welt, bis es tatsächlich flog. Eine erste Analysis sagte, es könne nicht fliegen. Jetzt haben wir eine unendliche Zahl von Erklärungen dafür, wieso und warum es so ist. Tatsachen müssen immer zuerst kommen, und später mögen sie erklärt werden.

21.

Wenn jemand übervorsichtig ist und innerlich nicht ganz wach, so mag es ihm vorkommen, als beanspruche man Göttlichkeit durch bloßen Glauben, aber das ist nicht nötig. Aber wenn man es ganz nur im blinden Glauben anerkennt, so macht man wiederum eine Trennung und könnte nie ans Ziel gelangen. Es ist viel besser zu sagen: „Ich kann" und dann gleich weiter *„Ich bin"*. „Ich kann" ist die potentielle Tatsache, aber „Ich bin" ist ihre Erfüllung in unserem Bewußtsein. Jesus sagte: „Ich bin der Weg, die Wahrheit und das Leben." Man kann nie etwas sein, wenn man nicht ist, noch kann man etwas anderes sein als man *ist*. Wenn ihr etwas werden könnt, wie ihr euch ausdrückt, so *seid* ihr das. Es ist wirklich nicht Sache des Wer=dens, sondern es ist Sache des *Seins*. Wenn man die „Ich kann nicht"=Einstellung bei irgend einer Lebensbedingung, oder einem Zustand einnimmt, hat man damit eine Abtrennung zu=gegeben. Jesus sagte, man könne keinen Vertrag machen mit der Sünde, man kann nicht Abstand nehmen von einer Tatsache und ihr zugleich Ausdruck geben.

22.

Als Jesus die Aufforderung, er solle Steine in Brot verwan=deln, in Betracht zog, war er davon überzeugt, daß die Steine schon in Existenz und Offenbarung Bestand hatten, und daß er nicht Steine in Brot verwandeln mußte, weil er nur seine Hand auszustrecken brauchte, und das Brot war da.

„Was da zu sein hat, *ist*", lautet die Lehre der Meister. Wenn er Brot nötig hatte, brauchte er sich nicht mit Steinen abzugeben. Er wußte, daß Brot schon in Existenz war, wenn man es nötig hatte, und alles, was er dabei zu tun hatte, war, dafür zu danken.

23.

Es wäre dem Menschen unmöglich, etwas nötig zu haben, was nicht schon in Existenz wäre. Könnt ihr Luft nötig haben, wenn nichts derartiges existierte? Notwendigkeit weist hin auf eine Tatsache, und alles, was man tun muß, ist Abstand nehmen vom Gefühl der Notwendigkeit und die Tatsache erfassen, daß das Notwendige schon existiert. Was zu sein hat, *ist*. Das ist wahr auch für das, was wir als Begrenzung des physischen Kör=pers bezeichnen. Sie ist gar nichts weiter, als eine hypnotische Beeinflußung unseres Denkens. Sie hat in Wirklichkeit gar keine Basis. Der Mensch hat den Begriff von Materiell zur Exi=stenz hervorgebracht, nicht der Körper. Der „sterbliche Körper" ist ein hypnotischer Körper, und wenn der Mensch aus dem Zustand der Hypnose erwacht, wird ihm das ganze Erlebnis wie ein Alpdruck vorkommen. Er erwacht dann, um nie mehr einzuschlafen. Wenn er die Notwendigkeit eines strahlenden geistigen Körpers, frei von Behinderung und als Ausdruck des glorreichen Lichtkörpers, der sein beständiger Traum ist, spürt, so ist das eine Ahnung in seinem Bewußtsein von seinem vollkommenen wachen Zustand. Der Gedanke, die Notwendigkeit, der Wunsch ist der Beweis dafür, daß ein solcher Zustand für ihn bereits existiert, und daß das, was er nur noch erreichen muß, die Anerkennung seiner Existenz ist.

24.

Dieser Körper muß nicht vergeistigt werden. Er ist schon geistig, aber die falschen Ideen, die der Mensch von ihm hat, haben sein Gemüt zugeschlossen gegen seinen Glanz und seine Grenzenlosigkeit. Geist ist immer Geist. Der Mensch erschafft Materialität. Es gibt nur einen Körper, und er ist geistig. Er ist der Tempel des lebendigen Gottes, und Gott ist in seinem Tempel, laßt die ganze Erde sich vor ihm freuen. Wenn ihr den Körper materiell heißt, verleugnet ihr Gott und profaniert seinen Tempel. Ihr achtet dann einen materiellen Zustand höher als ihr Gott achtet. Wenn ihr den Körper oder irgend einen richtigen Zustand materiell heißt, verleugnet ihr Gott. So kommt ihr hinein in die Hypnose. Sobald ihr Gott verleugnet, seid ihr unter hypnotischem Einfluß, und sobald ihr den Körper als materiell anseht, seid ihr unter hypnotischem Einfluß, in welchem ihr Gott verleugnet.

25.

Der Körper ist ein Instrument, das Gott zum Ausdruck bringen soll. Es ist das größte bekannte Instrument für den Ausdruck des Geistes. Er ist ausdrücklich erschaffen worden, damit Gott jeden Augenblick dargestellt werden kann. Nicht damit Materialität, oder Hypnose, oder Psychismus geoffenbart werde; nicht daß Phänomena gezeigt werden, sondern der Geist. Wir sind Gott. Wir dürfen keine Trennung machen, und wenn wir jede Abtrennung vollkommen vermeiden wollten, wäre sie in keiner materiellen Bedingung und keinem psychischen Phänomen mehr vorhanden. So nur kommt der Mensch dazu, die

Eine Gegenwart und die Eine Macht zu kennen und zu verstehen. Es ist alles Eines, Eine Macht, Eine Realität. Und alle Dinge schaffen und wirken unter dieser Einen Macht und Einen Gegenwart, entsprechend ihrem eigenen Gesetz. Sie kann nicht durch irgendeine andere Auffassung verfälscht werden und bewegt sich als Sich Selbst, in ihrem eigenen, vollständigen Gebiet.

26.

Ihr könnt nicht unterscheiden zwischen der individuellen und der Universellen= oder Überseele. Das heißt, man kann sie nicht von einander trennen. Jesus sagte: „Das heißt Gottes Prinzip unterdrücken." Es besteht eine Allgemeinheit, in welcher jedes menschliche Wesen schafft, aber es ist eine Gemeinschaft von Universellen Einheiten. Es gibt eine individuelle Identität, aber ihr seid eine Einheit in einer Gemeinschaft von universellen Einheiten. Das gilt für jedes menschliche Wesen. Alle sind ein und dasselbe, unter den gleichen harmonischen Umständen zusammenwirkend. Immer in Harmonie. Nicht abweichend von Harmonie, sondern in Harmonie sich vereinigend.

27.

Ein Gottmensch ist ein Genius, ein in Erscheinung tretender Christus, ein Mensch, der Gott ohne Zurückhaltung oder Behinderung zum Ausdruck bringt. Der Grund, weshalb Kinder so oft, was wir ungewöhnlichen Genius heißen, zum Ausdruck bringen, liegt nur darin, daß sie noch nicht durch die Idee der Behinderung hypnotisiert sind, welchem ihre Umgebung unterliegt. Wenn sie weiterhin diesem hypnotischen Zauber entgehen können, bleiben sie genial, sie bleiben Göttliches Selbst während ihres Erdenlebens. Sie erleben nicht die Erde, sie erleben ihre Universalität und das Christus=Selbst jederzeit.

28.

Der Meister, das Selbst sein, ist jederzeit unsere große Aufgabe. Die Meister im Fernen Osten sagen nie anders und weniger, als daß Amerika 130.000.000 Meister habe. Das be=

deutet, daß Jeder ein Meister ist. Das ist natürlich für die ganze Welt wahr, für sie ist es eine weltumfassende Tatsache. Jeder einzelne *ist* ein Meister. Sogar die Begrenzung ist für die Meister ein Beweis von Meisterschaft, denn nur ein Meister konnte als etwas erscheinen, was er nicht ist.

29.

Die größte Offenbarung des Prinzips ist das, was die Welt gewöhnlich das Erscheinen eines Avatars oder Erlösers nennt. Der Ausruf: „Seht den König" bedeutet, daß ein Mensch dem Prinzip entsprechend lebt, nicht daß eine große Persönlichkeit sich zeigt, sondern jemand, der ganz nach dem Prinzip lebt. Andere jauchzen ihm zu als einem Avatar oder Genius. Er ist nur ein Mensch, dessen Charakter so hervorragt, daß er wie ein König über allen andern steht. Er hat aber nur den Mut und die Überzeugung, sich selber für das zu halten, was er *ist*. „Der König kann nicht unrecht tun", denn im Augenblick, da der Mensch sich als geringer vorkommt als der König, also weniger als seine Göttlichkeit, fällt er damit unter seine königliche Berechtigung. Der König ist der Meister, der Genius, der sich seiner wahren Natur gemäß ausdrückt, und darin liegt sein Königtum. Er herrscht über sich selber, denn er ist sein eigenes Königreich. Das Königreich ist inwendig. Dieses Königtum, das er ist, ist zugleich seine Botschaft an alle Menschen. Nicht diejenige, daß er König sei, sondern daß jeder Mensch in seinem eigenen Reich König sei, Meister über sich selbst und über seinen eigenen Lebenskreis, denn er lebt in Wirklichkeit; er lebt, wie er ist, und in einem Reich von Dingen, wie sie wirklich sind. Dies ist der Weg, den er den andern zeigt, sein Leben, das er lebt, wird zum Lebenspfad für die ganze Menschheit.

30.

Sein Erscheinen oder sein Wiedererscheinen auf der Erde hängt nicht von irgendeiner Bedingung geistiger Entwicklung ab, denn er ist das Ganze in seiner Fülle. Er geht direkt hindurch durch alle Entwicklung und lebt, eins mit dem Geist, jederzeit.

Die Idee von Entwicklung gehört zum Menschen und seinen eigenen Theorien. Der Meister hat einfach einen Zustand aner= kannt, in welchem er von Anbeginn erschaffen war, Bildnis und Gleichnis Gottes, die verkörperte Natur der Unendlichkeit oder Göttlichkeit.

31.

Diese erleuchteten Seelen oder Meister oder Avatare schrei= ben keine Bücher, ihre Lehren sind äußerst einfach. Es braucht über das *Ich bin* nichts geschrieben zu werden, denn es ist voll= kommen in sich selbst. Das Leben, das sie leben, ist seine eigene Offenbarung, ist das Buch des Lebens geoffenbart, offen wie eine Schriftrolle, und es braucht keinen Beweis, als sich selber. Wenn man auf dem Gipfel angelangt ist, hat es keine Stufen mehr. Stufen sind nur Lehren, die empor führen, wenn man aber oben angelangt ist, zieht man die Leiter nach oben mit sich. Es sind also keine Lehren zu geben. Es gibt nur die Tatsache des Lebens, die Wahrheit des Lebens, sich selbst offenbarend, wie es immer gewesen ist und immer sein wird. Stufen, die der Mensch lehren, und darüber schreiben mag, sind nur Grade, die ihn von Irrtümern frei machen. Es wäre besser, man ließe dies auf einmal gehen, denn, wie die Meister sagen: „Wer sich hindenkt, ist schon dort."

ANMERKUNGEN FÜR DEN LEHRER

Kapitel VIII

1., 2.

Sie bringen uns zurück zur ewigen Einheit aller Dinge, und zur untrennbaren Beziehung, welche zwischen Gott und dem Menschen besteht. Auf diesen Punkt kann nicht genug Gewicht gelegt werden, denn die Erleuchteten haben immer gelehrt, daß es nicht Gott und den Menschen gibt, sondern daß es nur Gott gibt. Der Mensch ist eine Einheit mit und in dem Unendlichen und trägt als solche in sich alle Potenzen der Unendlichkeit und das Ganze der Unendlichkeit ist für ihn zugänglich. Der Mensch ist *eins* in und mit dem Universum.

3., 4., 5.

Der Mensch kann nicht ein unabhängiger Organismus sein im Universum, denn sein ganzes Wesen ist abhängig von dem Ursprung, aus dem er herkam, und seine Meisterschaft hängt vollkommen ab davon, daß er seinen Platz im Universum einnimmt. Dies ist die Rückkehr des verlorenen Sohnes in sein Vaterhaus, wo sein Wohnort ist und wo er in Verbindung mit seinem Urquell lebt. Aus sich selbst kann er nichts sein.

6.

Das göttliche Recht der Könige, die Göttlichkeit der Menschen, liegt in der Ausübung der Macht, die seine Stellung im Universum ihm zuweist; nicht in einer Herrschaft über Andere, aber im Beherrschen seines eigenen Reiches, seines Selbstes, unter dem Gesetz, das über allen Dingen steht. „Größer ist er, der seinen eigenen Geist beherrscht, als Der, der eine Stadt einnimmt." Innere Meisterschaft ist die Meisterschaft der Meister. Der Meister redet nicht von seiner Meisterschaft. Christus versuchte nicht, seine eigene Göttlichkeit zu offenbaren, sondern alle Menschen von ihrer eigenen Göttlichkeit zu überzeugen.

7.

Der Mensch ist die Personifizierung des Göttlichen Prinzips, oder der Individualität des Universums. Der Mensch ist der persönliche Gott, oder die Verkörperung des Universellen und Unpersönlichen.

8., 9., 10.

Das „*Ich bin Gott*" hat nicht den Sinn, den der Mensch sich selber zulegt, sondern ist der projezierte und ideale Mensch der Überseele. Aus diesem Grund haben die Weisen nie vor der Welt ausgesagt, daß sie dieses „*Ich bin Gott*" seien. Sie wußten es in sich selber, anerkannten es vor Gott, aber vor der Welt wurden sie zur Tatsache, welche es darstellte, und ließen es dabei bewenden. Das ist das Bündnis mit Gott, die Arche der Bundeslade, das schweigende Anerkennen der geheimen Verbindung, welche besteht zwischen dem Schöpfer und dem Erschaffenen.

11., 12., 13.

Brahm war ein Name für Gott, und ein Brahmine bedeutet ein Gott. Ehe Ich war als ein individueller Gott, war ich ein Universeller Gott, denn das Eine ist vom Andern abhängig. Sie sind ein und dasselbe, sind es immer gewesen und werden es immer sein. „Ich bin mit euch alle Tage."

14.

Man kann den Menschen nicht in materiellem Sinn Rechnung tragen, denn der Stoff bringt keine Intelligenz hervor, noch erreicht Intelligenz das Geistige. Geist ist Ursache, und als Ursache begabt er seine Schöpfung mit der Macht des Denkens und des Seins, oder des Ausdrucks. Es gibt keine Bestimmung für irgend etwas, außer derjenigen, dem Geist oder der Ursache Ausdruck zu geben.

15., 16.

Die Gewohnheit, Andern gewisse Kräfte zuzuschreiben, und sie für sich selbst zu verneinen, ist eine Praxis, die den Menschen immer davon abhält, zu seiner eigenen Meisterschaft zu kommen. Man sollte immer denken: „Wenn Jener es erreicht hat, kann ich es auch erreichen, denn was potentiell im Einen ist, ist potentiell in Allen. Ein Erreichen höchster Errungenschaften ist nur eine Offenbarung meines eigenen Wesens." Er hat erreicht oder das geoffenbart, was *Ich bin*, das sollte immer der Gedanke sein.

17.

Alle Menschen als Verkörperungen des gleichen potentiellen Charakters sehen, als Christus, heißt augenblicklich alle Unterschiede aufheben, denn Dinge, die einem Dritten gleich sind, sind auch unter sich gleich. Hier ist das Geheimnis der neuen Ordnung der Dinge, wenn Friede und guter Wille auf der Erde herrschen werden. Nur im Begriff von Unterschied kann Gier und Streit sich entwickeln.

18., 19.

Können wir nicht ein für allemal einsehen, daß dieses Hin- und Herlaufen auf der Erde völlig seinen Zweck verfehlt, und daß es der Tatsache entspringt, daß wir dem hauptsächlichen Lebenszweck aus dem Weg gehen? Die wichtigste Tatsache des Lebens zu begreifen, heißt völlig frei werden von allen Ideen und Prozessen, die weniger wichtig sind, als diese Tatsache. Wenn Jemand anlangt, ist er frei von den Prozessen des Ankommens, und der Mensch muß lernen, sein Leben mit dem Anfang zu beginnen, der Gott ist.

20.

Was der Mensch auffassen kann, kann er vollenden, das ist ein altes Sprichwort, aber es hat noch eine höhere Bedeutung, denn was er erfassen kann, *ist er*. Es ist ebenso unmöglich, etwas zu erfassen, was nicht schon Tatsache ist, als es möglich wäre, zu atmen, wenn keine Luft vorhanden wäre. Die Funktion in der Natur des Menschen weist hin auf die Tatsache, mit welcher die Funktion zu tun hat. Es wäre unmöglich, daß ein Ruf in der Natur des Menschen sich erhöbe, wenn das Gewünschte nicht schon vorhanden wäre, als vollkommene Tatsache in der Natur Gottes. Und die Tatsache ist da noch vor dem Wunsch des Menschen, denn der Wunsch ist die Erkenntnis der Tatsache und ihrer Existenz.

21.

Vorsicht ist das, was zurückhält; Kühnheit ist nicht Vermessenheit, wo es sich um Tatsachen handelt. Es ist nur ein Annehmen dessen, was schon im Leben Anderer bewiesen worden ist, und was auch für euch wahr ist.

22., 23.

Es ist nicht nötig, eine Form in eine andere umzuwandeln, denn diese ist ebenso sicher schon vorhanden. Es ist ein Erziehen des Denkens, dies zu wissen, im Bereich der Wirklichkeit zu schaffen, und nicht allezeit zu versuchen, etwas in eine Form der Realisierung überzuführen. Zwei plus zwei sind vier, und drei plus drei sind sechs, und es ist nicht nötig, dies von einem ins Andere überzuführen. Es sind beides schon geoffenbarte Tatsachen.

24.

Du wandelst nicht deinen Körper um, noch veränderst du deine Welt, du erkennst bloß die Wirklichkeit und läßt falsche Auffassungen von Dingen fallen.

25., 26.

Der Körper ist schon der Tempel des Lebendigen Gottes. Er muß befreit werden von den Geldwechslern, den Händlern mit zweifelhafter Ware, von den Ideen über eigenen Nutzen. Der Herr der Heerscharen und König der Könige muß ins Bewußtsein aufgenommen werden, sodaß er durch den Körper ausdrücken kann, was *Er ist*.

27.

Der Meister, der Genius, der Gott=Mensch sind alle Ein und Dasselbe, es ist der wirklich Mensch gewordene Mensch, der sich selber ist, frei von Meinungen der Rassen=Überlieferungen.

28.

Der Mensch hat weiter nichts zu tun, als sich selber werden, denn, wenn das Selbst erscheint, tritt er ein in das Gebiet der Vollendung. Er ist jedoch allezeit geschäftig, weil er erst zu schaffen begonnen hat.

29., 30.

Das Göttliche Selbst jedes Menschen ist der Avatar, der Erlöser seines Wesens, aber er muß diesen Erlöser anerkennen. Er muß dieses Selbst *Sein*.

31.

Der Mensch, der seinen geistigen Zustand erreicht hat, ist ein Buch des Lebens, das sich vor allen Menschen wie eine Schriftrolle auftut, die Siegel des Buches sind zerbrochen, und der Mensch erscheint, wie er *Ist*.

IX

Das Leben

1.

Das „Leben der Meister" ist ein Leben, wie sie es führen. Sie leben das Leben so, wie es ist. Ihre Auffassung vom Leben ist, daß es die Aktion des Einen Prinzips ist, nie abgetrennt oder abseits von seiner Quelle. Sie leben das Leben diesem Prinzip getreu und zeigen so den Weg, wie Jedermann diesem Lebensprinzip getreu leben kann. Für sie ist das Leben nicht eine Theorie der Existenz, es ist eine wirkliche Tatsache, eine Tatsache, die keinen Anfang und kein Ende hat. Jeder muß diese Einstellung zum Leben einnehmen, welche von der Einstellung des Denkens darüber kommt. Sie sagen, Gott drücke sich aus durch das menschliche Individuum, dem höchsten und auser= wähltesten Mittler, durch welchen Leben sich offenbaren könne. Leben kann sich demnach durch das menschliche Individuum in einer auserwählten oder vollkommeneren Form offenbaren.

2.

Sie sehen das Leben sich in und durch alle Dinge äußern. In der Tat besteht alles, was Dasein hat, aus der Existenz dieses einen Lebens. Nur der Mensch behauptet, das Leben habe be= gonnen, wenn die Form zur Existenz kommt, in welcher Leben sich manifestieren kann, obschon in Wirklichkeit das Leben vor der Form existiert hat, und jederzeit die Form hervorbrachte.

Es war nur der Anfang der Form, nicht der Anfang des Lebens. Leben hat immer existiert und wird immer existieren. Wenn wir das Leben in einer bestimmten Art auserwählen oder messen, können wir es in dieser Art offenbaren. Leben aber strömt frei und universell ohne Aufhören und Begrenzung allezeit. Infolgedessen mögen wir diese sogenannte Lebenskraft wählen, und sie in degenerierter Art anwenden, indem wir ihr nicht erlauben, sich in höchstem Grade oder Potenz voll zu manifestieren. Das menschliche Wesen mag es auf diese Art gebrauchen, aber das ist nur der Fehler des Betreffenden, oder der Gruppe, und keineswegs der Fehler des Lebens an sich. Das Leben, wenn wir es so gestatten, ist die alles=wissende, alles=sehende und alles=seiende Aktion des Prinzips. Wenn wir es geschehen lassen, durchströmt es uns in seinen höchsten Eigenschaften, und wir können nicht anders, als diese gleichen Zustände ausdrücken, die in seiner Natur liegen.

3.

Wenn wir das Leben auffassen, so wie es ist, so wird der Körper eine lebendige, atmende Einheit und gibt dem Leben höchsten Ausdruck. Der Grund, weshalb es sich nicht in höchstmöglichem Grade ausdrückt, liegt in der Begrenzung, welche die menschliche Einheit auf das Leben legt. Wir wenden es nach vielen Richtungen hin an, währenddem es in Wirklichkeit nur einen Weg gibt, nämlich denjenigen, dem Leben vollsten Ausdruck zu geben.

4.

Der Gedanke des Hindu, daß 70 Jahre die dem Menschen zugeschriebene Lebensdauer sei, bedeutet, daß er während dieser Zeit sein Bestmöglichstes erreicht. Mit 70 Jahren sollte der Mensch seine Reife, seine größte Verwirklichung seines Lebens erreicht haben. Dann, sagen sie, sollte er fünf mal solange leben, als er brauchte, um seine Reife zu erlangen. Der westlichen Welt ist diese Bedeutung völlig entgangen.

5.

Der Mensch müßte nicht einmal auf diese Zeitspanne beschränkt sein. Sie stellen für den Menschen gar keine Grenzen auf. Wenn man 70 Jahre vollendet, sollte man das ganze Leben und alle Lebensbedingungen beherrschen. Das heißt also nicht, eine Grenze setzen. Fünfmal soviel ist nicht als Begrenzung gemeint, denn wenn man will, kann man daraus fünftausendmal machen. Der Mensch, der 70 Jahre erreicht hat, beginnt meistens, mehr geistigen Richtlinien entlang zu denken. Diese Tendenz fängt nach 40 Jahren an, sich zu entwickeln.

6.

Als Jesus sagte: „Mitten im Leben seid ihr vom Tode umfangen", gab er damit nicht an die Menschen eine Warnung, sie haben jederzeit den Tod vor Augen. Er gab seinem Erstaunen Ausdruck, daß die Todes-Bedingung immer unter den Menschen sei, währenddem sie doch jederzeit inmitten des Lebens seien. Der Mensch muß nur das Leben leben, so wie es ist; es auffassen, wie es ist, und es nicht mit Jahren und vom materiellen Standpunkt aus messen wollen. Ihr seid ewiges Leben schon jetzt und hier, wenn ihr es bloß anerkennen wolltet. Aber das Leben ist nicht etwas, das kommen wird; es ist vorhanden gerade jetzt in dem selben Augenblick, da ihr lebt. Der Mensch trennt sich selbst vom Leben, das *Ist*, indem er versucht, in der Vergangenheit oder in der Zukunft zu leben. Aber die Vergangenheit ist tot und die Zukunft wird erst im ewigen *Jetzt* geboren. Alles Leben des Unendlichen Raumes bewegt sich in diesem jetzigen Augenblick, und wer immer will, mag frei aus diesem Leben trinken. Man braucht sich gar nicht anzustrengen, ewig zu leben, denn wenn man überhaupt lebendig ist, ist man im ewigen Leben, und alles, was man zu tun hat, ist, so zu leben. Vergesset die Vergangenheit, versucht nicht in die Zukunft zu schauen, denn das *Jetzt* ist die einzig annehmbare Zeit. Ihr seid *Jetzt* in der Ewigkeit.

7.

Es gilt als Theorie, daß die Meister ihre Erleuchtung manchmal in der Frühlingszeit ihres siebenunddreißigsten Jahres erhalten. Aber es besteht keine Grenze, außer sie werde vom Betreffenden selber aufgestellt. Siebenunddreißig bedeutet im Sanskrit Ewigkeit, weil man die siebenunddreißig oder die sieben so oft als man will wiederholen kann, da es die Oktave fertig macht. Es ist gar nicht nötig, es auf Jahre zu beziehen, sondern auf die Ausdehnung des menschlichen Bewußtseins hin zum Ewigen Leben, oder zum wirklichen geistigen Ausdruck.

8.

Anstatt daß das Erwachen, das dem Menschen zukommt, ein Ding von Jahren ist, bedeutet es einfach, daß er in sich selber reif wird, und daß viele Ideen, die ihm von der Rasse übertragen werden, bei diesem seelischen Reifen zunichte gemacht werden. Falsche Ideen werden aus dem Bewußtsein heraus gedrängt, genau wie die aufquellende Knospe die sie umgebenden Blätter wegdrängt, und der innere Charakter der Blüte zum Vorschein kommt. Es ist nicht als zweites Kindesalter zu verstehen, wenn der alte Mensch kindlich wird, er wird vielmehr zum Kinde, das fähig wird, in das Reich Gottes einzutreten. Er verliert den Sinn für die Wichtigkeit, was die materielle Welt angeht und ihre mannigfachen Probleme, und fängt an, in der Wirklichkeit des Lebens, so wie es sich vor ihm entfaltet, zu leben.

9.

Unsere Gelehrten sagen uns, es sei kein menschlicher Körper in Existenz, der mehr als 7 Jahre alt sei. Das heißt, unsere Zellen werden alle 7 Jahre vollkommen erneuert. Das will nicht sagen, das Leben werde irgendwie begrenzt, denn das Leben geht in Zyklen, nicht in Jahren, weiter, und ein Zyklus kann nicht begrenzt werden. Er hat keinen eigentlichen Anfang und geht nicht zu Ende. Es ist ein ewiger Prozeß der Selbsterfüllung, und der ewig sich erneuernde Prozeß geht in dem Instrument vor sich, durch welches er zum Ausdruck kommt. Das Leben hört nicht auf mit 7 Jahren, noch hört es überhaupt auf. Das Leben ist ewig. Es ist kein einziges Ding im ganzen Universum, das kein Leben in sich hätte. Alle Pflanzen sind lebendig. Alles hat Leben, der Felsen sogar.

10.

Wenn wir dem Leben seinen wahren und unbegrenzten Ausdruck geben, werden wir unsere eigenen Bücher und Lehrer. Und, wenn man die Tatsache erfassen kann, daß sich alle 7 Jahre die Zellen unseres Körpers erneuern, wird man auch die Möglichkeiten des Lebens einzusehen beginnen. Wenn ihr euer Gemüt beständig erneut erhaltet, indem die Lebensprozesse sich entfalten, werdet ihr einsehen lernen, daß das Leben genau so gut weitergehen kann, Zyklus nach Zyklus oder allezeit. Die Knospen an einem Baum sind genau so jung, ob der Baum alt oder jung sei. Und die Knospe trägt den vollständigen Baum in sich. Dieser Baum wird nicht alt, wenn der Mensch ihm nicht eine Grenze auferlegt. Nichts wird alt, wenn der Mensch nicht diese Idee darauf überträgt. Die Schriften lehren, daß dem Menschen Herrschaft über alle Dinge gegeben worden ist. Das Leben kann nicht mit Jahren gemessen werden, und wir sollten aufhören damit, es zu versuchen. Das Leben kann nur an sich selber gemessen werden, und das Leben ist ewig, all-gegenwärtig und unbegrenzt. Es ist die vitale Aktion des ganzen Systems, das wir Universum oder Gott heißen. Der Mensch setzt der Zeit eine Grenze, indem er sie nach seinem eigenen Belieben einteilt, aber diese Einteilung setzt dem Leben keine Grenzen, so wenig wie der Zeit, außer soweit es seine geoffenbarten Möglichkeiten angeht.

11.

Wahrscheinlich ist hier die einzige Ebene und der einzige Zustand, wo der Tod anerkannt wird. Christus sagte: „Laßt die Toten ihre Toten begraben". Der wahre Mensch verleiht der Zeit keine Grenzen. Das tut nur der sterbliche Mensch. Wir gelangen in die Sterblichkeit, in das Physische, einzig dadurch, daß wir den Begriff Zeit, oder die Bezeichnung Zeit zu unserer eigenen Bequemlichkeit anwenden. Wir sind darin immer weiter gegangen und haben eine Welt von Voraussetzungen, eine ganze Mauer von Vorstellungen zwischen uns und der Wirklichkeit aufgestellt. Man hat uns angewiesen, diese Mauer als unüberwindlich anzu= sehen. In der Folge haben viele unserer Philosophen gesagt, das Leben sei unverständlich und unlöslich. Natürlich kann man eine Lösung nicht finden, wenn man Mauern um sie errichtet.

12.

Das Leben der Meister wird nicht zugebracht mit dem, was die Welt einträgliche Beschäftigung heißt. Sie sind darüber hinaus. Ihr Leben ist ein beständiges Dienen. Viele gehen hier= hin und dorthin und helfen in einer Weise, die wir materiell nennen möchten, mit materiellen Dingen. Wir haben sie nie von Jemand Anderem etwas annehmen sehen, etwas für sie selbst. Wir haben sie Nahrungsmittel und Kleider und Vorräte aller Art austeilen sehen. Ein Meister ist ein Diener. Wenn er ein Meister ist, steht er über der Welt, und die Welt kann ihm nichts bieten. Er muß den Prozeß umkehren und seinerseits der Welt schenken.

13.

Bei diesen Dingen scheinen sie nicht gewisse Leute auszu= wählen, und Leute suchen sie auch nicht immer auf. Die Meister treffen die Notleidenden an, in ihrem Alltagsleben, währenddem sie unter die Menschen gehen. Sie helfen auch in universellem Sinn und im Denken, im Aussenden von Gedanken. Sie senden den Gedanken der Vollkommenheit hin über die ganze Welt. Natürlich, wo immer jemand sie um Hilfe bittet, sind sie immer zur Hilfe bereit. Wir haben sie nicht nur Einzelnen, sondern großen Gruppen von Leuten helfen sehen. Aber währenddem sie in dieser Weise ihren Arbeiten nachgehen, senden sie sicht= lich über die ganze Welt ihre Ausstrahlungen aus, welche zu rechter Zeit die Umstände überall berichtigen werden, mit denen sie gerade beschäftigt sind. Sie sagen, man müsse notwendiger= weise an einem bestimmten Ort schaffen, um den Menschen zu einem besseren Verständnis zu helfen, und in vielen Fällen kommt ein besseres Verständnis, wenn Nahrung und Kleidung, oder bessere Lebensumstände geboten werden.

14.

Die Meister gehen unter die Leute, und sehr oft bitten die Leute sie um Hilfe, dann sind die Umstände auch gleich berichtigt. Die Hilfe wird in einer Weise gegeben, indem einfach ein Weg gezeigt wird, wie man unternommene Arbeit besser tun kann. Sie gehen nicht herum und predigen fortwährend und suchen neue Anhänger. Sie wandeln unter den Leuten, und Diejenigen, die sie kennen, mögen in irgend einem Sinn um Hilfe bitten, um Heilung, Nahrung, Kleidung, Obdach, und bekommen es. Aber es wird ihnen jedesmal gezeigt, daß sie selber, nicht die Meister, sich geholfen haben. Was sie erhalten, ist nicht, was die Meister haben, sondern durch ihre eigene Gedankeneinstellung haben sie erschaffen, was ihnen dann gegeben wird; nicht etwas, was Andere haben, sondern was sie selber haben, und was ihnen zugehört. Daraus folgt nicht notwendigerweise, daß ihr um Hilfe bitten müßt, wenn ihr solche wünscht.

15.

Der Ausspruch, daß der Diener seines Lohnes wert sei, bedeutet nicht, daß man Heilung zum Geschäft machen darf. Es bedeutet, daß derjenige, der auf diese Weise dient, eines höheren Lebens würdig ist, würdig, ein Meister zu werden, nicht ein Diener. Natürlich, der Meister ist der Größte aller Diener, denn sein ganzes Leben ist dem Dienen geweiht; denn das ist sein Lebensgebiet, darin er schafft und seine Meisterschaft ausdrückt.

16.

Was Nahrung anbelangt, nehmen die Meister weit weniger zu sich als wir. Wir wissen, daß sie manchmal nicht mehr als drei Körner Reis pro Tag zu sich nehmen, aber sie nehmen genug pranische Substanz in sich auf, daß ihre Körper, wenn es nötig ist, lange Zeit hindurch sich erhalten können. Sie kauen ihre Nahrung gründlich. Es kann vorkommen, daß sie die drei

Reiskörner den ganzen Tag kauen, und wenn sie damit fertig sind, haben sie genug Prana aufgenommen, um ihren Körper mindestens 24 Stunden in Kraft zu erhalten. Sie haben keine bestimmte Essenszeit, denn sie teilen ihre Arbeit nicht ein, wie die Menschen sie messen. Sie essen, wenn sie mögen. Wir haben nie gesehen, daß sie sich an bestimmte Essenszeiten halten, wie wir es innehalten. Sie können Hunderte von Tagen ohne Essen leben.

17.

Soviel wir wissen, schlafen sie sehr wenig, nie mehr als höchstens 2 Stunden pro Tag, und während diesen 2 Stunden sind sie bei Bewußtsein. Es ist eine wohlbekannte Tatsache, daß sie auch ohne Schlaf auskommen; man weiß, daß sie zu leben verstehen, ohne ihre Energien zu verschwenden, oder das Bewußtsein zusammenzupressen, indem sie sich von den Universellen Energien abschließen. Die Menschen der westlichen Welt verursachen durch die Art, wie sie leben, daß der Schlaf in einer Art von Betäubungszustand des Körpers erfolgt. Dieser Betäubungszustand überwältigt in starkem Maße den Wiederaufbau-Prozeß des Körpers, und Tausende von Leuten sind in einem solchen Betäubungszustand, anstatt in der richtigen Schlaf=Bedingung. Als Jesus sagte: „Erwache, der du schläfst", wollte er den Menschen aus diesem schläfrigen Zustand aufrufen, so daß er aus dem Einfluß sich löse, dem er sich unterworfen habe.

18.

Die westliche Welt nimmt mindestens zehn Mal soviel Nahrung zu sich, als der Körper nötig hat, und dann verbraucht er Energie, um diese Nahrung zu verdauen. Die Energie, die man braucht, um diese Neunzehntel überflüssiger Nahrung zu verdauen, könnte man zweckentsprechender anwenden, um den Körper aufzubauen. Es ist wohl bekannt, daß man in der westlichen Welt mindestens zehn Mal soviel Nahrung zu sich nimmt, als gesund ist. Wenn man das Leben direkt nehmen wollte, oder die Energie aus dem Äther, würde man dem Körper jederzeit Energie hinzufügen, anstatt daß man sie hergibt, damit die

Nahrung assimiliert wird. Sie würde direkt zu jedem Organ des Körpers hin geleitet und würde ihn neu aufbauen.

19.

Es ist nicht nötig, eins zu sein mit einem Meister, oder in Kontakt mit einem Meister in irgendeiner Weise, um das Leben und seine Möglichkeiten zu verstehen. Das Leben ist auf jedem Fleck der Erde vollständig begreiflich. Es ist allgegenwärtig, und Jeder kann mit ihm in Kontakt kommen, wenn er seiner Aufmerksamkeit diese Richtung gibt und sich abwendet von den bloßen Formen, welche das Leben aufbaut und durch welche es sich ausdrückt.

20.

Wenn du die einfache Einstellung annimmst, daß alles Leben, das du leben kannst, *Leben* ist, und wenn du das Leben höher hältst, dann wirst du das tun, was du tun würdest, wenn du mit ihnen zusammen leben würdest. Es ist gar nichts Phänomenales in ihrem Leben. Gewöhnlich nahen sich ihnen Leute, die nur Phänomene erwarten. Wenn wir das Leben leben, können wir nicht anders, als das Leben begreifen. Das Leben ist ein Prozeß einer inneren Kraft, die sich in eine äußere Form herausarbeitet. Es ist das lebende Prinzip des Universums, das allen Raum und alle Form belebt.

21.

Soviel Leute sind der Auffassung, daß die Meister Einem bestimmte Regeln zur täglichen Übung vorschreiben, ein gewisses tägliches Regime von mentalen und physischen Übungen, aber es ist nicht so. Es gibt Viele, welche mit dieser Art der Belehrung Einen so weit führen, daß der Schüler sich selbst als Meister erkennt. Dann wird der Pfad offen, und man kann den wirklichen Meister treffen. Sobald dieser Mensch sich sagt, daß man ein anderes Leben führen muß, als das Eine Leben, kommt er völlig aus der Harmonie heraus. Die Schwierigkeit liegt immer bei seiner geistigen Anwendung. Der Mensch ist nicht geistig gefallen und gestorben, er ist nur aus der Harmonie mit dem Leben heraus gekommen, und daraus ging alle seine Schwierig=

keit hervor. Sobald das Leben hart wird, ist es nicht Leben. Der Betreffende ist in dem Grade aus dem Leben ausgetreten, als Disharmonie sich entwickeln kann, und dieser Zustand sollte für ihn eine Warnung sein, zurück zum Leben zu kommen, wie es ist.

22.

Kinder sind glücklich, weil sie das Leben überschwänglich leben. Sie auferlegen dem Leben gar keine Einschränkung. Sobald wir dem Leben Schranken auferlegen, hören wir auf, das Leben in seiner Fülle zu erleben. Es gibt im Leben keine Begrenzung. Das Leben könnte sich nicht selber einschränken. Es kann nicht fern gehalten werden, außer durch unsere eigene Gedankeneinstellung zu ihm. Keine zwei Individuen haben den gleichen Begriff vom Leben. Das wird oft folgendermaßen illustriert: Es heißt, daß nur Kinder und Weise glücklich seien, weil das Kind noch keinen Sinn für materielle Werte entwickelt hat, und der Weise wisse, daß das Materielle keinen Wert besitzt. Für sie ist nicht die Form ein Punkt der Beachtung, sondern das Leben des Lebens.

23.

Ein Mensch mag das Leben durch eine enge Spalte in der Mauer ansehen. Diese Person sagt: „Ich sehe alles vom Leben." Die Aussicht mag auf einen Hügel sein, wo es nichts als Felsen hat. Der Andere mag Bäume sehen; ein Dritter lebende Formen, die sich bewegen. Wenn wir nur durch eine enge Spalte schauen, hypnotisieren wir uns selbst in den Glauben hinein, daß es im großen, universellen Weltenraum kein anderes Leben gebe. Wenn wir nur die eine Einstellung nehmen wollten, die uns das Universum als Verkörperung und Ausdruck des Einen unendlichen Lebens zeigt, so würden wir unsere Vision so ausdehnen, daß wir alles vom Leben umfassen könnten, und es gäbe gar keine Begrenzung für uns.

24.

Die Meister nehmen nie bewußtes Leben. Es ist nicht nötig, bewußtes Leben zu nehmen, denn der Mensch assimiliert alle

Lebens=Elemente in seinem Bewußtsein, bringt sie in sich zur Existenz, lebt mit ihnen und ist immer eins mit ihnen. Darum ist es gar nicht notwendig, bewußtes Leben zu nehmen.

25.

Viele Leute stellen die Frage, wie es komme, daß die Men= schen in Indien Angst haben vor niedrigen Formen des Lebens. Nicht alle Menschen in Indien sind Meister, obschon man sie gelehrt hat, daß es nur Ein Leben gibt. Sie sehen nicht alles ein, was man sie gelehrt hat, sowenig wie die Amerikaner alles ein= sehen oder leben, was sie gelehrt worden sind. Es sind nur einige Wenige der niedrigeren Klassen, welche in dieser Weise gebun= den bleiben, weil man ihnen beigebracht hat, diese Zustände zu achten. Darum ist es, daß sie sich vor ihnen fürchten.

26.

Und warum ziehen die Meister diese Leute nicht heraus aus diesen Auffassungen? Wie könnte man jemand aus einem Zu= stand herausreißen, der es nicht haben will? Die Meister kön= nen ihre eigene Vernunft nicht auf euch übertragen. Sie können bloß den Weg zeigen, den sie gegangen sind. Wenn ihr diesen Weg nicht sehen wollt, müßt ihr euch einen eigenen Weg ma= chen, bis ihr für den besseren bereit seid. Alle höheren Kasten, sogar die großen Maharadjas, bemühen sich um bessere Le= bensbedingungen in Indien, aber sie können die Überwindung nicht für die Massen tun, so wenig, wie sie dieselben zu höheren Wesen umwandeln können. Das ist jederzeit das Werk des Ein= zelnen.

27.

Es ist eine falsche Auffassung, zu glauben, daß die Meister ein asketisches Leben führen. Wir haben sie nie so leben sehen. Ihr werdet sie finden im Lendentuch oder in den höchsten Krei= sen. Ihr werdet nie sehen, daß sie sich überhaupt absondern. Sie sind Wenige, sehr Wenige, verglichen mit dem Ganzen, die in Einsamkeit leben, damit sie der ganzen Welt gewisse Zu= stände der Verbesserung übertragen können. Aber es sind nur

Gruppen, die zu diesem ausschließlichen Zwecke zusammen kommen. Sie leben gar kein asketisches Leben.

28.

Ihr mögt einen Joghi zu bestimmten Zeiten ein asketisches Leben führen sehen, für einen bestimmten Zweck nur, aber sie gestatten der Askese nie, daß sie hypnotische Wirkung hat. Yoga hat den Sinn, für ein großes Experiment zu leben. Manche der sogenannten „heiligen Männer" in Indien leben ein voll= kommen asketisches Leben, aber sie sind meistens Bettler, und keine Meister. Sehr viele von ihnen sind so schmutzig und un= sauber, wie man es sich nur denken kann. Sie sind Schmarotzer der Menschheit, weiter nichts. Aber sie sind nicht die Meister. Nur Mantrams hersagen, oder in Samadhi sitzen, macht noch keinen Meister aus.

29.

Wir haben nie gesehen, daß einer von Denen, die hohe Er= rungenschaften erlangt haben, etwas von Jemand Anderem er= beten hätte; sie aber geben allezeit für die Verbesserung des Menschenlebens. Sie erbitten sogar auch nichts, um es weg zu schenken. Sie haben, wie sie sagen, alles, was sie haben wollen und immer noch darüber hinaus. Sie gehen nicht umher und betteln bei Anderen, um geben zu können. Sie organisieren keine wohltätigen Institute. Sie gehen umher und helfen jeder= zeit und unterscheiden sich nur durch ihre Errungenschaften. Es gibt Tausende von Leuten in Indien, die allezeit hergeben, aber wir haben nie gesehen, daß Einer von ihnen einen Penny von Anderen angenommen hätte. Die Bettler, die sich „Heilige Männer" nennen, sind dies bloß, weil sie sich selbst so bezeich= nen. Sie haben mit den Meistern nichts zu tun.

30.

Das Leben ist immer Sache des Schenkens. Es ist Jedermanns Privileg, aus dem Universellen Leben, das frei durch den un= endlichen Raum strömt, zu sich zu ziehen, und es sollte seine Art und Weise sein, das Leben zu leben, indem er aus dieser

Quelle empfängt und dann Allen um ihn herum davon gibt und sie inspiriert dazu, das Leben, das er selber gefunden hat, auch da zu suchen, wo er es selber gefunden hat. Das ist nicht bloß das Werk der Meister, sondern das Werk, das alle Menschen tun sollten. Das heißt das Leben leben, so wie es gelebt werden sollte, und es ist wirklich das einzige Leben, das ist. Nur von denen um euch herum empfangen, ist gar kein Leben, sondern eine beständig beengende Existenz. Leben in der materiellen Welt suchen, heißt es verlieren.

ANMERKUNGEN FÜR DEN LEHRER

Kapitel IX

1.

Es sollte der Masse der Menschheit klar geworden sein, daß das von den Erleuchteten geoffenbarte Leben immer in seinem univer= sellen und ewigen Aspekt dargestellt worden ist. Das Leben, das in Form manifestiert ist, ist nur ein Überfließen der vitalen Essenz, welche den unendlichen Raum erfüllt. Das Leben ist nicht durch eine Form auf eine Ausdrucks=Periode beschränkt, sondern ist immer die Bewegung der schöpferischen Kraft, welche zuerst Form erschuf, und diese Form wurde zu dem alleinigen Zweck hervorgebracht, dem Leben Ausdrucksmöglichkeit zu geben. Und das bleibt immer so. Niemand lebt wirklich, ehe er weiß, daß das Leben in ihm und durch ihn sich bewegt, und ewig und immer einen volleren, freieren und reicheren Ausdruck sucht.

2., 3.

Da das Leben universell ist, wird es in jeder Einzelform universell ausgedrückt, und wenn der Begriff von Abgetrenntheit aus dem Denken des Menschen verschwindet, kann er sich vollständiger in seine Betätigung hineinfinden und sich besser mit seinem Zweck ein= passen. Nur im menschlichen Bewußtsein scheinen sich Komplika= tionen zu entwickeln; Leben und Bewußtsein sind so unzertrennlich verbunden, daß er sein Bewußtsein ausdehnen muß, um das Leben zu sehen und es zu leben, wie es ist, ehe er es in seiner Fülle ver= wirklichen kann. Nur seine mentalen Reaktionen auf den Anschein halten ihn zurück von diesem volleren Leben.

4., 5., 6., 7., 8.

Der Text dieser Abschnitte zeigt deutlich, daß es eine Lebensperiode des Menschen ist, wenn sein Denken, durch seine materiellen Bezie= hungen entwickelt, nicht nur sein Leben beeinträchtigt, sondern auch seine Möglichkeiten überhaupt. Es ist diese Periode der falschen Wertschätzungen vom Leben, von seiner Welt und von sich selber, was seine ganze Existenz behindert, und es ist nur vor diesem Zu= stand, und gelegentlich in einem späteren, daß der Mensch in seine wirkliche Lebensfreude einzutreten scheint. Der Genius ist Jemand,

Anmerkungen zu Kapitel IX

der gewissermaßen dieser Periode der Gedanken=Bedrängnis zu ent=
gehen scheint; es ist Jemand, der den Mut oder die Kraft besitzt,
seinen eigenen selbst=bestimmten Weg zu gehen und sich nicht von
dem Welt=Gedanken der Begrenzung behindern zu lassen. Der Grund
dafür, daß der Mensch in seinen späteren Jahren ein geistigeres
Leben zu leben scheint, ist darin zu suchen, daß die unrichtigen Jahre
vorbeiziehen, wie eine Acht=Tage=Uhr, und daß dann seine wahre
Natur zum Vorschein kommt. Wäre sein Bewußtsein durch die Jahre
der Niedergeschlagenheit sich gleich geblieben, so wäre sein Körper
nicht seiner vitalen Kräfte beraubt worden, und seine besten Jahre
der Nützlichkeit hätten sich ins Unendliche ausgedehnt.

9.

Das Alter des Körpers wird nicht bestimmt durch die Spanne der
Jahre, die wir Lebensdauer heißen. Der Körper erneut sich beständig,
und die Zellen und Gewebe werden in einem vollkommen natürlichen
Prozeß ersetzt. Was dem Körper Zustände des Alterns bringt, ist das
Vorbild, nach welchem dieser Aufbau=Prozeß zu schaffen gezwungen
wird. Wir sollten beständig unser Gemüt in Übereinstimmung mit
den Lebenswahrheiten erneuern, dann würde das Vorbild für die
Erneuerungsprozesse des Körpers so sein, daß das Resultat ein voll=
kommenerer und lebendigerer Körper wäre.

10.

Der Mensch ist das Buch des Lebens, das Gesetz Gottes. Das herr=
schende Lebens=Prinzip ist in seinem Inneren geschrieben, und diese
Existenz=Periode sollte ein Prozeß der Selbst=Entdeckung und des
Selbst=Ausdrucks sein. In der Entfaltung seiner eigenen Natur er=
faßt der Mensch die Geheimnisse seines eigenen Wesens. Erforsche
zuerst dich selber, die tiefsten Sehnsüchte deiner eigenen innersten
Natur, beobachte, wie sie sich entfalten, und du wirst verstehen
lernen.

11.

Sünde ist, wie die Schriften sagen, die Ursache des Todes. Sünde
ist jeder Gedanke, jedes Gefühl, das nicht in Harmonie mit den
Zwecken des Lebens ist. Diese Gedanken und Gefühle stellen die
Opposition zum Leben dar, das sich im Fleisch offenbaren möchte.
Dieses Hindernis aus dem Weg zu schaffen, wäre natürlich die Hei=

lung. Anstatt einen Bewußtseins=Zustand weiter zu erhalten, der den Körper seiner erhaltenden Kräfte beraubt und durch den Tod ihn vom Bewußtsein trennt, sollte man das falsche Bewußtsein sterben lassen. „Die Dinge vergessen, die hinter uns liegen und voran drängen."

12., 13., 14., 15.

Das Leben ist eine Sache des Fortschrittes, und nicht des Pro= fites, wie wir es auffassen. Profit kann eine Möglichkeit sein bei unserem Fortschritt, und unser Forschritt wird bestimmt durch die Art und Qualität unseres Ausdrucks, Ausdruck sollte nicht immer ein Hervorheben unserer eigenen, begrenzten Meinungen sein, son= dern ein, den tiefsten Impulsen unserer eigenen Natur getreues Leben, und diese tieferen Impulse sind immer wahr. Erst wenn wir auf die Ebene niedersteigen, die wir Notwendigkeit oder Nützlichkeit heißen, fangen wir an, unseren inneren Begriff von Dem zu ver= letzen, was recht ist.

16., 17., 18.

„Der Mensch lebt nicht vom Brot allein." Für den natürlichen Wiederaufbau des menschlichen Körpers ist nur soviel Nahrung not= wendig, wie es als Material dafür erforderlich ist. Was mehr ist, ver= langt nur von den Körperfunktionen eine Mehrarbeit. Man sollte sich mehr und mehr von der Substanz ernähren, welche im schöpfe= rischen Prinzip des Daseins vorhanden ist, und man würde die rich= tige Nahrung finden. Wie die Nahrung das notwendige Material zum Körperaufbau ist, so ersetzt der Schlaf die Energien, welche während der Perioden einer unrichtigen Lebensführung verschwendet worden sind.

19., 20., 21.

Wir müssen lernen, was für uns gut ist, an seiner Quelle zu er= fassen. Was wir suchen, kommt nicht von jemand Anderem, und es wird nicht gut sein, mit einem Meister oder Lehrer in Kontakt zu kommen, solange wir nicht dazu inspiriert werden, das, was er für uns darstellt, in uns selber zu suchen. „Nicht Jeder, der sagt Herr, Herr, wird eintreten, sondern der den Willen meines Vaters tut."

Anmerkungen zu Kapitel IX

22.

Die Werte des Lebens können in der Seele, dem inneren Meister, gefunden werden, nicht in der Welt. Die Welt besitzt nur den Wert, welchen das Erwachen des wahren Bewußtseins ihr zuerkennt.

23., 24., 25.

Sucht das Leben, so wie es ist in den universellen Bewegungen, die sich in eurer eigenen Natur offenbaren durch eure höchsten Ideale und geheimsten Sehnsüchte. Nur wenn wir das Leben nach unseren eigenen begrenzten Ideen messen, wird es in seiner Offenbarung begrenzt, durch uns selber. Vertraue auf das Universelle Leben für deinen Unterhalt.

26.

Das individuelle Recht des Ausdrucks des Menschen kann in den wahren Lebensprozessen nicht verletzt werden. Es geschieht durch unsere eigene Anstrengung, wenn wir uns empor erheben, nicht durch die Anstrengungen Anderer. Selbstvertretendes Leben ohne eigene Anstrengung ist unserem Charakter und Wohlbefinden schädlich.

27.—30.

Das Leben ist Aktion, Selbst=Ausdruck, Schenken. Es ist ebenso notwendig zu schenken, wie es notwendig ist auszuatmen, wenn man leben will. Man sollte aus seiner Urquelle empfangen und dann aus ihr schenken im höchsten Ausdruck. Man empfängt zuerst aus irgendeinem Prinzip, indem man es in seinem Bewußtsein aufnimmt, und dann drückt man es in äußerer Betätigung aus. Das ist ebenso wahr bei den Lebens=Prozessen. Empfangen ohne wiederzugeben, oder geben, ohne vorher empfangen zu haben heißt, das Leben statisch machen durch Übersättigung oder Erschöpfung. Aus eurem Urquell erhalten und das ausdrücken, was man empfangen hat, durch die Offenbarung der besten Möglichkeiten, das ist der Weg des Lebens.

X.

Das Universum

1.

Das Universum ist die Totalsumme aller sichtbaren und unsichtbaren Dinge, die den unendlichen Raum erfüllen. Das Universum ist das große, aus allen diesen Teilen zusammengesetzte Ganze. Man könnte sagen, das Universum sei ein anderer Name für Gott, da Er sich selber identifiziert hat als: *„Ich bin, der ich bin* und es ist kein anderer außer mir." Es ist die Summe alles Lebens, aller Intelligenz, aller Macht. In ihm ist enthalten alles Wissen, denn es ist Allwissenheit. Es ist die Summe aller Macht, denn es ist Allmacht. Es ist die Summe aller Substanz, denn aus ihm sind alle sichtbaren Dinge gestaltet. Es ist All-Liebe, denn es ist zu einem einzigen System verbunden und wirkt sich aus als einzige Einheit. Liebe ist das Prinzip der Vollständigkeit, oder das bindende Prinzip, welches das Universum als Einheit erhält und alle seine Wirksamkeit in vollkommener Harmonie und Regelmäßigkeit vor sich gehen läßt.

2.

Die Meister denken an das Universum als an die Universalität aller Dinge, bei welcher alle Bedingungen und Zustände Teile dieses Universums, oder dieser Universalität sind. Eine Person kann abgetrennt werden, oder sich selber in Gedanken absondern aus diesem Universum. Dann wird sie bloß zu einer Ein=

heit, welche im Denken sich aus diesem Universum lostrennt. Aber anstatt daraus losgelöst zu sein, ist sie dennoch immer ein Teil des Großen Universums. Man kann im Denken so von dieser großen Universalität losgelöst werden, daß man sich selber mit dieser Einsamkeit, oder der Idee der Begrenzung, umgibt. Man kann sich im Denken so weit aus dieser Universalität zurückziehen, daß man in seinen Fähigkeiten zurückfällt oder niedersteigt, und dann wird man gewissermaßen aus der Universalität abgetrennt, zu der man tatsächlich gehört.

3.

Natürlich ist es unmöglich, sich von der Universalität ganz zu trennen oder auszuschließen, denn das würde bedeuten, daß man sich vollständig in einen Zustand der Nicht=Existenz versetzen wollte. Wer aber zu dieser Universalität, der Universalität des Prinzips zurückkehrt in seinem Bewußtsein, wird damit eins und wird in seinen Fähigkeiten zu einem höheren Zustand empor erhoben. Das ist im Gleichnis vom verlorenen Sohn illustriert. Er wanderte durch viele Länder und verschwendete seinen Besitz, aber bei seiner Rückkehr ins Vaterhaus wurde er willkommen geheißen. Der Bruder, der zu Hause geblieben war, war sogar eifersüchtig über diesen Empfang. Aber der Vater wußte, daß der so Willkommene immer dort gewesen war. Es ist ein allegorisches Bild dafür, wie man sich in Gedanken weit abtrennen kann von der Universalität, und einsehen mag, daß man sich von Abfällen nährt, und daß im Haus des Vaters alles für ihn bereit steht, wenn er sich entschließt, heimzukommen. Tatsächlich war in des Vaters Bewußtsein keine Trennung. Es hatte nichts zu bedeuten, wie weit der Sohn weggewandert war.

4.

Alle Idee von Abseits=Sein, Einsamkeit, Begrenzung ist nur Täuschung, denn es ist unmöglich, daß die Täuschung eine wirkliche Tatsache ist. Wäre es möglich, so könnte das Universum nicht ein Ganzes sein. David illustrierte diese Tatsache in seiner Erkenntnis, daß es unmöglich ist, aus dem universellen

System sich zu lösen, als er sagte: „Wohin soll ich fliehen vor Deinem Gesetz?", und ob er gleich zu den äußersten Grenzen der Erde ginge, oder in die Himmel aufstiege, oder sein Bett in der Hölle aufschlüge, würde ihn jederzeit die gleiche universelle Verbindung erwarten. Man kann das Untrennbare nicht auf= teilen.

5.

So ist es auch, wenn der Tod eintritt. Manche haben das Ge= fühl, es handle sich um eine Trennung dabei, aber in Wirk= lichkeit gibt es nichts dergleichen. Wir können Denen, die wir als Weggegangene beklagen, genau so nahe sein wie während der Zeit, die wir als diese Lebenszeit ansehen. Die Trennung be= steht nur in unserem bewußten Denken. Das, was wir Unter= bewußtsein heißen, kennt gar keine Trennung. Wenn wir uns von diesem Gedanken von Trennung freimachen wollten, gäbe es keinen Beweis einer Trennung, denn diese besteht nur in unserem Bewußtsein. Es wäre noch richtiger, zu sagen, daß sie nur im Unbewußten besteht, wenn man sich des wahren Da= seins=Zustandes nicht bewußt ist.

6.

Trennung ist nur Schein, denn in der Wirklichkeit könnte es so etwas nicht geben. Wenn das Universum eine einzige Einheit ist, und alle darin enthaltenen Dinge ewig in ein einziges System zusammen verbunden sind, wie und wo könnte eine Trennung vorkommen? Tatsächlich könnte es nur ein eingebildeter Zu= stand sein. Unwissenheit über Tatsachen ist die einzige Art von Trennung, die existieren kann, und Erleuchtung würde sie völlig ausschließen. Siehe, unser Gott ist alleinig, sagen die Schriften, und wenn Gott das Große *Eine* ist, schließt es alle Dinge und alle Völker ein; und wenn sie alle in Ihm eingeschlossen sind, sind sie eins mit ihm.

7.

Unser Wesen ist in sich selber ein vollkommenes Univer= sum, und wenn wir jeden Gedanken an Disharmonie oder Tren= nung ausschalten, wirkt es sich in vollkommener Harmonie aus.

Der Gedanke an Harmonie bringt uns zurück zur Einheit des Prinzips. Wir können uns selber so weit wegdenken aus der Harmonie heraus, daß Krankheit, Siechtum und widerstreitende Zustände vorkommen, aber sie sind nur das, was aus der Harmonie kam. Wenn wir in Gedanken in Universeller Harmonie bleiben würden, könnte keine disharmonische Bedingung in unser Leben kommen... nicht eine einzige..., denn wenn wir immer in harmonischer Beziehung mit dem Universellen Prinzip schwingen, kann keine Disharmonie sich offenbaren. Es ist für uns ganz gut möglich, daß es so sei.

8.

Wir selber machen es möglich, daß Disharmonie sich offenbart, indem wir die Schwingung unserer Körper herabsetzen, in keiner andern Weise. Wir lassen es geschehen, daß das Unmögliche vorkommt. Wenn wir vollkommenen Einklang als unmöglich ansehen, halten wir Mißklang höher, als wir Harmonie schätzen. Das war die eigentliche Lehre, die Jesus gab, als er sagte, daß man aus sich selber immer harmonisch sei. Er wies direkt auf diese Harmonie des Prinzips hin, welches wir tatsächlich immer offenbaren, und wir können nicht anders, als sie offenbaren, wenn wir diesen egoistischen Wunsch nach der Dienstbereitschaft unseres Nächsten fahren ließen und anstatt dessen selbst immer dienstbereit wären. Unsere Erwartung sollte sich nach oben richten, und unsere Einstellung zur Welt diejenige des Gebers sein.

9.

Eine der leichtesten Arten, uns aus der Harmonie zu bringen, ist das Erwarten, daß Andere uns dienen, anstatt daß wir jederzeit selber dienstwillig sind. Es ist gleich, ob wir dies einem Einzelnen oder einer Million von Leuten gegenüber so halten. Wenn wir von Anderen Dienste erwarten, sind wir immer in einer Trennung, aber wenn wir Allen gegenüber dienstwillig sind, so sind wir vollkommen in der Universalität. Wenn wir aus uns selber geben, kommen wir näher und näher zu der Universalität, zu der wir gehören.

10.

Es verlangt keine Energie unseres Körpers, Liebe, Dienst und Harmonie zu schenken, aber es verlangt von unserem Körper Energie für Disharmonie und widerstreitende Zustände, oder negative Gedanken oder Worte. Alle positiven Worte, Worte der Zustimmung, bereichern unseren Körper jeden Augenblick, wenn immer wir sie aussprechen. Nicht nur das, wir schaffen auch einen Einfluß, der zu uns zurückkommt und uns mit daraus hervorgehender Energie umgibt.

11.

Man braucht keine Belehrung von einem Meister, noch hat man aus einem Buche zu lernen, was den Prozessen des universellen Lebens in uns getreu ist. Man weiß ebenso gut, wenn man die Lebensgesetze verletzt, wie man weiß, wann die Prinzipien der Musik vergewaltigt worden sind. Ein Diskord wird von Jedermann erkannt, ob er Musik studiert hat oder nicht. Sobald ein Diskord oder eine Unannehmlichkeit in der Natur des Menschen sich bemerkbar macht, sollte er wissen, daß er ein Gesetz seines Wesens verletzt. Es ist nicht bloß ein Verletzen des Gesetzes in seinem Dasein, es bringt auch disharmonische Resultate in seinem Körper hervor. Alle disharmonischen Gefühls- und Denkzustände sind Sünden gegen die wahre Natur des Menschen. Alles, was in der menschlichen Natur eine harmonische Wirkung hervorbringt, was in ihm ein Gefühl des Friedens, der Freiheit, der Macht und der Harmonie weckt, ist in direkter Harmonie zum Leben und bringt nur harmonische Resultate.

12.

Der Mensch ist genau wie ein Probierglas in einem chemischen Laboratorium. Wenn man harmonische Lösungen hineingibt, bekommt man harmonische Resultate. Anderseits verursachen wir disharmonische Zustände, die zu disharmonischen Resultaten oder zu gar keinen Resultaten führen. Man mag stürmische Unruhe in einem Probierglas sehen, aber das ist nicht Disharmonie, wenn man die richtigen Chemikalien hinein ge=

geben hat. So ist es auch bei unserem Körper. Wir bringen nie Disharmonie hervor, wenn wir nur harmonische Gedanken und Gefühle aufsteigen lassen und solche weitergeben. Es ist für uns ganz unmöglich, Disharmonie zu verursachen, wenn wir Harmonie in uns tragen, denn wir umgeben uns mit einem Einfluß, welcher vollständig harmonisch ist. Und wenn er vollkommen harmonisch ist, kann durch diesen Einfluß keine Disharmonie sich offenbaren. Alles wird vom Bewußtsein kontrolliert, und wir werden der Harmonie ganz bewußt, weit eher, als wir uns der Disharmonie bewußt werden können, weil Harmonie der für uns natürliche Zustand ist. Man kann dies herbeiführen, indem man sich weigert, den Blick auf Disharmonie zu richten.

13.

Wenn Jemand denkt, er könne nicht genau unterscheiden bei diesen Dingen des Bewußtseins, so kann er nach besten Kräften Liebe aussenden und sich weigern, etwas anderes als Liebe zu äußern. Das bringt ihn ganz sicher zu harmonischen Schlußfolgerungen. Jesus hat die Liebe höher als alles Andere gesetzt. Es gibt ein kleines Buch von Henry Drummond, betitelt: „Liebe, das Größte in der Welt"; es gibt den vollständigen Schlüssel zur harmonischen Lösung jeder Situation, die vorkommt. Es ist das einfachste kleine Buch, das je geschrieben worden ist und ist weit herum bekannt. Es braucht nur etwa 10 Minuten zum Lesen, aber braucht eine Lebenszeit, darnach zu leben. Ein Nachleben bringt vollständige Harmonie und vollkommene Freiheit.

14.

Wenn jemand sich negativ einstellt und das Geistige verneint, ändert dies das Geistige keineswegs. Es kann den Geist nicht ändern, denn Geist ist ewig unveränderlich, jedoch würde unsere falsche Idee unseren Fortschritt verlangsamen. Wir sollten uns nicht darum kümmern, was der Andere tut, oder was er nach unserer Auffassung tun müßte, denn wir können nicht wissen, wann seine Handlungen oder Schöpfungen ihn wieder zur Harmonie zurückbringen. Jesus sagte: „Mach ihn frei und laß ihn gehen." So gab er ihm das Privileg, das Christus=Prinzip in sich zu verkörpern. Er sah in Jedermann den Christus. Gerade sein Ausspruch: „Ich sehe den Christus in jedem Antlitz, in jeder Form", weist auf diese seine Einstellung hin.

15.

Laß nicht die Welt dir sagen, wie das ist, denn niemand kann das. Es ist nicht, was es scheinbar ist. Es kann einem begrenzt vorkommen, aber es ist nicht so, denn es ist aus dem Universum hervorgegangen, und die Wissenschaft sagt uns, daß jede Zelle eine Kopie des Universums ist. Man muß herausfinden lernen, was die Welt ist, indem man weiß, wie das Universum ist, dann wird man sagen können, wie die Welt ist. Nur auf diese Weise kann man frei sein, weil man dann nur das ausdrückt, was eigenes Bewußtsein ist. Sieh hindurch durch die Oberfläche, bis du die innere Realität siehst, und du wirst finden, daß „Nichts auf der Welt vereinzelt ist. Alle Dinge sind miteinander vermengt nach einem göttlichen Gesetz." Und vollkommene Harmonie und vollkommene Freiheit herrscht für Jeden und für die Welt.

16.

„Als der erste Mensch geboren wurde, wurde euer Christus geboren", das ist wahre Christus=Botschaft. „Ehe Abraham war, *bin Ich*"; „Die Glorie, die ich in dir hatte am Anfang, ehe die Welt war." Füge Liebe hinzu zu allen deinen Äußerungen, und sie werden sich in Harmonie bewegen, wie Christus es gelehrt hat. Man kann Jemanden so mit Liebe umgeben, daß dieser Einfluß einströmt in ihn, und das kann in einem einzigen Augenblick sein ganzes Denken, sein ganzes Leben wandeln. Wir beherrschen ihn nicht, wenn wir ihn mit Liebe umgeben, denn das ist angeborene Umgebung. Wir stellen nur einen Einfluß auf, den er annehmen und damit den ganzen Ablauf seines Lebens ändern kann, und wir können auch den ganzen Ablauf unseres eigenen Lebens und Denkens ändern. Wir sehen ihn nur, wie er in Wirklichkeit ist, wir sehen ihn, wie Gott ihn sieht. Das behindert und beeinflußt ihn nicht, sondern befreit ihn von Begrenzung und Beeinflussung, weil wir ihn mit dem Einfluß umgeben, in dem er erschaffen worden ist, dem Zustand, in welchem in Wirklichkeit alle Menschen leben.

17.

Es ist weit besser, unsere Feinde zu lieben und für sie zu beten, die uns verfolgen, denn dabei hebt man sich selber empor und hilft ihnen zu gleicher Zeit sich von Eigenschaften lösen, die sie veranlassen, sich als unsere Feinde zu zeigen. Man leistet einen doppelten Dienst, sich selber und ihnen. Die Gabe ist des Gebers und kommt vor allem zu ihm zurück. Und ferner bringen unsere sogenannten Feinde manchmal unsere Gedanken ins klare Licht des Tages, eher als es unsere Freunde tun.

18.

Sollte Jemand sein, den man als Freund betrachtet, und der uns großes Unrecht oder Schaden zufügt, so kann vollkommene Liebe vollständig die Sachlage ändern. Das ist das Vorrecht des Menschen, nicht seine Pflicht. Und ein Vorrecht ist das stärkste Motiv bei allem unserem Dienen. Es ist ein großes Vorrecht, unsere Feinde zu lieben, und sie hochzuachten, denn dabei achtet man sich selber auch hoch. Es ist die größte Erhöhung der Welt, einen Feind zu erhöhen, und ihn höher zu achten, als man sich selber achtet.

19.

Diese Praxis ist größte Aufrichtigkeit, denn aufrichtig sein heißt, ohne Falsch sein. Es heißt, heil sein. Sobald man den Betreffenden aus unserem Bewußtsein ausscheidet, gibt man ihm damit größere Vorrechte, als man sich selber zugesteht. Man muß ihn hochschätzen, und dann ist die Sache erledigt. Wenn ihr ihn freigebt und gehen läßt, ehe ihr ihm Hochachtung erwiesen habt, ist sie nicht erledigt, denn noch müßt ihr euer eigenes Bewußtsein frei machen. Es ist so: Ihr habt den Menschen nicht gekannt, ehe er in euer Bewußtsein trat. Jetzt seid ihr seiner völlig bewußt, denn da war ein Umstand, bei welchem er oder ihr Beistand nötig gehabt habt. Sobald das, was not=

wendig war, erhalten worden ist durch eure Wertschätzung, könnt ihr ihn freigeben und ihn zurückgehen lassen dahin, wo er war, ehe er in euer Leben trat. Wenn dann eure Pflicht getan und die Erhöhung geschehen ist, seid ihr beide frei. Beide könnt ihr eure eigenen Wege gehen, wie ihr vorher getan habt. Bevor dies geschehen ist, bleibt der Makel in eurem eigenen Bewußtsein.

20.

Ihr seht, alle Unvollkommenheit besteht nur im Bewußtsein. Es besteht keine Unvollkommenheit bei Jemandem, mit dem man in Berührung gekommen ist. Sobald man einen Zustand der Unvollkommenheit erkennt, wenn man mit jemand zusammen kommt, tritt diese Unvollkommenheit in das Bewußtsein. Ehe in eurer Natur wieder vollkommene Harmonie entstehen kann, muß dieser Zustand ausgelöscht werden, und Liebe ist die einzige Einstellung, die ihn auslöschen kann, denn Liebe ist das universelle Lösungsmittel. Sie bringt alles in den ursprünglichen Zustand des Universellen Schemas zurück. Nur auf diese Weise könnt ihr jemand anderen frei machen.

21.

Es ist unmöglich „jemanden frei zu machen und gehen zu lassen", ohne das Element der Liebe. Mitleid, entweder mit der anderen Person oder mit sich selber, ist nicht der Weg der Loslösung. Mitleid bindet einen nur näher an die Unvollkommenheit. Man kann sich selber in einem solchen Grad bemitleiden, daß man sich mit Anderen näher und näher verbindet. Oder du kannst Andere so bemitleiden, daß genau dasselbe geschieht. Mitleid bringt alles auf den niederen Zustand herunter, mit dem man zu tun hat, während Liebe die gleichen Elemente erhöht zu ihrem richtigen Platz im Universellen. Liebe ist der höchste Gedanke, den man haben kann. Jesus erhöhte sich selber und Jeden in seiner Nähe durch die Liebe. Liebe ist die eigentliche Essenz des Universums, und in vollkommener Liebe werden alle Dinge zu einem Universellen Ganzen vereinigt.

22.

Für den Einzelnen mag das Universum klein oder groß sein, wie es ihm sein Bewußtsein vorschreibt. Es mag ein einzelnes Atom, es mag ein vollständiger Körper, oder eine ganze Universalität Gottes ganz universell sein. Wenn wir sagen universell, und unser Denken nicht auf eine besondere Abteilung beschränken, dann reden wir wahr. Dann ist der Gedanke allumfassend, so wie das Licht einen Raum einhüllt und erfüllt. In der Mahabharata heißt es sehr gut: „Wenn ich Licht sehe, sehe ich das ganze Universum." Das kommt daher, weil Licht das Mittel ist, das Universalität zu völliger Existenz bringt. Sobald wir ein Wort hochhalten, wird es Licht. Das Universum ist unbegrenzt. Es gibt keine Begrenzung außer der menschlichen Auffassung. Das Tier begrenzt sich nie selber. Nur der Mensch begrenzt sich selbst.

23.

Die Theorie von einem sich ausdehnenden Universum ist nicht genau, ausgenommen daß es sich in unserem Denken ausweitet, oder besser: wir dehnen unsere Auffassung vom Universum aus. Wir entdecken fortwährend, daß es ausgedehnter ist, als wir es uns vorgestellt haben. Das Universum erweitert und verengert sich nach unserem Begriff fortwährend, jedoch nicht in sich selber, denn das Universum ist die Summe der Unendlichkeit. Viele Leute denken an das Universum als ein einzelnens Sonnensystem, aber das Sonnensystem ist nur eine Zelle, oder ein Atom in einem Universum von unzähligen Sonnensystemen.

24.

E i n Gesetz ist es, welches das Universum beherrscht, denn das Universum ist eine Einheit. Wir brauchen nicht einem Einzelgesetz zu folgen, das weniger zu bedeuten hat, als das *Eine* Gesetz. Es gibt nur *Ein* Gesetz, und es ist das Einzige, dem wir zu folgen haben. Ein menschliches Wesen braucht nicht einmal der Offenbarung des Schwerkraft=Gesetzes zu folgen; man muß nur dem Gesetz folgen, welches diese Offenbarungen kontrolliert. Sobald man sich nicht mehr der Offenbarung bewußt

ist, wird man sich des Gesetzes bewußt, das Alles ist, die Ganz=
heit oder Universalität des Prinzips. Dann gehorcht uns jede
Offenbarung des Gesetzes. Dann sind wir in vollkommener
Autorität über jeder Offenbarung des Gesetzes.

25.

Die Idee, daß es weniger wichtige Gesetze gebe als das Gesetz
des Stoffes, hat den Begriff der Materialität oder Sterblichkeit
zur Tatsache erhoben. Es war nicht Adam, sondern der Mensch,
der auf Adam folgte. Stoff ist bloß eine Einstellung des Bewußt=
seins, wie der Gedanke, der auch bloß eine Einstellung des Be=
wußtseins ist. Mit anderen Worten, Stoff ist nur eine fixe men=
tale Gewohnheit. Gedanke und Stoff sind in Wirklichkeit nur
Wege für den Ausdruck, und keines derselben sollte bei der
menschlichen Betrachtung begrenzt werden. Adam hat zweifel=
los Bewußtsein ausgedrückt, aber nicht sterbliches Bewußtsein,
oder Sterblichkeit des Bewußtseins. Solches wurde lang nach
seinem Kommen mit seinem Namen in Verbindung gebracht.

26.

Für den Meister gibt es kein materielles Universum. Das
sichtbare Universum ist für ihn die Offenbarung des Geistes,
es ist darum seinem Wesen nach geistig und steht unter dem
Gesetz des Geistes. Es ist dieses Wissen, was dem Meister
Macht verleiht, und darin liegt das Geheimnis aller individuel=
len Macht. Das Gesetz des Geistes kennen und mit diesem Ge=
setz in Harmonie leben, bringt immer unbegrenzte Macht. Es
ist die Liebe, welche den unendlichen Raum und alle Formen,
die in den Raum ausgesandt worden sind, beherrscht. Darum
sagen die Schriften, daß wer in der Liebe sei, in Gott sei, und
Gott in ihm. Liebe ist Harmonie und erhält also alle Dinge in
Harmonie nicht nur mit sich selbst, sondern mit allen andern.
Wenn der Mensch in einem Bewußtsein der Liebe ist, oder im
Bewußtsein völliger Einheit mit allen Dingen, dann ist er in
einem Zustand von völliger Harmonie mit allen Dingen und
allen Leuten. Liebe, kann man sagen, ist Kohäsion, oder eine

bindende Kraft, die alle Dinge in Verbindung mit ihrem Ur=
sprung erhält. Und in Verbindung mit ihrem Ursprung bleiben
sie in Harmonie zu allem, was aus derselben Quelle hervor=
ging. Aber Liebe löst auf, was nicht in Harmonie mit der uni=
versellen Ordnung ist, denn sie verlangt von allen Dingen un=
bedingte Zugehörigkeit zum Prinzip ihrer Natur, welche Geist
ist. Aus diesem Grunde zerstört Liebe den Haß, Gier, Selbst=
sucht und Eigennnutz, und das Ego, welches diesen Zuständen
des Bewußtseins entsprungen ist.

27.

Der Mensch ist ein Gegenstück des ganzen Universums, und
er ist in sich selber ein ganzes Universum, wenn er sich in dieses
Ganze einbezieht. Wenn er sich frei machen wollte von jedem
Gedanken an Glaubenssatz und Dogma, würde er gar nicht
mehr abergläubisch sein. Er wäre völlig unbeschränkt. Sobald
wir uns selber von Schranken frei halten, kann es heute mit
photographischen Beweisen gezeigt werden, daß aus jeder Zelle
unseres Körpers Licht ausströmt. Licht strömt gleichermaßen
auch aus jeder Zelle des Universums. Die Quelle dieses Lichtes
und dieser Energie, welche den Raum des Universums und auch
des Universums unseres eigenen Körpers belebt und erfüllt, ist
die große Zentralsonne. Kosmisch bedeutet: groß. Es ist das
Ganze, von welchem jeder Mensch ein Teil ist.

ANMERKUNGEN FÜR DEN LEHRER

Kapitel X

1., 2.

Dieser Vortrag, wie die vorhergehenden, handelt von der Universalität aller Dinge, und zeigt, daß alle geoffenbarten Formen im Ganzen enthalten, und ein vom Ganzen untrennbarer Teil sind. Er zeigt auch die Tatsache, daß jeder einzelne Organismus in Miniatur das ist, was das Universum in aller seiner Unendlichkeit ist. Das Wichtige in diesen beiden Abschnitten ist, dem Lernenden bei seiner Realisierung zu helfen, daß alle die unmeßbare Macht und Kraft, welche durch den unendlichen Raum sich bewegt, sich auch durch ihn bewegt, und daß ein Erfolg im Leben bestimmt wird davon, in welchem Grade er sich dieser Kräfte bewußt wird und in Harmonie mit ihnen schafft.

3., 4.

Der Mensch isoliert sich nur aus Unwissenheit, und weil er damit weiterfährt, seine Auffassung von Abgetrenntheit aufrecht zu erhalten. In der Haltung von Gott gibt es nichts, was den Menschen abtrennt, oder ihn zu Verborgenheit und Schwachheit verweist. Gottes Absicht ist immer, sich selbst zu erfüllen, und anstatt den Menschen von den Segnungen weghalten zu wollen, die ihm von Rechtswegen zukommen, sucht *Er* jederzeit, sich durch den Menschen zur Offenbarung zu bringen. Der Mensch muß nur seine Hemmungen gegen den göttlichen Zweck wegfallen lassen.

5.

Es gibt keinen Tod; was Tod zu sein scheint, ist bloß der Zustand, in welchem der Mensch die Göttliche Tatsache seines Daseins so völlig verdrängt hat, daß sie seinen Körper nicht länger erhalten kann. Das Leben des Körpers ist der Geist, der ihn erschaffen hat, und wenn in Unwissenheit der Körper vollkommen beherrscht wird von falschen Ideen vom Leben, dann hat der Körper alle wahre erhaltende Kraft verloren und kann nicht länger funktionieren. Das ist es, was Tod geheißen wird. Der geistige Mensch, der Mensch, den Gott erschaffen hat, und der einzige Mensch, den Gott anerkennt, lebt ewig, so wie Gott ewig ist. Eure Ideen leben weiter, wenn die Formen, durch welche ihr sie ausgedrückt habt, zerstört sind, und die Idee Gottes vom Menschen lebt weiter, wenn er aus dem Körper heraus gedrängt wurde, der zu seinem Selbstausdruck bestimmt gewesen ist. Diese Gottes=Idee bleibt in und mit dem Vater=Prinzip, und ob im Fleisch oder außerhalb, können alle Menschen sich der ewigen Einheit bewußt sein, die existiert, wenn die Unwissenheit, die den Begriff von Abtrennung herbeiführte, aus dem Bewußtsein entfernt ist.

8., 9., 10.

Es ist für Jedermann unmöglich, Frieden und Harmonie zu finden, so lang er erwartet, daß Alles und Jedermann für ihn tun sollte, was er allein für sich tun könnte. Niemand kann uns geben, was wir schon besitzen, und kann erwecken in uns, was wir uns auszudrücken weigern. Es ist nicht die Welt, noch die Menschen der Welt, die uns geben können, was wir benötigen, oder uns Dienste leisten, die dieser Notwendigkeit entsprechen. Jede gute Gabe und jede vollkom= mene Gabe kommt von oben. Das Gesetz des Universums geht aus vom Prinzip, Gott, durch die individuelle Manifestation, und dann gibt es sich selbst, in seiner wahren Natur, der Welt im Dienste hin. Wenn wir den Prozeß umkehren und erwarten, daß die Welt und die Menschen uns beschenken, so daß wir glücklich und harmonisch seien und auf diese Weise zu unserer Göttlichkeit kommen, werden wir nur Enttäuschung erleben. Gott ist der Anfang und ist der Große Diener der Menschheit. Seinen Geist empfangen heißt, zum Sohne Gottes werden, und dann wird er zu unserer Einstellung, unsere gro= ßen Gaben Allen um uns herum zu schenken in wohlwollendem und freigebigem Dienste.

11.

Die eigene Natur ist des Menschen Buch des Lebens, und wenn er die ewigen Neigungen seiner inneren Natur studiert, der tiefsten Seite seiner Natur zu wachsen und sich auszudehnen erlaubt, so wird er sich selber, das Universum und das Gesetz des Universums verstehen. Er braucht keinen anderen Menschen, ihn zu belehren.

12.

Dieser Abschnitt sollte selbstverständlich sein für Jeden, der in sei= ner eigenen Natur Sturm und Frieden erlebt hat. Nur wenn falsche Elemente eindringen dürfen, entsteht Unruhe, und nur, wenn er in seiner Natur das aufnimmt, was harmonisch ist, bleibt er in Har=

Anmerkungen zu Kapitel X

monie. Der Mensch ist der Chemiker und mischt in sich selber, was seine Freuden und seine Schmerzen erzeugt.

13., 14., 15.

Es ist für Jedermann leicht zu sagen, was mit seiner Natur in Harmonie ist, und was die Zwecke Gottes sind, die sich in ihm fühlbar machen, ebenso leicht, wie es für ihn ist, den Unterschied zwischen Harmonie und Diskord in Musik zu erkennen. Das ist ebenso wahrnehmbar für Den, der nie Musik studiert hat, wie für Den, der ein vollendeter Musiker ist. Es ist ebenso leicht für den Allerunwissendsten, Diskord und Disharmonie zu erkennen, wie es für einen Meister ist, es zu erkennen. Wir müssen unterscheiden lernen und uns weigern, in irgendeiner mentalen oder emotionellen Reaktion zu schwelgen, die unseren Vollkommenheitsbegriff verdunkelt.

16.

Es war nicht Adam, sondern Unwissenheit, was den Menschen veranlaßte, seine Göttlichkeit zu vergessen, und es ist Unwissenheit, die uns gefangen hält, wo es in Wirklichkeit gar keine Bindung gibt. Unendlichkeit erfüllt alle Zeitdauer und allen Raum, und es ist unsere Aufgabe, zur Tatsache aufzuwachen, daß alle Unendlichkeit durch uns strömt, und daß unsere Möglichkeiten an dieser Tatsache allein gemessen werden.

17.—21.

Die größte Doktrin Jesu war Liebe, denn Liebe ist nicht nur die Erfüllung alles Gesetzes, sondern auch die Lösung für jedes Problem, das im Leben vorkommt. Liebe ist das Gesetz des Universums, und wenn sie zur Leidenschaft wird für Jemanden, so ist er in Harmonie mit allen Kräften des unendlichen Raumes. Wer in der Liebe ist, ist in Gott. Liebe muß zuerst entwickelt werden im Individuum als untrennbare Einheit mit dem Unendlichen. Wer eins ist mit dem Unendlichen, ist eins mit allen Offenbarungen der Unendlichkeit. Das bedeutet nicht, daß ihr die Unvollkommenheiten in der Welt, bei eurem Nächsten, oder in euch selber, lieben sollt. Laßt diese aus eurem Bewußtsein schwinden und macht die Verbindung mit dem Göttlichen, das hinter dieser äußeren Maske ist, in welcher ihr Gott nicht sehen und nicht erkennen könnt.

22., 23.

Euer Universum ist dasjenige, das ihr seht. „Das Land, das du siehst, will ich dir als Erbe geben." Hinter allen Dingen ist Licht, denn am Anfang war das Licht. Dieses Licht wurde das Leben des Menschen. Sogar unsere Gelehrten sagen, daß Licht die Grundlage aller geoffenbarten Form sei. Darum ist der eigentliche Körper des Menschen nicht ein Körper aus materiellem Fleisch, sondern ein Lichtkörper, welcher das Fleisch umhüllt, denn Licht erhält den Körper in genau der Art, wie Sauerstoff und Wasserstoff das Wasser erhalten. Wenn Unwissenheit aus dem Bewußtsein schwindet, können wir Licht sehen und offenbaren.

24., 25.

Wenn man der Konstitution der Vereinigten Staaten folgt, und Jedem das Recht zu leben, das Recht auf Freiheit und auf Glück zugesteht, wird er nicht automatisch jedem anderen Gesetz des Landes Folge leisten? Gehorsam dem Höchsten Gesetz gegenüber schließt automatisch die Erfüllung jeder Verpflichtung anderer Gesetze in sich. Das Gesetz der Universellen Liebe: wenn Jemand in der Liebe lebt, bewußt der Einheit mit Gott und den Menschen, wird er nichts tun, was irgend ein niedrigeres Gesetz verletzen könnte. In diesem Sinn würde er in einer unendlich freien und unbegrenzten Weise leben, und es bestünde kein Begriff von Bindung an niedrigere Gesetzes-Offenbarungen.

26., 27.

Das Universum und alles, was darin enthalten ist, ist ein einziges System, und es ist unsere Aufgabe, das zu verstehen. Nicht, daß dies für das Universum so wichtig wäre, aber für den Betreffenden ist darin der ganze Unterschied. Seine Erlösung kommt aus seiner Erkenntnis der Dinge, wie sie sind.

XI

Dein Selbst

1.

Als Jesus lehrte „ehe ihr nicht werdet wie die kleinen Kinder, könnt ihr nicht ins Himmelreich kommen", sprach er eine der tiefsten Wahrheiten aus. Ein Kind ist noch nicht hypnotisiert von der Welt=Idee der Begrenzung, und lebt darum in ganz natürlicher Harmonie mit seinem Ursprung. Aus diesem Grunde sind die meisten Erwachsenen gern mit Kindern. Sie strahlen die natürliche Harmonie des Universums aus, und dies ist die dem Menschen naturgemäße Umgebung. Wenn wir nur alle Ideen fahren ließen, die uns mit der Welt verbunden haben, so würden wir uns in der Entschlossenheit befinden, welche aus der universellen Bewegung herkommt, und wir würden die Werke tun, welche allezeit sich durch uns zu offenbaren wün= schen. „Wo immer du dein Selbst antriffst, laß es gehen" schrieben die alten Hindus, und das ist heute noch der Mittel= punkt der Meisterlehren. Nur wenn gegenteilige Gewohnheiten von der innewohnenden Natur des Menschen weggefallen sind, darf er hoffen, das Leben zu leben, das das einzige Leben ist. Die meisten unserer Versuche, richtig zu leben, stehen dem Zweck und natürlichen Ziel des Lebens so entgegen, daß sie nur zur Auflösung des Fleisches dienen. „Es gibt einen Weg, der dem Menschen richtig vorkommt, aber sein Ende ist der Tod", sagte Jesus.

2.

Wisset, daß nichts in Wirklichkeit dem Menschen Grenzen setzt und ihn in einem Zustand der Unsicherheit und Untüchtigkeit erhält, als nur sein eigenes Denken. Wenn diese Gedanken abgewiesen werden, kann er mit Leichtigkeit in das Leben des Universums eintreten, und dann gibt sein Leben den Beweis seiner natürlichen Möglichkeiten. „Am Tage, da du es nicht denkst, kommt der Menschensohn", war die weise Lehre des großen Meisters. Jeder Gedanke, der in das Bewußtsein des Menschen eintritt aus der Welt, ist nur der Reflex der so empfangenen Eindrücke, aber der Mensch ist kein Reflektor. Der Mensch ist die Ausstrahlung des Göttlichen, und erst wenn er den tiefsten Impulsen seiner Natur sich auszudrücken erlaubt, lebt er das Leben so, wie es ist.

3.

Der göttliche Zweck des Lebensgesetzes besteht darin, die menschliche Natur so zu vervollkommnen und zu verfeinern, daß sie zu einem vollendeten und vollkommen Ausdruck seiner selbst wird. Wenn das Leben so gelebt wird, ohne die Hemmung und Begrenzung, welche von dem hypnotischen Zauber des verleitenden Gedankens herkommt, wird die Natur des Menschen fortwährend verfeinert. Dies erfordert beständige Kontrolle des Betreffenden, solange bis seine ganze Natur eine Einheit geworden ist, die einen einzigen Zweck ausdrückt. Dann ist die Entschlossenheit dieser Kraft ebenso vollkommen im Äußeren, wie sie schon Tatsache ist im Universellen. Nur in dieser Weise kann der Mensch sein Schicksal erfüllen, und die volle Unterstützung der universellen Kräfte erwarten. Viele Leute pflegen sich zu wundern, weshalb Gott sich nicht durch ihre Ideen offenbare, und ihnen gebe, was sie sich einbilden nötig zu haben. Gott wirkt nicht mehr durch die Ideen des Menschen, als das Natur=Gesetz durch unvollkommene Samen sich auswirkt, die es zerstört. Gott, oder Geist, kümmert sich um seine eigenen Sachen, erfüllt seine eigenen Ideale und Zwecke, und der Mensch hat in Harmonie mit diesem universellen Zweck

zu kommen. Dann, und nur dann, kann er den Zustand dieser
vollkommenen, vollendeten Kindlichkeit erreichen, in welchem
er das Leben natürlich lebt. Natürliches Leben ist vollkommen
und bringt vollkommene Resultate. Unsere Ideen sind entweder
unvollkommen oder unvollendet. Sie tragen nicht die Natur
oder den Zweck der universellen Richtlinie in sich, und darum
müssen sie einfach fallen gelassen und abgeschafft werden, da=
mit die höheren Einflüsse zum entscheidenden Faktor unseres
ganzen Wesens werden.

4.

Ihr sagt, man habe euch gelehrt, daß das erste Gesetz der
Natur der Selbsterhaltungstrieb sei, und so ist es auch. Aber das
will nicht sagen, daß man sein Leben auf Kosten eines Andern
schützen muß. Das Lebensgesetz ist da, um das Leben zu erhal=
ten und zu fördern. Das Leben des Meisters ist eines, welches
Leben fördert und erhält, weil es in Harmonie mit dem Einen
Leben geführt wird, das tatsächlich ist. Darin ist keine Rache,
das ganze Motiv besteht darin, das Leben vor gesetzwidriger
Besitznahme zu schützen. Hier liegt das Geheimnis der Meister=
schaft. Solange man seine eigene Natur nicht in dieser Weise
beherrschen gelernt hat, daß sie nicht zerstört werden kann,
steht man außerhalb des Lebens. Jesus verurteilte nicht einmal
Jene, die ihn kreuzigten, sondern löste sie von ihrem Karma
und ihrer eigenen Unwissenheit durch das Gesetz der Ver=
gebung.

5.

Es ist Tatsache, daß man sich verbindet mit der gleichen
Unwissenheit, wenn man Tadel gegen Jemand aufrecht erhält,
oder einen andern anschuldigt. Beschützt das Leben überall, wo
ihr es antrefft. Bewahrt euer eigenes Leben und das der Andern
vor jeder unwissenden Bedrängnis. Beschützt euch und Andere
vor jedem Gedanken und jeder Handlung, welche sie zu etwas
Anderem, als zu vollerem und harmonischerem Ausdruck des
Lebens führen könnte. Anders zu handeln ist Selbstzerstörung.
Verfeinert fortwährend euer eigenes Leben, indem ihr alles
Leben um euch herum beschützt. Andere beschützen heißt

nicht nur sie vor körperlichem Schaden bewahren, sondern auch, sie bewahren vor ihrer eigenen Unwissenheit und der Unwissenheit Anderer. Befreit euch und Andere vom Hypnotismus des menschlichen Gedankens, und seht euch und sie als freie Söhne des Höchsten. Nur auf diese Art könnt ihr in das Leben eintreten; und eintreten in das Leben heißt, Meister über sich selbst werden. Wenn jemand euch Unrecht tut, setzt ihn in eurem Denken sogleich frei, und macht ihn frei von der Kritik und Verurteilung Anderer. Erhaltet ihn immer in der Freiheit des Universellen Lebens.

6.

Manche Leute hören nie auf, sich zu wundern, weshalb Künstler um Heilige und Meister einen Heiligenschein von Licht malen. Das ist, weil diese Erleuchtete sind, und Erleuchtung ist überall da, wo der Schleier der Unwissenheit, die Wolke des Hypnotismus, weggenommen worden ist. Man kann in gewissem Grad das gleiche Licht um Kinder herum sehen, und die Ausstrahlung dieses Lichtes ist es, was uns friedlich und ruhig macht in der Gegenwart von ganz kleinen Kindern. Sie sind vollkommen freie Wesen des universellen Lebens. Das ist der Einfluß, den man spürt, und das Licht, das man sieht um einen Meister herum. Er ist geworden wie ein kleines Kind; er ist frei geworden von den weltlichen Ideen, die das Licht verdunkeln. Leben ist Licht, und wer vollkommen im Leben ist, ist im Licht — es *ist* dieses Licht. Jemand, der vollkommen im Licht ist, erhebt Jeden um sich herum in dieses gleiche Licht in dem Grade, als er sich willig zeigt, seinem Einfluß nachzugeben. Es ist nicht übernatürlich, daß Menschen von einem Meister Licht ausstrahlen sehen. Das ist ganz natürlich, denn es ist das Leben in seinem natürlichen Zustand. Ihr habt alle Möglichkeiten in euch selber, und ihr seid im Stande, das Leben, wie es ist, bei den Menschen um euch herum zu sehen, sobald ihr es geschehen laßt, daß ihr es seht. Das Einzige, was euch zurückhält, ist euer Widerstand dagegen, fallen zu lassen, was ihr als euren eigenen Lebenszustand, eure Lebensbedingung zu verstehen gewöhnt seid. Laßt den Schleier fallen, und siehe, es ist Licht.

7.

Um vorwärts zu kommen, muß man sich selber als Meister sehen. Man muß sich wie ein Meister aufführen. Niemand kann euch Meisterschaft beibringen, und niemand kann euch Meister= schaft geben, denn sie ist euch schon eigen. Was erforderlich ist, ist Praxis. Ihr müßt leben, wie ein Meister lebt, denken, wie ein Meister denkt, handeln wie ein Meister handelt, um einen Meister zu erkennen, wenn ihr ihn antrefft.

8.

Denke nur daran, wie du glaubst, daß ein Meister den Si= tuationen gegenüber stehen würde, die du jeden Tag zu ertra= gen hast. Versuche, Deine Probleme auf seine Weise zu betrach= ten. Wie würde ein Meister zu denen reden, die um ihn herum sind? Versuche in dieser Art zu reden. Versuche die gleiche Hal= tung einzunehmen. Könntest du dir vorstellen, daß ein Meister sich wegen Geschäften Sorgen machen würde? Würde ein Mei= ster klatschen und hassen, oder eifersüchtig oder ärgerlich sein? Würde er vor einer besonderen Aufgabe zurückschrecken? Gut, da habt ihr euer Vorbild, für eure eigene Idee darüber, wie ein Meister dem Leben gegenüber stehen würde, und es ist genau die gleiche Idee, die ihr anwenden müßt. Wenn man das Leben so ansieht, bewußt, daß dies die gleiche Bestimmung ist, welche das Universum bewegt, mit dem ihr eins seid, so wird man die Samen der eigenen Meisterschaft sprießen und wachsen spüren, bis sie voll ausgewachsen sein werden.

9.

Könnt ihr nicht sehen, daß das, was sie immer gelehrt haben, wahr ist? Daß es nicht nötig ist für Jemanden, stundenlang in Samadhi zu sitzen, oder durch mystische Rituale und Religions= formen hindurchzugehen, um zur Erleuchtung zu kommen? Sie haben den Weg vorbereitet. Sie haben bewiesen, daß ihr im Zustand der Meisterschaft seid, wenn ihr außerhalb des Verstandes und seiner Gedanken schafft, und wenn ihr darin weitergeht, in das Leben, wie es ist, eintretet, bis es eure Ge=

wohnheit wird, das Leben so anzusehen, daß ihr dann ein Mei=
ster seid. Laßt das Selbst gehen, das scheinbar ist, und lebt das
Leben so, wie ihr innerlich spürt, daß es gelebt werden müßte,
und ihr werdet finden, daß das in Wahrheit *Euer* Leben ist.

10.

Ebenso wenig ist es nötig für euch, nach Indien zu fahren, um
einen Meister oder Lehrer zu finden, wie es so viele Schüler
meinen. Euer Lehrer und euer Meister ist euer eigenes Selbst.
Die Meister und Jesus durchreisen die Welt nicht, um Wissen
und Macht zu finden. Sie schauen in sich selber auf das Selbst,
das Gott im Inneren ist, und darum ist es, daß sie Meister sind.
Solange man außerhalb sucht nach seinem Selbst, findet man es
nicht. Das ist der Weg, wie ihr jederzeit im Stande sein könnt,
die Lehren eines wirklichen Meisters zu erkennen. Die Uner=
leuchteten sagen euch, ihr müßt einen Lehrer außerhalb von
euch selber suchen, aber ein Meister sagt euch, daß man den
Lehrer in sich selber finden muß. Das ist der Hauptpunkt, den
Christus der Welt klar machen wollte. „Siehe hier und siehe
dort", ist die Lehre des Anti=Christ. „Der Vater in uns", das ist
die wahre Christus=Lehre.

11.

So wird erkannt, daß das, was uns im Innersten Selbst be=
wegt, die tiefste Seite der eigenen Natur, nach außen hin getan
sein soll. Die Praxis macht vollkommen, und bei der Praxis der
eigenen Meisterschaft, oder einem Leben, gelebt, wie es richtig
ist, einem Tun, was man instinktiv als das Tun eines Meisters
anerkennt, wird man finden, daß alles, was man gesucht hat,
schon vorhanden ist, vollkommen geoffenbart. Alles, was man
tun muß, ist, ganz den Charakter des bis anhin gelebten Lebens
verlassen und eintreten in den neuen Charakter: das Leben
leben, wie es gelebt werden soll.

12.

Wenn man lernt, aus der Seele, aus dem Selbst zu leben und
nicht aus dem Verstand, wird alles im Leben klar und verständ-

lich. Man weiß, was man zu tun hat, wohin man gehen soll, und das Leben wird einfach und harmonisch. Das ist Leben, wie es bestimmt ist, Leben, wie wir schließlich es leben. Kinder leben nur in dem Reich der Gedanken, wenn man ihnen beibringt, es zu tun. Am Anfang leben sie natürlich, und wir sollten werden, wie sie, und sollten sie nicht machen, wie wir sind. Das heißt nicht, wir sollen ein unintelligentes Leben führen, und daß wir nicht denken sollen. Es bedeutet, daß wir wirklich intelligent leben sollen und daß dann unsere Gedanken der Ausfluß vom richtig ausgedrückten inneren Selbst werden.

13.

Es ist wahr, es braucht ein wenig Entschluß, wenn man diese vollständige Wandlung vollziehen will von Dem, was man zu sein scheint, zu Dem, was man wirklich ist. Was immer es sei, was ein Hindu glaubt, er gibt alles dafür hin. Er kann Hunderte von Meilen gehen, um zu erfüllen, was er als seine geistige Pflicht ansieht. Wenn wir ebenso bedacht sind auf das, was wir instinktiv von dem wissen, was wir sein sollten, können wir ohne Schwierigkeit dahin kommen. Wir müssen aufhören damit, zu hoffen und zu wünschen, und uns daran machen, zu tun und zu sein.

*

Anmerkung: Der nachfolgende Brief von Mrs. Grace G. Hahn enthält für Lernende soviel interessante und hilfreiche Hinweise, daß wir diese zu einem Teil der heutigen Lehrsätze machen. Mrs. Hahn war ein Mitglied der Gesellschaft, die mit Mr. Spalding nach Indien gereist ist.

„Ich will versuchen einige Erlebnisse seit meinem letzten Brief an Sie zu erzählen:

„Mr. M. M. Ghose, ein Freund von Mr. Spalding, lud uns ein, seine Gäste zu sein bei einer Bootfahrt nach Dacca, dem Ashram von Swami Paramananda. Es würde recht schwierig sein den Dschungel zu beschreiben, durch den wir fuhren. An manchen

Stellen war der Fluß so schmal, daß es für zwei Boote nicht möglich war, durchzukommen. Dann wieder wurde der Fluß eine halbe Meile breit. Alles ging gut, währenddem wir unsere Reise fortsetzten. Am Abend des dritten Tages, um 8.15 Uhr, die meisten von uns schliefen auf unseren Schlafbänken, spürten wir einen schrecklichen Stoß und hörten lautes Schreien in der Nähe. Wir bemerkten, daß wir mit einem andern Dampfer zusammen gestoßen waren. Es genügt zu sagen, daß Verwirrung und Schrecken eine Zeitlang herrschten, und man teilte uns mit, daß die Barke des andern Dampfers nach wenigen Augenblicken gesunken war. Wir hatten Schaden, aber kein Leben war verloren. Es war nicht angezeigt, weiter zu fahren, so legten wir für die Nacht Anker. Die Lichter waren ausgelöscht und die Boote leckten sehr stark. Der kleine Sohn unseres Gastgebers trat ruhig in den erregten Kreis auf dem Deck und sagte: „Gott hat uns alle gerettet, Baba (Vater), kann ich jetzt zu Bett gehen?" Während ein paar Augenblicken war alles still; dann verstanden wir die Lehre, die dieser gesegnete Hindu=Knabe uns gegeben hatte. Wir gingen still zu unseren Schlafstellen mit der Sicherheit, daß alles gut sei. Hier war ein zukünftiger Meister, der eine ganze Schiffsgesellschaft mit seiner Ruhe und dem einfachen Kinderglauben besänftigt hatte.

Am andern Morgen fuhren wir langsam bis zur nächsten Stadt und nahmen den Zug zurück nach Kalkutta. Wir trafen wundervolle Hindus an. Ein Mr. Sircar übergab Mr. Spalding sein Buch, und ich möchte aus diesem Buch einen einzigen Abschnitt anführen, der mir gefiel. „Vollkommene Wahrheit und das Leben in seiner feinsten Blüte kann nicht genossen werden, ehe alle Kräfte, die natürlichen und die geistigen, beherrscht und zur Entfaltung des Lebens zu immer wachsender Verfeinerung angewandt werden können."

Wir haben mit ihm viele, viele Stunden verbracht und fühlen uns dadurch in hohem Maße bereichert.

Eine Geschichte, die uns in der Kalkutta=Universität eines Nachmittags erzählt worden ist, kann wohl angeführt werden, um der Lehre willen, die sie bringt. Der Vorfall ereignete sich

600 Jahre v. Christus. Schon in jenen Tagen bestanden Meinungsverschiedenheiten in Belehrungen, so trennte sich ein Teil von Anhängern von der Hauptgruppe und versuchte, den Lehrer davon zu überzeugen, daß er seinen Standpunkt ändern müsse. Nach einiger Zeit sah der Anführer der sich trennenden Teilgruppe, daß das nutzlos war, und er beschloß, das Gesetz in eigene Hände zu nehmen. Er lag im Versteck, und als der Lehrer vorbei ging bei ihm, zog er sein Schwert. Als der verwundete Lehrer hinfiel, rief er den Angreifer zu sich, damit er nahe bei ihm sitze für einen Augenblick, denn er wollte mit seinem letzten keuchenden Atemzug zu ihm sprechen. Sehr gütig und liebevoll sagte er zu ihm, er solle geradewegs weiter gehen, und niemand wisse dann, was geschehen sei, und so werden manche Leute davon zurückgehalten seinen Tod zu rächen, denn in Wirklichkeit gehe er einer größeren Verwirklichung entgegen; wenn er aber auf dem Weg zurückkehre, auf dem er gekommen sei, würde er veranlassen, daß viele andere für seinen Tod zu leiden haben. Nur er allein werde leiden wegen diesem seinem Verbrechen. Der große Meister gab diese Lehre dem Menschen, der dachte, er könne ihm Leid zufügen.

Wir verließen Kalkutta letzten Montag und kamen zum Ashram von Swami Omkar. Was für ein wunderbar ruhevoller Ort in diesem Land, dreißig Meilen von der Eisenbahnlinie weg! Nach einigen Tagen Ruhe wurde Jeder von uns einzeln zum Interview mit dem Swami gerufen. Als ich dasaß und seiner Rede zuhörte, sah ich Licht überall um ihn herum und hinter ihm glühen. Ein paar Minuten lang war ich bezaubert und fürchtete, es werde verschwinden, aber es blieb so lang, als ich dort war. Der Raum leuchtete, genau wie uns Mr. Spalding oft erzählt hatte. Es war mein erstes tatsächliches Erlebnis, und eines, das ich immer hochschätzen und in Erinnerung behalten werde.

Gestern Abend hatte ich noch einmal den Vorzug, zwei Stunden mit dem Swami zuzubringen. Er erklärte in Einzelheiten die Bedeutung von Meistern, oder der Meisterschaft. Meister werden zuerst aus sich selber Meister. Meisterschaft über Ärger, Eifersucht, Gier, Egoismus, Besitztum, die Frau, den Mann, Eigen=

nutz und viele andere Dinge, die wir in uns aufgenommen haben.

Wir sind tausende von Meilen hergekommen, um einen Meister zu treffen, Einen, der das erreicht hat, was wir in unserem eigenen Heim und Umgebung tun sollten und tun müssen. Genau wie die Kuh, die das Gras haben will, das auf der andern Seite wächst, obschon solches in Fülle um sie herum steht. Swami gibt ein Wort als Grundlage, von welcher aus wir den Pfad antreten können, und es heißt Praxis. Praktiziere täglich, was du schon weißt. Praktiziere Meisterschaft über Ärger. Praktiziere die Meisterschaft der Liebe Allem im Universum gegenüber. Ich gebe zu, es ist eine große Forderung, aber bei beständiger Anwendung, stündlich und täglich, wirst du bald die Resultate sehen, und für eine weitere Lehre in der Schule des Lebens bereit sein. Diese schweigsamen Männer kennen den Wert des Gesetzes der Meisterschaft über sich selbst, und sie mischen sich darum nicht unter Jene, die noch nicht wenigstens während einem Teil des Tages schweigen können. Wie können wir je hoffen, mit ihnen in Kontakt zu kommen in unserem chaotischen westlichen Gemütszustand? Argumente schließen das Tor zu. Nur eine offene Vernunft und Intuition öffnen die Tore weit auf.

Soviel habe ich gelernt bis jetzt in Indien. Ich meinte schon vorher, ich wisse es, aber wenn man in die Gegenwart eines dieser Heiligen Männer kommt, merkt man bald, daß es nur Theorie war. Es braucht tatsächlich Praxis, und den aufrichtigen Seelenwunsch, sich selbst zu bemeistern und wirklich das zu werden, was *sie* geworden sind.

Es gibt einen wundervollen Hindu=Jungen hier, zwölfjährig. Er ist ein kleiner Meister im Werden. Er empfindet im Voraus jedes Bedürfnis, jeden Wunsch, ehe wir etwas sagen können. Seine Augen sind Fenster der Seele, man muß darum den Glanz des Lächelns dieses Kleinen sehen, wenn er schweigend vor euch steht und auf eure Wünsche wartet. Er stand letzte Nacht vor meiner Tür und schien zu zögern fortzugehen. Ich war noch nicht vertraut mit der Gewohnheit des Hindu und wartete darauf,

daß er mitteile, was er wünsche, und als er mit diesem wunder=
baren Lächeln hereinkam, sagte er mir gerade in die Augen
schauend: „Ich habe dich so lieb." Dann wandte er sich um und
war weg wie ein Blitz. Währenddem die Klasse meditiert, sitzt
er unbeweglich eine Stunde lang im Schweigen. Einige Ältere
fallen in Schlaf, aber dieses Kind nicht.

Wir verbrachten eine glückliche Woche bei dem Swami, dann
wandten wir unseren Weg südlich, nach Madras. Mr. Spalding
ging nach Tiruvannamali voraus und traf zusammen mit Paul
Bruntun, dem Autor von „Geheime Suche in Indien". Mr. Spal=
ding telegraphierte uns, wir sollen kommen, und nach einer
Nachtreise wurden wir von Mr. Spalding und Mr. Brunton will=
kommen geheißen. Wir wurden zum Ashram eines der größten
lebenden Heiligen in Indien mitgenommen: Sri Ramana Maha=
rishi. Sehr viele Leute sitzen stundenlang auf gekreuzten Beinen
auf dem Boden, nur um in der Gegenwart dieses Großen zu
weilen. Er ist einer der großen Heiligen Männer, der seine Zeit
den Schülern schenkt. Er spricht nie, ehe eine Frage gestellt
worden ist, und bevor die Antwort gegeben wird, verharrt er
schweigend, bis die Antwort im Inneren kommt. Dieser Kontakt
allein war die ganze Reise wert.

Von Tiruvannamali gingen wir nach Pondicherry. Ein großer
Mann lebt hier, aber er tritt nur dreimal im Jahr in die Öffent=
lichkeit.Das nächste Mal wird am 24. Februar sein. Der Ashram
bleibt einem lange in Erinnerung. Viele, viele männliche Studie=
rende leben hier, und man wird sehr angezogen von ihnen. Ihr
Gesicht strahlt das Leben aus, das sie leben, und darin besteht
kein Zweifel. Von ihm hören wir, daß eine Mela, eine Pilger=
fahrt, in Allahabad am 13. Januar stattfinden werde. Wir fuhren
nach Kalkutta und von da nach Allahabad. Ich werde nie den
Anblick vergessen, den ich bei dieser Mela hatte. Pilger von
überall her aus Indien waren dorthin zum Baden in den Heiligen
Wassern des Ganges gekommen. Der Zusammenfluß zweier
Ströme, Ganges und Jumna, befinden sich dort. Das Wasser ist
eisig kalt, aber sie stürzen sich hinein. Sie sind von weiten Ent=
fernungen her gekommen, unter schrecklichen Schwierigkeiten,

um an diesem religiösen Ritual teilzunehmen. Eine Million Menschen mit nur einem einzigen Gedanken, an diesem besonderen Tag im Ganges zu baden. Es gab soviele Widersinnigkeiten von Situationen. Manche waren nackt, andere dem Zustand von Wilden nahe, manche auf Kamelen und Elefanten, andere in Ochsenwagen, alle dem Ganges zustrebend. Ich war tief beeindruckt von dem religiösen Ernst, der ganz außer Zweifel stand. Was war es, was eine Million von Leuten antreiben konnte, zum Ganges zu kommen? Es ging über mein Verständnis und in meiner Seele schien sich eine Frage rund um und um zu drehen: „Was habe ich an einem solchen Ort zu suchen?" Als ich zurück im Hotel war, schien die Antwort zu kommen: „Du suchst die primäre Ursache der Brüderlichkeit, wie kannst du eins sein mit der ganzen Menschheit, wenn du bloß das Äußerliche siehst, wenn du meinst, es seien psychopathische Patienten; wenn du sagst, daß schwarz schwarz ist und weiß weiß. Siehst du nicht die gleiche Liebe im Herzen der Mutter pochen, wenn sie ihr Kind herzt, dessen kleiner Körper schmutzig, krank und verkrüppelt ist, im Schlamm watend, von Armut geschlagen, heimatlos und tatsächlich verhungernd, meilenweit unter ungeheuren Mühsalen wandernd, um in den „Heiligen Wassern des Ganges" baden zu können? Was könnte Anderes als der angeborene Funke der Göttlichkeit sie drängen, alles zu Füssen dieser Gottesauffassung zu legen? Wir beten zu Gott in Luxus; sie haben nichts. Ihre Füße sind müde und aufgerissen, alles, was sie haben, ist ihre Energie, und doch geben sie diese hin einmal im Jahr, und alle sechs, zwölf und vierundzwanzig Jahre, um auf gemeinsamen Grund zusammen zu kommen, zu baden und anzubeten in ihrer Weise. Denk doch daran. Eine Million von Menschen auf einer kleinen Fläche von Boden, friedlich, glücklich, singend und fröhlich. Kein Zeichen von Verwirrung, von Zusammenstoß. Jeder die Rechte des Bruders achtend, den sie anbeten lassen so wie es ihm gefällt."

Für mich wird hier die richtige Bruderschaft unter unglaublichen Umständen, unter tausenden von Bedingungen ausgedrückt, die wir nie für möglich gehalten haben, und doch wird aus den Herzen dieser Pilger Liebe ausgedrückt, und die Augen offenbaren eine unergründliche Tiefe, die uns neidisch machen kann. Alle verehren Gott, Gott, Gott. Viele verschiedene Sprachen, Reiche und Arme, Rückständige, Lahme und Blinde. Ein Lächeln ruft immer ein Lächeln hervor. Sie scheinen tatsächlich überrascht, daß wir zu lächeln oder sie zu grüßen geruhen in ihrer eigenen Weise. Ich wundere mich ehrlich, ob wir in solcher Umgebung noch lächeln würden. Könnten wir, wollten wir auf Händen und Knieen zum Ganges kriechen, Gott mit jedem Atemzug anbetend, um im Stande zu sein, Seele und Körper beisammen zu halten? Könnten wir, frage ich euch, könnten wir?

Wir sahen Saddhus mit verfilztem Haar, ihr Körper mit Asche bedeckt, nackt außer dem Lendentuch, und ich stellte die Frage „warum sollte Jemand seinen Körper in solcher Weise behandeln?" Die Antwort war: Sie haben den Stolz abgelegt und geben sich nicht mehr ab mit der Welt. Das ist ihre Auffassung, und im Grunde handeln und denken wir alle, wie unser Gewissen es vorschreibt, und wie weit unsere Entwicklung vorgeschritten ist.

Wir sind stolz darauf unseren Körper aufzuputzen, währenddem sie ins andere Extrem gehen, und ihr ganzes Leben in Höhlen und in den Himalaja=Bergen in der Anbetung Gottes zubringen. Sie müssen zuerst diese Attribute in sich verwirklichen, ehe sie in die Welt treten und ihre inneren Erfahrungen Anderen mitteilen können. Wir haben viele Ismen, Glaubensbekenntnisse und Dogmen, oft nur theoretisch und intellektuell. Tausende dieser Pilger kommen von überall aus Indien her zu dieser großen Mela, und leben tatsächlich das Gottesleben, so wie sie es verstehen. Natürlich gibt es viele berufsmäßige Bettler, und man lernt bald unterscheiden. Intuition ist der beste Führer. Bettler sind Bettler, ob sie in Indien oder in Amerika sind. Hier sieht man sie „roh" und manchmal trifft man sie in der besten Gesellschaft an.

Wir beobachteten einen Mann, der mit einem Stock vom Ganges zurückkam, sein Diener hinter ihm trug die Krücken. Man kann seine eigenen Schlüsse daraus ziehen.

Wieder ist ein großer Tag vor uns. Am Freitag, den 24. findet die Mela des sechsten Jahres statt, darum bleiben wir noch hier dafür. Ich werde mit diesem Brief nach diesem Erlebnis weiter= fahren. Mr. Spalding hat Zwei unserer Gesellschaft heute mit zum Ganges genommen. Ich bin zu Hause geblieben, um diesen Brief an dich heute abschicken zu können." Grace G. Hahn.

ANMERKUNGEN FÜR DEN LEHRER

Kapitel XI

Bei Anlaß dieses Kapitels sollte der Brief von Mrs. Hahn der Klasse vorgelesen werden, da sie diesen Lehrbrief vollkommen illustriert. Von einem Erlebnis zum andern, das die Reisegesellschaft durch= machte, wird die Lehre erklärt, und der Lehrer kann sich immer von der Lehre auf die Illustrationen im Brief beziehen.

1.

Die uralte Illustration eines Kindes bedeutet nicht, wir sollen schwachsinnig sein, oder es an Intelligenz mangeln lassen. Sie will sagen, man müsse das Leben leben, so wie es aus unserer inneren Natur kommt. Darum ist es für Kinder so schwer, Erwachsene zu verstehen. Sie haben ihr Denken noch nicht mit Gedanken aufgefüllt, und sie leben nur das, was sie innerlich empfinden. Wenn dieses innere Empfinden vollkommen abgestumpft ist, nachdem unser Den= ken den Kindern aufgepfropft wurde, werden sie geistlos und unbe= deutend, wie ältere Leute. Der Gedanke ist nicht der leitende Faktor für ein erfolgreiches Leben, sondern er ist hervorgegangen aus er= folgreichem Leben. Jeder Schritt im menschlichen Vorwärtskommen wurde hervorgebracht von der Überzeugung eines Andern, und der Gedanke entwickelte sich, damit beschrieben werden konnte, was erreicht worden ist.

2.

Der Mensch ist wirklich nicht begrenzt, denn er ist ein Widerhall aus der Unendlichkeit. Er gestattet sich nur, durch sein Denken sich begrenzen zu lassen. Lebt das Leben so, wie es sich von innen heraus entfaltet, und ihr findet das Leben, wie es ist, und den Schlüssel zu eurer eigenen Meisterschaft. Gedanke, Wort und Handlung sind die Ausdrucksmittel, durch welche das Leben ausgedrückt wird, und nicht der Ausganspunkt, aus dem es hervorgeht.

3., 4.

Der Zweck des Universums ist das Weiterführen und Vervoll= kommen des Lebens zu einer Vollständigkeit. Es erhält den Men= schen nur in dem, was mit dem Leben harmonisch ist. Es zerstört aus des Menschen eigener Natur heraus, was gegen Leben wirkt. Es heißt, das Übel trage in sich den Samen seiner eigenen Zerstörung, und das ist wahr, aber der Same der Zerstörung im Übel ist das angeborene Gute, und wenn Gutes sich offenbart, zerstört es das Übel, und läßt nichts übrig als das Gute. Und das Leben ist das Gute, das immer vorhanden ist und immer vorwärts drängt, um sich zu erfüllen.

5.

Es ist keine intelligente Sache, auf sich oder Andere Tadel zu häufen. Das einzig richtig Intelligente ist, sich und andere vor allem zu schützen, was weniger ist als universelle Göttlichkeit. Wenn wir es uns so angelegen sein ließen, die potentielle Natur von uns und Andern zu erhalten, wie wir es sind, unsere irdischen Besitztümer zu erhalten, wäre die Erde voll wirklicher Meister.

6.

Schaut euch selber im Spiegel an. Ist irgendwie Licht in eurem Gesicht, wenn ihr traurig seid? Wenn ihr vor Freude strahlt, ist es darin? Stellt euch vor, welches Licht von euch ausstrahlen würde, wenn ihr allezeit das Lebn führen würdet, das ihr idealisiert und welches euer Leben ist, das ihr zu leben fähig seid und das ihr führen solltet.

7., 8., 9.

„Wenn ihr Gott kennen wollt, handelt als ob ihr Gott wäret." Wenn Ihr wissen wollt, wie das Leben eines Meisters beschaffen ist, lebt ein solches selber. Nur auf diese Weise können wir es wirklich kennen lernen. Kein Mensch kennt die Dinge Gottes, außer dem Geist Gottes, der in ihm ist und der es ihm enthüllen kann.

10., 11.

Der deutliche Unterschied zwischen den Lehren der Erleuchteten und den Unerleuchteten liegt darin, daß der Erleuchtete euch sagt, ihr sollt inwendig in euch nach Wissen suchen. Alle anderen gehen und lehren, man solle außerhalb sich selber suchen. Es ist nicht wahrscheinlich, daß man außerhalb von sich selbst findet, was man in sich nicht gefunden hat. Die Welt gibt euch das zurück, was ihr der Welt gebt.

Anmerkungen zu Kapitel XI

12.

Man sollte den Unterschied studieren, der zwischen dem Zustand des Verstandes und dem Zustand der Seele ist. Der Verstand sagt dies und jenes und daß nur dies oder jenes möglich ist. Die Seele weiß, daß sie unsterblich ist, daß sie ein Meister ist, und sie verändert sich nicht in ihrer Tätigkeit. Euer tiefster Wunsch ist identisch mit der Art und Weise, wie ein Meister handeln würde.

13.

Vollständige Hingabe an ein Ideal ist das Geheimnis des Erfolges. Es ist nicht das Wünschen und Hoffen, daß Dinge sich richtig auswirken sollen, sondern das ausdauernde Schaffen dem Ziel der Vollkommenheit entgegen.

XII

Prana

1.

Es ist eine wohlbekannte Tatsache, daß die kosmische Lebens=
kraft jede Bedingung und jedes Atom umgibt und durchdringt,
und daß die Lebenskraft in unseren Körper eingezogen werden
kann mit dem Atem, den wir einatmen. Jede unserer Hand=
lungen kann sich dieser Lebenskraft anpassen. Jeder Gedanke,
den wir denken, kann mit ihr in Harmonie sein.

2.

Beachte, daß gesagt wird, die Lebenskraft könne „mit dem
Atem, den wir einziehen", eingezogen werden. Es ist nicht der
bloße Akt des Atems, welcher diese kosmische Lebenskraft in
unseren Körper hineinzieht. Solange wir ihm nicht definitive
Aufmerksamkeit schenken, damit sie unser physisches Atmen
begleitet, wird die Kraft nicht richtig aufgenommen. Es ist eine
Lebenskraft, welche soviel feiner ist, als unsere physische Luft,
daß sie nicht mehr von bloß physischen Prozessen beeinflußt
wird, als wir Elektrizität in unser Wesen aufnehmen können.
Natürlich wird bei jedem Atemzug eine gewisse Menge von
Elekrizität, oder was wir Elektrizität heißen, in unser System
aufgenommen, und so ist es mit der kosmischen Lebenskraft,
welche manchmal Prana genannt wird. Wenn ihr aufpaßt, seht
ihr, daß alles, worauf unsere Aufmerksamkeit gerichtet ist, auf

den Verstand eine Einwirkung hat. Ihrerseits wird diese Ein=
wirkung in eine Idee entwickelt, und die Idee wird in Worten
ausgedrückt. Das ist eine Art mentales Atmen, nicht wahr? Nun
gibt es eine innere Aufmerksamkeit, man kann sagen, eine tiefe
Sehnsucht, in jedem Teil unseres Wesens vollkommen zu sein.
Wenn die äußere Aufmerksamkeit mit der inneren Aufmerk=
samkeit verbunden wird oder wenn diese nach der Vollkom=
menheit des Universums schaut, wie Seneca es vom „Auge der
Seele" sagt, dann werden in das Wesen des Menschen die Ele=
mente der kosmischen Kräfte der Umgebung hineingezogen.
Die Mystiker haben immer gelehrt, daß Aufmerksamkeit das
Geheimnis des Erfolgs sei, wenn man es mit kosmischen Kräf=
ten zu tun habe. — Tiefe, aufrichtige und andauernde Aufmerk=
samkeit auf die umgebenden geistigen Äther, ein vollkommen
entspannter Körper und ein umfassendes Interesse und völlige
Offenheit des Gemütes sind die notwendigen Einstellungen,
wenn man diesen „inneren Atem" realisieren will. Dies ist „see=
lisches Atmen", oder das Ausdehnen des Selbstes bis hin zu
ihrem urspünglichen Äther, zur alles durchdringenden Lebens=
kraft, oder den geistigen Äthern, wie sie Steinmetz nennt, bis
diese durch den Akt der Aufmerksamkeit in das ganze Wesen
des Menschen eingesogen wird.

3.

Die Lebenskraft muß, da sie kosmisch ist, alle Elemente durch=
dringen. Sie ist in Wirklichkeit die Kraft, welche alles Zellen=
wachstum anregt, ihm sein Ausdehnen erlaubt und zum Wachs=
tum des Körpers, wie auch dem Wachstum der Pflanzen wird.
Tatsächlich ist sie enthalten in jedem Wachstum jeder Art, und
ist das erhaltende Element des Lebens. Es wird auch zu dem,
was selber Leben in sich aufnimmt, denn wie jede andere Kraft,
ist sie positiv und negativ, und handelt und reagiert in sich
selber, so wie wirbelnde Luftströme sich bewegen und auf sich
selber reagieren. Man könnte sagen, die Luft atme oder bewege
sich, und zu gleicher Zeit wirkt sie in sich selber und auf sich
selber.

4.

Die Methode dieses bewußten Aufnehmens der kosmischen Lebenskraft wird gewöhnlich Pranayama genannt. Man könnte sie Prana=Atem nennen, oder die Praxis des bewußten Einat= mens der kosmischen Lebenskraft. Der genaue Vorgang ist schwer zu beschreiben, und es würde zuviel Zeit und Raum brau= chen, wenn man die ganze Technik des Prana=Atmens geben soll= te. Die Technik, mit der man die Sache beginnt, ist richtig Atmen, dann kann man mit Sorgfalt und Aufrichtigkeit die eigene Me= thode für den Ausgleich des Prozesses finden. Wie schon gesagt, Aufmerksamkeit ist die eine grundlegend wichtige Praxis bei dem Prozeß; Aufmerksamkeit ist die höchste Quelle der Energie, die existiert, dieser allumfassenden Gegenwart, die ihr Gott nennt. Der Verstand muß ohne Spannung sein, und was immer die beste Methode ist, ihn von Spannung zu befreien, wäre der weitere Schritt bei richtigem Vorgehen. Tatsächlich ist Prana, oder die geistige Substanz so fein und so sensitiv, daß sie durch die kleinste Kraft abgebogen wird. Habt ihr schon versucht, ein in der Luft fliegendes Stück Watte oder Daunen zu erhaschen? Jede heftige oder rasche Bewegung, um es aufzufangen, jagt es nur weiter fort, aber ein Stillesein, das wäre, wie wenn man es von sich aus zwischen die Finger kommen ließe aus eigenem Antrieb, das würde zur richtigen Technik, es zu fangen. Das ist die annähernste Illustration, die man geben könnte. Es ist auch ähnlich, wie wenn man sich an etwas zu erinnern sucht, das man vergessen hat. Wenn man eine starke mentale Anstren= gung macht, erinnert man sich nicht, aber wenn man das Nach= denken sein läßt, und ruhig aufpaßt, dann erscheint die Idee schnell in das Denken zurück. So ist es mit dem Prana, es wird in den Körper eingeatmet durch Ruhe und Vertrauen. Jede Phase des Verstandes muß frei, und der Körper völlig entspannt sein. Man muß ein Gefühl vollkommener Freiheit und von Ausdeh= nung haben, wie wenn die Zellen des Körpers tatsächlich aus= einandergingen, bis sie fast von einander getrennt sind. Diese Praxis kann fortgeführt werden, bis man das Gefühl für phy= sische Begrenzung ganz vergißt, dann ist man im vollkommen mentalen und physischen Zustand, damit diese universelle Substanz im ganzen Wesen empfangen werden kann. Dann hat sie Zutritt zu allen Zellen des Wesens, und wird zum erhaltenden und belebenden Lebenselement, besonders für den menschlichen Körper. Diese Methode der Kontrolle macht, daß der Körper jung und lebendig bleibt.

5.

Es ist eine erhaltende und belebende Übung, welche den Zellen und Geweben des Körpers erlaubt, sich auszudehnen, und damit dem Körper größere Oxydierung zu geben. Es ist ein vollkommenes geistiges Durchlüften jeder Körperzelle, und ein Zurückführen derselben zu den ursprünglichen Äthern, aus denen sie stammen. Wie man in einem Lichtstrahl die verschiedenen Farben findet, so findet man im Prana die sämtlichen Elemente des Lebens, das heißt die eigentliche Essenz aller geringeren Kräfte. Prana ist nicht Sauerstoff, aber das, was dem Sauerstoff Leben gibt, das eigentliche Leben im Sauerstoff. Es ist das, was der Elektrizität Kraft, dem Verstand Bewußtsein gibt. Mit andern Worten, es ist die Realität, die in allen geringen Kräften existiert, hinter ihnen steht und sie erhält. Sie wird Geist Gottes geheißen in den Schriften. Pranayama — geistiges Atmen — erlaubt die richtige Ausdehnung aller Elemente, die in den Körper für sein Wachstum aufgenommen werden, und infolge dieser Ausdehnung werden alle Elemente oxydiert, oder „gelüftet", wie wir es nennen, wenn wir Sachen der Luft oder der Sonne aussetzen, daß sie aufgefrischt werden. Materielle Dinge werden abgestanden, wenn sie zu eng zusammen verpackt sind, aber, getrennt und der Luft ausgesetzt, besonders wenn Licht durch sie hindurchziehen kann, werden sie aufgefrischt. Genau so wird die ganze Natur erfrischt, neu belebt, ernährt, wenn der Körper entspannt, Seele und Geist befreit, wenn die ganze Natur ausgedehnt wird, um bewußt Prana das ganze Wesen durchdringen zu lassen. Dies ist Pranayama oder die Kunst des geistigen Atmens. Aber Aufmerksamkeit ist das grundlegende Geheimnis der Praxis. Man muß auf die Sonne aufmerksam sein, wenn man den größten Nutzen bei einem Sonnenbad haben will.

6.

Es geschieht durch diese Praxis, daß gewisse Yoghi imstande sind, während bestimmter Zeitperioden die Belebtheit auszu= schalten. Dies ruht das ganze System aus, und erneut es für den Kontakt mit seinem Ursprung, seiner Quelle. Es wird erneut und die ursprünglichen Lebenselemente werden wieder vom Fleisch berührt. In gleicher Weise und mit den gleichen Resul= taten halten wir den Atem auf. Es ist, wie wenn man aus dem Wasser an die frische Luft zurückkommt, nachdem man eine zeitlang untergetaucht gewesen ist. Ein Versuch, Belebtheit oder Atem aufzuhalten, würde buchstäblich gleichbedeutend sein, wie wenn man sich ertränken wollte. Aber sich ausstrecken und entspannen, sodaß man bewußt den lebensspendenden Äther spürt, macht Einen so lebendig, so ganz mit Leben erfüllt und ernährt, daß man den äußeren Atem oder die äußeren Betäti= gungen des Körpers nicht nötig hat, man wird von innen heraus lebendig.

7.

Und so wie diese Übung den Körper belebt, belebt sie auch den Verstand. Der Grund, weshalb Menschen nicht richtig den= ken, liegt darin, daß der Verstand zu gespannt, zusammenge= preßt ist, und nicht frei funktioniert. Unter der Praxis von Pranayama dehnt sich die ganze Natur aus, und arbeitet freier und vollkommener. Es ist so, wie wenn an einer Maschine zu stark angezogene Schrauben gelockert werden, sodaß das Öl durchfließen kann. Dann bewegt sie sich freier. In diesem Fall kommt Erinnerung aus tausend verschiedenen Quellen, und man erinnert sich, was am Anfang gewesen ist. Das kommt ohne jede Anstrengung und alles, was man wissen will, kommt Einem sofort und leicht in den Sinn. Da Prana alles durchdringt, muß eine enge Beziehung bestehen mit dieser Funktion des Ver= standes. Prana gestattet keine Teilung in der Funktion, denn es vereinigt alle Funktionen des Individuums mit dem Universel= len. Es ist natürlich universell und eröffnet den Weg für alle

Betätigungen, Tausende und Abertausende zu gleicher Zeit. Prana ist eine ausstrahlende Energie, die aller Substanz zugrunde liegt. Selbstverständlich ist Substanz in ihrem ursprünglichen Zustand Energie und Energie ist Substanz. Was wir als Energie und Substanz kennen, sind nur zwei Aspekte der einen, primären Energie, und diese primäre Energie ist Prana oder Geist.

8.

Wir können noch richtiger sagen: Prana ist eines der Elemente des Geistes, denn Geist ist nicht bloß Energie, sondern Intelligenz und Substanz. Es ist feiner als Äther. Die westliche Welt definiert Äther als Prana, trotzdem es einen Unterschied gibt in der Feinheit und der Aktion von Prana und von Äther. Der Letztere ist im Entstehen begriffen, während Prana immer aktiv ist. Äther ist werdendes Prana, oder der Offenbarung zuwachsendes Prana. Alle feineren Naturkräfte, wie Elekrizität und die andern sich bewegenden Elemente der Schöpfung sind Unterabteilungen und Vermittler, in welchen und durch welche Prana wirkt.

9.

Wenn der menschliche Körper, oder irgendeine materielle Form sich auflöst, geht er zurück ins Prana, zuerst in die verschiedenen Formen von Energie, und dann zurück ins Universelle und die primäre Kraft. Wenn Prana dauernd im ganzen Wesen des Menschen aufgenommen würde, würde das Fleisch immer neu belebt, mehr und mehr angeregt, mehr und mehr lebendig, und der letzte Feind wäre überwunden. Diejenigen, die Alter und Tod überwinden, sind es, die es durch und mit ihrem Verständnis von Prana tun. Sie bilden ihren Körper neu unter pranischem Einfluß. Das geschieht in leichtem Grad jedesmal, wenn man schlafen geht, oder ausruht, aber wenn man bewußt aufmerksam ist auf die pranische Gegenwart, sich vollständig entspannt in Körper und Seele, dann atmet diese Aufmerksamkeit das immer gegenwärtige Prana in und durch das ganze Wesen; dabei erlangt man den höchsten Grad der Erneuerung von Seele und Körper.

10.

Ihr seht, Intelligenz ist das erste Attribut des Wesens, und die Aktivität des Bewußtseins ist Prana, oder vitale Schöpfer=
kraft, und Substanz ist die Form, durch welche beide schaffen. Intelligenz, Leben und Substanz bilden die Dreiheit des Ele=
ments in der ersten Ursache, wie die westliche Welt sie definiert. Intelligenz ist der w i s s e n d e Aspekt. Leben ist der bele=
bende oder v i t a l e Aspekt. Substanz ist der Aspekt, welcher die Möglichkeit der F o r m hat. Prana wird gewöhnlich so auf=
gefaßt, daß es sowohl Substanz und Lebenselemente einschließt, und diese sind die Vehikel oder Medien, durch welche die Intel=
ligenz sich bewegt, um die erschaffenen Formen zu leiten und zu bestimmen.

11.

Diese primäre Intelligenz, Leben und Substanz sind nun Gott der Allmächtige in Aktion, aber das muß für jeden Einzelnen eine bewußte Tatsache werden. Es kann vom Einzelnen selbst erwählt werden genau so, wie es der Einzelne wählen will.

12.

Der kosmische Strahl, von dem Millikan spricht, ist eine pranische Welle. Man wird neun Unterabteilungen finden von diesem kosmischen Strahl und alle werden deutlich pranisch sein im Anfang. Sie können, wenn richtig angewendet, von großem Nutzen sein. Diese neun Strahlen sind die Emanationen von pranischer Energie, genau wie die sieben Farben Emanationen eines reinen weißen Lichtes sind. Schöpfung ist nur ein Auftei=
len und Wiederzusammenstellen von Einflüssen oder Energien, wie wir sie nennen, welche von den pranischen Äthern ausgehen.

13.

Wenn wir zum Zentrum von irgendeiner Sache gehen, ist sie reines weißes Licht, und das ist das innere Licht, von welchem Jesus gesprochen hat. Es ist das Licht der Erleuchtung. Je größer eines Menschen geistiges Erwachen ist, um so größer ist das Licht. Habt ihr nicht beobachtet, wie jemand, der zu Freude er=
wacht, ein Leuchten um sich hat? Wenn jemand geistig wach ist,

ist das Licht entsprechend hell. Darum malen die Künstler Jesus mit einem Lichtschein um ihn herum. Licht ist Leben. Dies ist das „Licht, welches jeden erleuchtet, der in die Welt kommt", und es ist das Feuer, durch welches die Initiierten der okkulten Schulen hindurch zu gehen hatten, um für die Erleuchtung wählbar zu werden. Das Licht ist ganz um uns herum und es ist eine Emanation der pranischen Äther. Es ist das, was der Anfang und das Ende der Schöpfung ist. Wenn ihr im Licht leben könnt, wie ihr jetzt in eurem Sinnenkörper lebt, werdet ihr unsterblich sein für das Licht, das nie stirbt. Ich bemerkte eine Art Lichtschein in Transjordanien, obschon die Archäologen ganz sicher waren, es sei dort nichts von einer alten Zivilisation. Jene, die dem Licht nachgingen, kamen sehr schnell auf archäologische Überreste und fanden vieles. Das geschah auch in Persien. Wir haben es in der Gobi noch nicht beobachtet. Aber es gibt eine Geschichte, nach welchem das Licht sich auch in diesem Land immer gezeigt hat. Wir haben eine ganze Geschichte tatsächlich, nach welcher das Licht über dem ersten Turm von Babel schien, einem Turm, der aus wirklichem Stein in Form einer Stufenpyramide aufgebaut war. Jedoch wird dieses Licht nur gesehen mit dem Einen Auge, einer solchen Aufmerksamkeit, daß alle Sinne und Fähigkeiten des Menschen nach einer einzigen Richtung zeigen, und diese Richtung muß das sein, was die Schriften „das Licht Seines Antlitzes" heißen.

14.

Das ist das Licht des Neuen Jerusalem, von dem Johannes in seiner Offenbarung redet. Johannes wußte gut, wie das pranische Licht anzuwenden ist. Er dehnte sein Schauen aus, um alles in sich aufzunehmen. Es ist dies natürlich viel höher, als was wir unter Hellsichtigkeit verstehen, obschon Hellsehen eine Phase davon ist, und ein Schritt rückwärts in der Evolution. Hellsehen ist gleich einem Leben in erborgtem Licht eines Anderen, währenddem das wahre Licht, das Licht, das einen Jeden erleuchtet, inwendig in ihm ist.

15.

Wir müssen vorwärts, diesem Licht entgegen gehen, und die niederen Sinne, die uns zurückhalten, oder weghalten von unserem Erbrecht, müssen beiseite gelassen werden. Die begrenzten Handlungen leiten uns weg von der Entfaltung, und von der Anwendung des pranischen Lichtes durch die höheren Sinne. Die psychischen finden sich von selber ein, und werden zu wertvollen Instrumenten, wenn das pranische Licht entfaltet ist. Das pranische Licht schwingt hoch über den psychischen Kräften. Im Weiteren ist Mediumschaft und sogenannte psychische Entwicklung kein Schritt zur Entwicklung des direkten pranischen Lichtes.

16.

Das pranische Licht kann immer angerufen werden, um irgendwelche erniedrigenden Kräfte der Opposition, die sich entgegenstellen, zu überwinden, wie das Licht ins Spiel gerufen werden kann, um Dunkelheit zu zerstreuen. Es kann das Zentrum des „Ich bin" sein. Der Ausspruch „Ich bin die Kraft dieses pranischen Lichtes und ich sende es aus und bringe es hervor, allmächtig", wird den Zustand jedesmal brechen, den widersprechende Kräfte oder Stimmen herbeiführen. Aber es muß die Stimme des Christus=Selbstes sein, welches das wirkliche *„Ich bin"* in jedem Einzelnen ist. Dieses *Ich bin* ist nicht über euch oder außerhalb von euch, sondern es ist das eigentliche Zentrum eures Wesens. Das, was Jesus dachte, als er sagte: „Ich habe nichts, als was da kommt im Namen und durch die Kraft des Christus." Es schließt die höchste Kraft des Prana ein.

17.

Die Transfiguration des Christus fand statt, als das Bewußtsein Jesu aufging in der Erkenntnis, daß Intelligenz, Leben und Substanz in letzter Analyse *Eins* seien und daß dieses *Eine* das war, was er den Vater oder die erste Ursache nannte, das gleich sei den verschiedenen Farben des Spektrums, die alle zum reinen Strahl des Weißen Lichts zurückkehren.

18.

Es gibt nur Ein Bewußtsein, Ein Prinzip, Einen Sinn. Es wird nur kompliziert, wenn wir uns zuviel mit Differenzierungen abgeben, oder anscheinend sich unterscheidenden Funktionen und Attributen. Den Verstand so auffassen, als ob er durch verschiedene Fähigkeiten sich ausdrücke, heißt nur, sich selber zerstreuen und weiter und weiter von der Quelle weggezogen werden. Siehe, dein Gott ist Einer. Mit diesem Einen Gedanken, oder dieser Einen Einstellung, daß die pranischen Kräfte allezeit im Innern, wie auch um uns herum, wirken, werden wir vereinigt, eins mit dem Ganzen. Johannes sagte, daß das, was außerhalb sei, eigentlich im Inneren sei. Er führte es direkt zurück auf die große pranische Kraft, welche immer existiert, und welche immer aktiv ist, und diese Aktion ist die *Eine* Aktion durch die ganze Schöpfung und durch allen Raum hindurch.

ANMERKUNGEN FÜR DEN LEHRER

Kapitel XII

Die vorangehende Lehre, die wir von Mr. Spalding während der Indienfahrt bekommen haben, hat mit einem für jeden Lernenden höchst wichtigen Punkt zu tun. Sie macht die nahe Beziehung bekannt, welche im Denken der Hindu-Gelehrten von der Kalkutta-Universität und andern Gelehrten des Ostens, und der Religion des Orients besteht. Wir nähern uns rasch der Zeit, wo die Mauern der Unterschiede gänzlich aufgelöst und die schließliche Einheit von Religion und Wissenschaft allgemein anerkannt, und die beiden als ein und dasselbe erklärt werden, wenn sie auch manchmal einen Einzelfall von entgegengesetzten Richtungen aus ansehen.

1.

Was ein erfolgreiches Leben anbetrifft, muß klar begriffen werden, daß der Mensch nicht erhalten wird von dem, was er im Allgemeinen als durchaus unentbehrlich ansieht. Sein wirklicher Unterhalt muß notwendigerweise in der Bewegung der Kräfte vorhanden sein, die am Werk gewesen sind, ihn am Anfang zu erschaffen. In diesen Kräften sind alle Elemente, aus denen das sichtbare Universum gestaltet worden ist, und der Mensch kann nur in bewußtem Kontakt mit diesen Ursprungskräften hoffen, erfolgreich das Leben in seinen vollsten Möglichkeiten zu leben.

2.

Der „Kosmische Atem" ist nicht Sache des physischen Atmens, sondern eine Sache des physischen Kontaktes mit den Lebenskräften, welche in den geistigen Äthern um uns herum sich bewegen. Atmen heißt, in unsere Natur die Elemente der Luft aufnehmen, und dann auszuatmen, was der Körper nicht assimiliert. Geistig atmen heißt, im menschlichen Bewußtsein Das empfangen, was in den geistigen Äthern ist, und das kommt durch eine ruhige und tiefe Aufmerksamkeit des Gemütes zustande. Man bringt es oft in Zusammenhang mit physischem Atmen, aber es sollte nicht mit diesem Prozeß verwechselt werden. Was man auch immer betrachte, man bekommt im Bewußtsein Eindrücke davon, und was man immer tut, ist ein Ausdruck dessen, was uns beeindruckt hat. Durch die Aufmerksam=

keit auf die geistigen Äther zieht man ihre Elemente ein in das eigene Wesen, und der ganze Lebensausdruck wird belebt und verstärkt aus der Natur dessen, was die Aufmerksamkeit beschäftigt.

3.

Man sollte nachdenken über die durchdringende Gegenwart aller Kräfte des Daseins, bis man so bewußt wird dieser Kräfte, wie man jetzt bewußt ist der Form. Hier liegt das Geheimnis der Entwicklung von unbegrenzter Macht oder Meisterschaft.

4.

Pranischer Atem ist nicht etwas mystisches oder schwieriges und erfordert keine große Belehrung. Man absorbiert frei und leicht den Sonnenschein, denn es ist in der Natur des Sonnenlichtes, alle Gegenstände zu durchdringen, auf die es scheint. Noch durchdringender sind die vitalen Energien der geistigen Äther. Entspannte, ruhige Aufmerksamkeit ist das Geheimnis.

5.

Physische Spannung ist das Zusammenziehen des Fleisches, welches von mentalen Spannungen herrührt. Mentale Spannungen werden verursacht durch das Studium der anscheinenden Begrenzungen von Form und Umgebung. Eine erweiterte Lebensanschauung befreit das Denken, welches seinerseits den Körper befreit. Schenke deinem ganzen Wesen, jeden Tag, eine gute pranische Durchlüftung, und beobachte das Wachstum jeder Fähigkeit deines Wesens.

6.

Aufhebung der Lebendigkeit ist nicht nur Sache eines bloßen Anhaltens der Prozesse, die im Körper funktionieren. Es ist eine Identifizierung unseres Selbst mit der höheren Aktion, welche mit allen Erfordernissen des physischen Wesens zu tun hat. Das Größere steht immer über dem weniger Großen und erfüllt die Erfordernisse des weniger Hohen. Versuche nicht mit Essen oder Atmen aufzuhören, oder den Herzschlag anzuhalten. Wende dich an die göttliche Gegenwart, bis du spürst, daß sie dein ganzes Wesen neu belebt.

Anmerkungen zu Kapitel XII

7.

Vitalität oder lebendige Energie ist nicht das Resultat von Nahrung oder Atem. Sie ist die Betätigung der Lebenskraft im Universum, welche das Wesen des Menschen neu belebt.

8.

Geist ist die Betätigung der ganzen schöpferischen Maschinerie des Universums; er ist Gott in Aktion. Diese Aktion schließt in sich alle Elemente in der Natur Gottes und enthält also alle Elemente, die mit der Schöpfung zu tun haben.

9.

Tod und Zerfall ist nur der Mangel an Belebung aus der eigenen Lebensquelle, so sind es auch Mißerfolg und Armut.

10., 11.

Die universelle Ursache weiß, was sie tut, und weiß auch, was du zu tun hast, um ihre Zwecke zu erfüllen. Eine immerwährende Aufmerksamkeit auf alle Betätigungen des Geistes ist Wissen, und die Macht dazu haben, danach zu handeln.

12., 13.

Licht ist Leben, aber es gibt höhere Formen von Licht, genau wie es höhere Formen von Äther und Energie gibt. Nur derjenige, der die Gegenwart Gottes in Praxis umsetzt, kann genau wissen, wie dieses Licht ist, aber wer sich tiefer Meditation hingibt, bekommt manchmal einen Schimmer davon.

14.

Wahres Hellsehen — klare Vision — heißt nicht, Gestalten und Formen sehen, sondern es ist das Wahrnehmen des Gemütes, das sieht und die wahre Aktion des Geistes kennt.

15.

Warte nicht, um alles zu tun, was du Überwinden nennst, ehe du dich würdig erachtest, den Pfad zu betreten, der zur Erleuchtung führt. Gehe ins Licht und lasse wegbrennen, was falsch ist. Lasse deine Fehler gehen, deine Krankheiten, deine unerwünschten Zustände. Schaue dem Licht entgegen, und diese Zustände sind nicht mehr!

16., 17.

Pranisches Licht oder geistiges Licht sind nicht etwas schwer Erreichbares, nicht mehr, als physisches Licht. Es kommt euch immer entgegen und wirkt ebenso rasch durch eure höchsten Ideale wie durch die unbedeutensten Notwendigkeiten, mit unendlicher Schnelligkeit, wie das physische Licht augenblicklich durch jede Öffnung, weit oder eng, strahlt.

18.

Alles zur Einheit zurückführen vereinfacht das ganze Leben und den geistigen Fortschritt.

XIII

Die Quanten-Theorie

1.

Die Prinzipien der Physik schließen in sich das Studium der Quanten=Theorie. Es ist die Theorie der Energieverteilung in der Natur. Sie wurde in der Universität Berlin entwickelt, her= vorgegangen aus der Erforschung der Ausstrahlung von schwar= zen Gegenständen. Diese Forschung führte zur Folgerung, daß alle Formen eine definitive Energie ausstrahlen, und daß es in der Welt eine unbelebte Masse nicht gibt. Jede Form hat in sich einen gewissen Grad von Energie und diese Energie ist eine bestimmte Emanation der Energie, welche den unendlichen Raum erfüllt. Das Maß der Energie, die von jeder Form aus= strahlt, steht in direkter Proportion zum Zusammenhang, den sie mit der universellen Energie hat.

2.

Genau wie ein Pendel in langem oder kurzem Bogen schwingt, je nach der Kraft, die angewendet wurde, um es zum Schwingen zu bringen, so halten alle Formen die Menge der Energie in sich in genau dem gleichen Grad, wie sie die Energie erhalten, welche sie hervorgebracht hat. Wenn das Pendel still steht, geschieht es, weil die antreibende Kraft aufgehört hat, es zu beeinflussen. Stoff wird weniger und weniger aktiv, im gleichen Maß, wie er seinen Kontakt verliert mit der ursprünglich antreibenden Kraft,

welche ihn in Bewegung gesetzt hat. Wenn diese Energie auf=
hört in dieser Form zu wirken, so löst sich die Form auf.

3.

Metaphysisch hat das sehr große Wichtigkeit für die Men=
schen der westlichen Länder. Die Bewegung in den Vereinigten
Staaten kam in eine Depression, und alles, was das zu bedeuten
hat, hatte tatsächlich keine Grundlage. Das heißt, er war auf
eine Halbwahrheit aufgebaut. Es besteht eine Grundlage für
unsere Metaphysik, aber diese Grundlage wurde übersehen und
mißverstanden bei den Meisten ihrer Vertreter in den Vereinig=
ten Staaten. Alles dies soll besprochen werden in unserer Be=
trachtung der Quanten=Theorie.

4.

Die Welt des Ostens, die höher denkt, hat die Tatsachen ge=
kannt, welche in der Quanten=Theorie dargestellt werden. Sie
haben, in der Tat, nur mit einem Faktor zu tun, mit der Univer=
salität aller Dinge, und folglich, da sie sich mit dieser einen Tat=
sache befassen, haben sie eine definitive Basis sowohl für Wis=
senschaft, als für Metaphysik. Die Psychologie der westlichen
Welt ist ein reines Kinderspiel. Wo immer man mit Abteilungen
von mental, materiell und physisch sich abgibt, ist man gezwun=
gen, mindestens 75% der Berechnungen auf Theorie zu begrün=
den. Teilung ist nicht Einheitlichkeit, und Einheitlichkeit ist nicht
Teilung, und die Grundlage einer Schöpfung ist eine Einheit. „Ich
bin, der ich bin, und es ist kein anderer neben mir", das ist die
ewige Erklärung der Tatsache, welche die Einheit aller Dinge
ist. Die direkte Verletzung dieser fundamentalen Einheit liegt
in der Auffassung, daß die Vernunft Phasen oder Eigenschaf=
ten habe, während sie in Wahrheit eine einzige Einheit ist,
nicht nur so in jedem Einzelnen, sondern wie sie im und vom
Universum existiert. Materielle Form ist nicht etwas vom Uni=
versum Isoliertes und Unabhängiges, sondern ist eins mit und
in der Universellen Substanz. Der physische Körper ist nicht
eine isolierte Phase des schöpferischen Systems, sondern ist in

der Universellen Energie und eins mit ihr. Diese fundamentale Einheit verletzen, heißt sich selber in einen hypnotischen Zustand versetzen, wo man scheinbar ein abgetrenntes Wesen ist, und man schneidet sich also weg, devitalisiert sich und zerstört schließlich die Fähigkeit, sich weiterhin auf dieser Ebene zu offenbaren. Den Zusammenhang des Sichtbaren mit dem Unsichtbaren verneinen, heißt, sich selber direkt aus dem Körper heraus und in das Unsichtbare hinein drängen.

5.

Die östliche Philosophie ist ganz und gar nicht auf eine definitive wissenschaftliche Tatsache oder auf ein wissenschaftliches Prinzip begründet. Das ist die gleiche Idee, welche Einstein mit seiner Quanten=Theorie bringt. Er hat sie mit viel größeren Beweisen belegt, als es irgend ein Gelehrter der westlichen Welt getan hat. Manche sagen, daß hier die Spaltung sei zwischen Wissenschaft oder Physik und dem wahren religiösen Gedanken.

6.

Der östliche Mensch geht gar nicht an die Dinge des religiösen Denkens heran im Sinne einer Theorie. Tatsächlich beweist er, daß es keine Theorie ist. Damit erfüllt er diese Tatsache, und auch die mit ihr in Beziehung stehenden Möglichkeiten. Man sieht nie die östlichen Philosophen über irgend etwas eine Theorie aufstellen. Ihre Basis liegt immer in der Tatsache. Es ist natürlich nicht bloß Tatsache, weil sie es als solche erklären, sondern weil es in der Tat eine wissenschaftliche Basis hat. Diese Tatsache wurde klar geoffenbart von Christus, wenn er sagte: „Ich und mein Vater sind Eins", und damit seine Einheit mit dem Ganzen festhielt. Das ist die Basis, aus welcher alles erfolgreiche Leben sich entwickeln muß, und Jeder beginnt die Energie, die ihn ins Leben rief, erst in dem Grade auszustrahlen, als er diese Einheit aufrecht erhält. Das ist die Basis der Quanten=Theorie, angewandt vom Standpunkt reiner Religion oder reiner Metaphysik. Und aus diesem Grunde legen die östlichen Philosophen soviel Aufmerksamkeit auf die

Quanten=Theorie. Sie sehen die Wissenschaftler der Welt zu=
rückkehren zur Basis ihres eigenen Religions=Gedankens, den
sie seit Tausenden von Jahren erhalten haben.

7.

Einstein trat nicht gleich hervor und sagte, alles sei Geist.
Infolgedessen wurde Nachdruck gelegt darauf, daß das Physische
oder Materielle nicht eine Tatsache sei; aber er zeigte, daß es
auf einer gemeinsamen Bestimmung begründet ist. Er stellte es
fest als ein allgemeines Prinzip, das alle Physik, wie er sagte,
miteinander in Beziehung brachte, unter einen Hut brachte. Das
ist genau, was der höhere östliche Gedanke schon längst festge=
stellt hatte, daß es nur ein einziges Prinzip, eine einzige wissen=
schaftliche Basis gibt, und daß diese Basis diejenige des Da=
seins ist.

8.

Nun geht die westliche Welt nicht zurück und folgert aus die=
sem Prinzip heraus. Sie arbeitet sich zu diesem Prinzip heran
aus dem Äußeren, und das ist infolgedessen nicht notwendiger=
weise eine richtige Form der Folgerung; das heißt, ihre Form des
Folgerns ist nicht wahres wissenschaftliches Folgern. Alles wahre
Folgern arbeitet sich heraus vom Prinzip zu seiner Manifesta=
tion, und nicht von der Manifestation zurück zum Prinzip. Stellt
euch vor, ihr versucht ein Problem auszuarbeiten, indem ihr
rückwärts schließt oder versucht, rückwärts zum Prinzip zu
schließen, indem ihr Größe, Gestalt, Form und allgemeinen Auf=
bau einer Summe von Figuren studiert. Die Leute der westlichen
Welt tun genau dies mit ihrem Versuch, das Rätsel des Lebens
zu lösen. Mit diesem Prozeß werden sie höchst mental, oder
wie wir sagen, intellektuell. Und wie wir schon wissen, ist ihr
intellektuelles Wissen immer revisionsbedürftig, denn es be=
weist sich nicht von selber. Darum sagte einer unserer modernen
Gelehrten, alle früher als die letzten zehn Jahre geschriebenen
wissenschaftlichen Bücher müßten verbrannt werden. Die Welt
des Ostens wird über das Intellektuelle oder das gewöhnlich
Intellektuelle empor gehoben. Natürlich ist das Wahre Prinzip

und die Wahre Vernunft aus der Basis der einen Tatsache heraus die höchste Form des Intellekts. Aber die Hypothese, die die Welt des Ostens aufstellt, stellt sie auf eine richtige intellektuelle Basis, indem sie sie zur klaren Auffassung bringt.

9.

Der Intellekt der westlichen Welt umfaßt einen weiten Raum, kommt aber zu keinem absoluten Schluß in ihren Hypothesen oder Theorien. Alle Wissenschaft der westlichen Welt ist auf dieser Hypothese oder Theorie aufgebaut. Die Menschen der westlichen Welt hätten fortschreiten können bis zu dem Punkt, wo sie die Existenz gewisser bestimmender Faktoren erkennen, aber sie gehen nie direkt zum einfachen Nenner des Einen Prinzips, wenn sie sich mit Tatsachen abgeben. Die Philosophen des Ostens haben ihre Prämissen immer auf eine natürliche Tatsache aufgebaut. Und hier haben wir die Quanten=Theorie, eine universelle Tatsache, aus welcher alle Form hervorgeht und wirkt als belebende Kraft der erschaffenen Form — die universelle Verteilung der Energie.

10.

Der Unterschied zwischen der Auffassung des Hindu und der Theorie des Monismus besteht darin, daß der Letztere alles verleugnet, außer der blinden Naturkraft oder Schöpfungs=Kraft. Der Hindu hat diese immer betrachtet als eine aktive intelligente Kraft, die weiß, was sie tat, eine energische Kraft, und eine Kraft, welche eine intelligente Schöpfung zustande brachte, welche einem intelligenten Endziel entgegenstrebt, und daß Jeder, der mit der Intelligenz dieser Kraft zusammen schafft, alle Dinge durch sie tun kann.

11.

Der schwierige Punkt der ganzen Sache ist also richtiges Wissen. Was wir Wissen genannt haben, ist vorbei. Das wahre Wissen ist außerhalb unserer Sinne. Die wahre Basis des Wissens ist das Wissen von der treibenden Kraft und den Zielen, denen sie entgegenschafft, denn es liegt in dieser Bedeutung, oder dem inneren Sinn der Richtlinie der bewegenden Kraft des Universums, welche alle Dinge in die Existenz gebracht hat und alle Dinge in Existenz bringen wird durch den Einzelnen, der den Zweck begreift und in Harmonie mit ihm schafft.

12.

Das wahre Wissen kommt durch Samadhi oder Schweigen. Es kommt durch ein inneres Erfühlen oder intuitives Wissen. Das ist in Wirklichkeit, was wir Verstehen heißen. Bei allem, was ihr erlangt, erlangt Verständnis. Wenn wir dem gehorchen, was wir innerlich fühlen, ist die Erfüllung erlangt, und dann haben wir richtiges Wissen, denn es ist begründet auf der Auswirkung des Prinzips. Das ist die Art und Weise, wie alles richtige Wissen uns zukommt, nicht nur in geistigen Dingen, sondern in Bezug auf die Prinzipien, die wir jeden Tag anwenden. Wir entdecken bestimmte Prinzipien, wenden sie an; Resultate folgen und aus diesen Resultaten gestalten wir unser Wissen.

13.

Wenn man dieses Wissen ganz aus dem Bereich der Hypnose herausnimmt, so gelangt man zur grundlegenden Tatsache oder zur Wahrheit. Wissen existiert nicht notwendigerweise in der grundlegenden Tatsache. Die Tatsache existiert vorher, und ist größer als das Wissen. Wissen, sagt der Hindu, kommt direkt aus dem Ausdruck der grundlegenden Tatsache.

14.

Wenn die Bibel sagt: „Das Fleisch hat keinen Nutzen", heißt das nicht, das Fleisch sei nichts. Aber es hat keine Realität außer derjenigen, die vom Geist ist, welcher es hervorgebracht hat. Das Fleisch bringt nichts hervor, denn es ist hervorgebracht worden. Fleisch ist Geist in Form, wie sie sagen. Sie machen keinen Unterschied zwischen Fleisch und Geist, materiell oder geistig. Infolgedessen ist alles ein und dasselbe für sie, und hier

gelangen sie zur Vollendung. Das Wort, das zu Fleisch gewor=
den ist, ist die wahre geistige Form.

15.

Wenn der Geist in geoffenbarter Form wirkt, gehorcht er
einer Offenbarung des Gesetzes. Wenn man dieses Gesetz
kennt, kann man den Geist definitiv erkennen. Wie Paulus sagt:
„Der Glaube ist Geist=Substanz." Das heißt, der Glaube, der
wissend geworden ist, ist lauter Substanz. Ihr wißt, anstatt daß
ihr Glauben habt. Hier ist es, wo Sanskrit nie fehl geht. Diese
Tatsächlichkeit des Geistes, der zuerst Glaube und dann Wissen
ist, erschafft. Durch diese Tatsächlichkeit erschaffen die Men=
schen jederzeit, nicht durch ihre Sinne, oder durch den Sinn des
Materiellen oder Physischen, sondern durch alle Geist=Substanz.

16.

Der Glaube ist ein aktives Prinzip der Vernunft. Vernunft
wirkt ein auf das innere Wissen, Verständnis reift zum Wis=
sen, oder wird zu absolutem Wissen. Geistige Intuition ist
direktes Wissen; sie eignet sich unendliches Bewußtsein direkt
aus seiner Quelle an. Diese Macht des direkten Wissens ist
jedem Individuum angeboren. Mancher offenbart es früh im
Leben, hauptsächlich weil er weniger hypnotisiert ist. Das heißt,
je weniger man dem anscheinenden Wissen der Rasse unter=
worfen (ist) wird, welches allezeit Unwissenheit ist, umso
rascher befolgt ein Solcher das, was er instinktiv weiß und was
er als wahr empfindet. Es ist immer im Menschen und muß her=
vorgebracht werden.

17.

Jesus sagte: „Ich habe nichts als das, was kommt im Namen
und der Macht des Christus", womit er sich immer in direkte
Rezeptivität zu geistiger Intuition stellte. Was Jesus tat, war
wirklich eine Lehre, wie Jedermann in jeder Phase seines Lebens
vorgehen müßte. Daß man eins werden könnte mit dem Vater,
wie auch Er eins war mit dem Vater; und dieser Kontakt geschah
immer durch den Christus, das Wort Gottes, das die innere Tat=

sache aller Menschen ist. „Christus ist alles und in Allem", und Christus ist die innere Realität jedes Einzelnen.

18.

Es gibt nur eine Art von Intuition, wie es auch nur eine Art des physischen Sehens gibt. Man kann mit den Augen nach irgend etwas schauen, was man will, und man entdeckt es. Man kann nach Schönheit schauen, und nach Häßlichkeit, und man wendet das gleiche Sehen an. Das Eine ist wünschenswert. Ihr könnt eure Intuition dazu erziehen, das entscheidende Prinzip zu suchen und seine Auswirkung; ihr könnt es nach den physischen Ebenen hinleiten und herausfinden, was dort vor sich geht; oder man kann es dazu anhalten, sich auf den Nachbarn zu richten, und kann seine geheimen Gedanken und seine Motive entdecken. Aber jedes Einstellen der Intuition in eine andere Richtung als diejenige, die Prinzipien und ihre Wirkungen zu entdecken, heißt diesen Sinn pervertieren, zurückstellen hinter allen Sinnen, und das Resultat ist Hypnose, denn es verdunkelt die klare Auffassung des Betreffenden. Der einzige Weg, jeder Art von Hypnose auszuweichen, ist, die Intuition in die Wege des direkten Wissens zu leiten. Das ist der Pfad des Lichtes, und jede Perversion des Intuitions=Sinnes ist der Pfad der Dunkelheit.

19.

Die alte Theorie des Okkultismus, die sagt, daß die Sinne zerstört oder getötet oder aufgehoben werden müssen, ist nicht in Übereinstimmung mit den Lehren der reinen Hindu=Philosophie. Sie sagen, alles sei Geist, daß die Sinne Geist, aber in dieser Weise anzuwenden seien, und ihre wahre geistige Bedeutung müsse gewahrt bleiben. Sie werden zu Wegen für den Ausdruck dessen, was die Intuition als vom Geiste herkommend erfaßt. Dieses direkte Wissen ist auch direkte Offenbarung. Wenn wir die Tatsache anerkennen würden, welche im Prinzip manifestiert wird, würde eine solche Tatsache uns sogleich offenbar. Es ist genau so leicht. Der Mann der westlichen Welt hat es bloß ertränkt in Kompliziertheiten.

20.

Wenn man die Natur dessen, was ihr Stoff nennt, als reine Geist-Substanz erkennt, kann man gleich sehen, warum dies wahr sein muß. Die Hindus sagen: „Drücke den Würfel zusammen und du hast eine andere Substanz, dehne ihn aus und du hast eine andere Substanz." Man definiert dies nicht als materielle oder physische Substanz, wie man auch bei Zusammenpressen oder Ausdehnen die Natur des Würfels nicht ändert, sondern nur die relative Position seiner Atome. Wasser oder Eis ist ebensoviel H^2O, was auch seine Form sei, und diese Kraft der Ausdehnung und Zusammenpressung seine vierte Dimension. So ist auch die Möglichkeit, etwas aus einer Gestalt in eine andere auszudehnen durch einfaches Neu-Arrangieren seiner Atome, seine vierte Dimension, und verändert den innewohnenden Charakter nicht. Wenn alle Dinge aus geistiger Substanz gemacht worden sind, dann gibt es keine Trennungslinien zwischen dem, was wir Geist genannt haben und seiner Offenbarung. Nur wenn der Mensch in einem Zustand der Hypnose ist, bildet er sich ein, es gebe noch etwas außer der Einheitlichkeit aller Dinge und der Einheit aller Dinge. Durch diesen hypnotischen Zustand übt er falschen Einfluß aus auf die Form, und diese Verunstaltungen sind Erzeugnisse seiner eigenen Unwissenheit.

ANMERKUNGEN FÜR DEN LEHRER

Kapitel XIII

1., 2.

Die Lehre, die sich in dieser Erklärung der Quanten=Theorie findet, bietet ungewöhnliche Gelegenheit, dem Denken des Einzelnen die Tatsache einzuprägen, daß aller Mangel zurückzuführen ist auf sein Abtrennen von der ursprünglichen ersten Ursache. Wie ein Motor anhält, wenn er abgetrennt wird vom elektrischen Strom, oder wie das Licht ausgeht, wenn man den Strom abdreht, so hört der Mensch auf zu funktionieren, im gleichen Grad, wie er sich loslöst vom Geiste Gottes.

3.

Wenn es zur Frage kommt, ob man die Welt durch Gedankenkraft in die Hände bekommt, indem man versucht, es durch Anwendung von Affirmation zu beweisen, erschöpft man früher oder später die Möglichkeit des Erfolges. Nur durch tiefes Meditieren über die Einheit aller Dinge, des Menschen Verbindung mit Gott, wird des Menschen Kraft so erhöht, daß er zur Machtstellung zurückkehrt, die ihm von Rechtswegen angehört. Der Mensch kann aus sich selbst nichts tun. Es ist der Geist, der belebt, und wenn Denken und Natur wieder durch den Geist neu belebt werden, werden seine Worte und Handlungen lebendig, und erst dann bewegt er sich machtvoll.

4., 5., 6., 7.

Es ist für den Menschen ein großer Unterschied, ob er von einer wahren, einer angenommenen, oder einer falschen Hypothese ausgeht. Die Folgerungen, zu denen er mit seinen Berechnungen gelangt, hängen ab von der Grundlage oder dem Prinzip, von dem er ausgeht. Wenn diese Grundlage falsch ist, muß die Schlußfolgerung falsch sein. Da die Schöpfung im Großen Universellen Ganzen begann, kann der Mensch keinen wesentlichen Ausgangspunkt für seine eigenen Betätigungen finden, außer dieser Basis. Man kann seinen eigenen Gedanken nicht an ein Prinzip anpassen, sondern muß sich selber der Bewegung dieses Prinzips anpassen, und seine Gedanken müssen aus diesem Prinzip heraus entwickelt werden. Die Handlung muß ihrerseits diesem gleichen Prinzip entsprechen, nur dann

Anmerkungen zu Kapitel XIII

kann er auf hervorgehende Resultate hoffen, die mit seiner fundamentalen Natur übereinstimmen.

8., 9.

Die Abschnitte 8 und 9 schließen den Unterschied zwischen wahrem und falschem Denken, zwischen intelligenter und falscher Logik ein. Unsere Vernunft ist vollständig falsch eingestellt, wenn wir nur vom Äußeren her arbeiten, oder wenn wir bloß für äußere Resultate arbeiten, von denen wir hoffen, daß sie unserer eigenen Auffassung der Dinge entsprechen werden. Es besteht eine festgesetzte Ordnung im Universum, und wir können nur dann auf befriedigende Resultate hoffen, wenn wir dieser natürlichen Ordnung der Dinge folgen.

10.

Die Kraft, welche das Universum plante und erschuf, kann nicht als unintelligente oder blinde Kraft betrachtet werden, welche ohne bewußte Richtlinie vorwärts gehen würde. Elektrizität muß in unseren Alltagsdingen kontrolliert werden, sonst hätten wir kein Licht, keine Wärme und keine Kraft von ihr. Elektrizität ist an und für sich eine blinde Kraft, aber wenn sie der Kontrolle der Intelligenz unterworfen wird, bringt sie konstruktive Resultate. So muß alle schöpferische Kraft im Universum der Weisung der Intelligenz unterworfen werden, sonst hätte es nie eine geordnete Schöpfung geben können.

11., 12., 13.

Richtiges Wissen kommt aus dem so völligen Stillewerden, daß man in sich die Bewegung der universellen Kräfte spürt, den Geist Gottes. Seine Aktion wird nicht nur zu einem belebenden Einfluß, sondern erweckt ein Verständnis im Denken des Menschen. „Die Inspiration des Allmächtigen gibt Erkenntnis." Genau, wie man zuerst den Prozeß des mathematischen Prinzips verstehen muß, durch ruhige Unterwerfung unter die Regel, muß man die Auswirkung des Göttlichen Prinzips betrachten, ehe man seine Wirksamkeiten erkennen kann. Wissen ist die Zusammenstellung von Ideen, und wahres Wissen wäre das Resultat unserer Einsicht, wie der Geist Gottes offenbar geworden ist. Wissen kommt bei der Vollendung eines Prozesses. Verständnis entdeckt den Weg, der zu Resultaten führt.

14.

Weder Verstand noch Stoff haben irgendwelche Kraft zum Hervorbringen oder Erschaffen. Die Kraft des Hervorbringens liegt in der Vernunft oder dem Geist. Es ist der Geist, der belebt. Gedanken festhalten und den Körper antreiben, reibt den Menschen nur auf. Das Leben wird erneut, und die Kraft wird erweckt durch die Verbindung mit dem Geiste.

15., 16.

Der Glaube ist das Mittel, welches das Prinzip erkennen und anwenden läßt. Erstens gibt der Glaube dem Dasein ein Ausruhen von der eigenen Betätigung und damit einen neuen Impetus. Zweitens bezieht er sich auf diesem Impetus so lange, bis er Resultate bringt. Der Glaube ist eine Art von mentalem Transformer, durch den unerledigte Sachen, oder ungeoffenbarte Kräfte in Manifestation gebracht werden.

17.

Das Geheimnis der Macht Jesu lag in seinem vollständigen Vertrauen auf das, was er in seinem innersten Wesen verspürte, was er den „Vater im Inneren" nannte. Das Gesetz Gottes ist in eurem Inneren aufgeschrieben und der Gehorsam im Äußerem Dem, was im Inneren antreibt, heißt, die inneren Fähigkeiten in äußere Manifestation bringen. Das, was die tiefste Seite der Natur des Menschen bewegt, ist die inwendige Aktion des Universellen Prinzips.

18.

Die Intuition ist nur einer der Wege, auf welchem Bewußtsein verstärkt werden kann. Durch Intuition gewinnt man die inneren Tatsachen des Lebens. Eingestellt auf die Allwissenheit Gottes, oder die allumfassende Intelligenz, kann der Mensch alles und jedes, jede Situation vom Standpunkt des absoluten Wissens aus erkennen.

19.

Die äußeren Sinne sind Ausgangsstellen oder Wege, durch welche wir inneres Wissen in der äußeren Welt kundgeben. Die äußeren Sinne sollten nicht verachtet oder zerstört werden. Wenn man es tut, zerstört man die Ausgänge in die Welt. Seht zu, daß die Funktion eures ganzen Wesens zusammenpaßt mit den innersten Tendenzen eurer Natur, bis ihr das ausdrückt, was ihr vor dem Angesichte Gottes seid.

20.

Die Natur aller Dinge kennen, nicht abgetrennt, oder in isolierten Abteilungen, sondern als ein und dasselbe Ding auf verschiedenen Stufen des Fortschrittes, heißt die Macht und Herrschaft besitzen, die einem gehört, als einem Produkt der Einen Ersten Ursache.

XIV

Resume

Während dieser Reise haben wir uns Mühe gegeben, dem Studierenden mehr zu geben von den tatsächlichen Lehren und Praktiken der Meister, als die von ihnen ausgeführten Phänomena zu beschreiben. Wir haben kein großes Gewicht gelegt auf unsere wirklichen Kontakte in Indien, aber von unseren Reisen und Kontakten ist genug herausgegeben worden, um Personen zufrieden zu stellen, welche Etliches von der Reise selber zu hören gewünscht haben. Sollten wir alle Erlebnisse und Erfahrungen erzählen, die wir bis jetzt angetroffen haben, so bliebe weder Zeit noch Raum übrig, daß diese wichtige Instruktion gegeben werden kann, welche dem Lernenden hilft, in eigenen Erfahrungen das zu erleben, was die Meister leben und beweisen. Der Studierende ist im Durchschnitt mehr interessiert an der Philosophie und Wissenschaft, welche die Meister anwenden. Nur durch solches Wissen kann der Einzelne erkennen lernen, wie er vorgehen muß, um seine eigene Meisterschaft zu erlangen. Im übrigen sind die wunderbaren Handlungen und die Art und Weise wie die Meister leben, zweifellos genügend beschrieben worden in den 3 Bänden „Leben und Lehren der Meister im Fernen Osten".

Diese Reise hat uns viel praktisches Wissen gebracht, und es ist jetzt unser Zweck, die Hauptpunkte noch einmal vor Augen zu bringen, so daß sie sich im Denken des Schülers her=

ausheben. So kann er eine klar definierte Arbeits=Basis haben, von der aus er anfangen kann, sein Leben entsprechend diesen Motiven neu aufzubauen, welche die Erleuchteten zur Meister=schaft geführt haben. Meisterschaft ist eine Möglichkeit für Jedermann, aber dieser Zustand wird nicht erreicht durch Lesen, Studium oder Theoretisieren, sondern indem man wirklich das Leben lebt, das die Meister leben.

Es ist klar gesagt worden, daß das Leben, wie es der Durch=schnittsmensch lebt, hypnotisch ist; das heißt, die Mehrzahl der Männer und Frauen leben gar nicht das Leben, wie es vor=bestimmt gewesen ist. Nicht ein Einziger in einer Million er=laubt sich die Freiheit, so zu leben, wie er innerlich spürt, daß er leben müßte. Er ist unter die Auffassung der Welt über sich selbst gekommen, und dieser Auffassung gehorcht er, anstatt dem Gesetz seines eigenen Wesens. In dieser Hinsicht und in diesem Grade lebt er unter einem hypnotischen Bann. Er lebt unter der Täuschung, daß er nur ein menschliches Wesen sei, in einer nur materiellen Welt lebend, und er hofft, ihr nur zu entfliehen, wenn er stirbt und in den sogenannten Himmel ein=geht. Das ist nicht die Bestimmung, die im Plan und Zweck des Lebens vorgesehen war. Gehorsam der eigenen inneren Natur, den Lebensausdruck, wie man ihn instinktiv fühlt, sollte ausgedrückt werden, das ist die wahre Grundlage des Lebens, welches die Meister offenbaren als die einzig richtige Art zu leben.

Nun ist der Unterschied zwischen den Lehren und Praktiken der Meister, und denen der Fakire der, daß der Fakir nur den hypnotischen Zustand des Gemütes intensiver macht. Ferner sind falsche und materielle Bilder dem empfänglichen Gemüt der Leute so eingeprägt worden, daß sie von Neuem noch in weitere hypnotische Zustände fallen. Die Meister sagen: „das, was äußerlich ist, existiert gar nicht", und damit wollen sie sagen, daß die Erscheinung nicht eine Realität des Lebens sei. Die Realität des Lebens ist das, was aus dem eigentlichen Zen=trum des Wesens eines Jeden hervorgeht. Sie suchen auf alle Arten ihr Denken von den Eindrücken der Welt zu klären, und sitzen während langen Perioden in Samadhi — in der Stille — damit sie genau diese innere Richtlinie der Natur erkennen. Ihre nächste Anstrengung der Natur geht darauf, die Bewegung, die sie in sich entdeckt haben, in Gedanken, Wort und Handlung zu leben. Wahre Meisterschaft heißt, den Anweisungen des inneren Lehrers nachzuleben, dem inneren Selbst, und nicht den Meinungen der Welt.

Auch unterscheidet sich die Methode der Fakire nicht weitgehend von den Lehren und Praktiken der metaphysischen Welt des Westens. Das Zusammenfassen der Gedanken von Lehrern und Büchern, und das Einbauen derselben in die bewußte Natur unseres Wesens, führt zu einer falschen Einstellung, welche zum großen Teil hypnotisch ist. Schon das Umstellen des eigenen Bewußtseins auf den Gedanken, die Andere entwickelt haben, übertragen auf den Betreffenden einen unrichtigen Zustand. Den Körper, die Geschäfte in Behandlung nehmen, auf das Innere des Körpers sich konzentrieren, damit die Zentren erwachen, oder die Funktionen, drängt den Betreffenden nur weiter aus seiner wahren Lebensstimmung heraus, und „der letzte Zustand dieses Menschen ist schlimmer als der erste". Von außen her empfangene Belehrung muß in die Mentalität aufgenommen, assimiliert, analysiert, mit den tiefsten Faktoren der eigenen Natur verglichen werden, damit man entscheiden kann, ob sie dem eigenen Selbst getreu sind Man konsultiert am besten das Selbst zuerst, und gewinnt so das äußere Wissen aus erster Hand. Die erste Methode ist langsam, und verlangsamt den eigenen Fortschritt, während die zweite rasch und befreiend ist. Beobachte den Unterschied, wenn du nach den Instruktionen eines andern handelst und wenn du dem folgst, was du instinktiv als das Richtige spürst. Schon dies allein sollte uns lehren, daß der Weg des Lebens von innen heraus geht.

Die Kräfte der Meister sind schweigend, und das ist der hauptsächliche Grund für die schweigende Natur der Meister. Dies ist die Art, wie sie in Harmonie mit dem Leben selbst verbleiben. Sogar unsere eigenen Schriften lehren, daß eine große

Zahl von Worten nicht ohne Sünde sei. Nur wenn wir in Harmonie mit Dem reden, was wir innerlich fühlen, geben wir uns selbst hin in die vollkommene Harmonie mit der wahren Lebensbestimmung. Habt ihr schon bemerkt, daß, wenn ihr sagt, was ihr fühlt, und wenn ihr tut, was ihr als richtig fühlt, ihr dann frei seid? Ebenso, wenn ihr sagt, was nicht die Sanktion eurer innersten Gefühle hat, spürt ihr, daß dies die Philosophie des Nicht=Widerstandes, wie sie von Gandhi vertreten worden ist, und wie sie in Hindu=Lehren vorherrscht, ist. Christus hat diese Lehre hervorgehoben. Wenn man spricht oder handelt in einer Weise, die nicht in Harmonie mit dem eigenen Inneren ist, erschafft man Widerstand, und dieser Widerstand ist der Einfluß von hypnotischen Praktiken. Er verengt die Natur des Menschen und hält ihn ab davon, das auszudrücken, was er wirklich ist. Dieser Widerstand erhebt sich nicht nur in seiner eigenen Natur, sondern sobald er den Andern bemerkbar wird, fügen sie noch Weiteres hinzu zu diesem Widerstand; durch diese Praxis wird die ganze Welt in Dunkelheit erhalten. „Der Vater, der ins Verborgene sieht, wird es dir lohnen öffentlich." Niemand widersteht den Ausstrahlungen reiner Freude, auch wenn man selber sehr traurig ist; aber versuche, zu Andern von Freude zu reden, und sie nehmen es übel. Sage einem armen Menschen, er brauche nicht arm zu sein, und sehr wahrscheinlich wird er es übel nehmen und alle möglichen Ausreden geben, um seine Armut zu entschuldigen; aber bringt ihn unter den stillschweigenden Einfluß von Wohlstand, und seine ganze Seele wird sich öffnen. Versuche, zwei Menschen zu trennen, die streiten, und sehr wahrscheinlich werden sie dich angreifen, aber strahle aus deinem Inneren den Gedanken an Frieden aus, und es ist mehr als wahrscheinlich, daß sie deine Idee des Friedens erfassen und mit Streiten aufhören. Die Doktrin des Nicht=Widerstandes ist nicht passiv, sondern sie ist eine dynamische Ausstrahlung des inneren Selbstes.

Soziale Reorganisation und ökonomische Reform muß hervorgehen aus dem erwachenden Bewußtsein des Menschen. Man kann nicht Gesetze oder Regeln aufstellen, welche über Menschen herrschen sollen, die unter dem Bann von Hypnose stehen. Du kannst nicht die Gedanken und Motive des Menschen organisieren, ehe sie gegenseitig sich einigen. Es ist auf diesem Gebiet, wo alle Differenzen entstehen. Ein Mensch ist selbstsüchtig, ein Anderer ist selbstlos. Einer ist erfolgreich, ein Anderer erfolglos. Einer hat ungewöhnliche Kraft und Geschicklichkeit, während ein Anderer schwach und unfähig ist; einer denkt nur an sein materielles Wohlbefinden, und ein Anderer denkt nur an sein geistiges Wohlbefinden, als ganz von seiner äußeren Natur geschieden. Wie können so auseinander gehende Gedanken und Gefühle in ein harmonisches Ganzes zusammengefügt werden? Nur in der inneren Natur ist der Mensch identisch mit seinem Nachbarn in Gedanken und Motiv, und nur, indem man herausbringt, was im Inneren ist, kann Friede und Harmonie auf der Erde sein.

Was sich in des Menschen innerster Natur regt, das ist identisch mit der „Großen Universellen Vernunft" oder *Gott*. „Das Gesetz Gottes ist inwendig in euch geschrieben." Meisterschaft bringt zum Vorschein, was inwendig begraben ist. Das kann nur geschehen durch tiefes Meditieren und sich mit dem Selbst beraten, welches der größte Meister ist, den man je finden und der uns zum Ziel des Lebens führen kann.

Alles Erlernte mußt du überwinden lernen, alle anscheinenden Zustände von Seele, Körper und Geschäften fallen lassen, und das Leben neu anfangen bei seinem Beginn. Gehe aus von der Idee, daß du das Selbst bist, das du innerlich zu sein dich sehnst, und gib dich ganz dem Sein dieses Selbst hin, so daß alles Andere vergessen wird. Wenn man das Selbst gefunden hat und das Selbst geworden ist, ist man ein Meister geworden und ein Helfer der Welt. Viele solcher, in der Stille miteinander schaffend, werden über die Welt einen größeren Einfluß ausüben, als irgendwelche Bewegungen, welche in der Maschinerie der organisierten Industrie entstehen, in Krieg, oder in sozialer Reform. Die Wirksamkeit unseres Lebens besteht nicht so sehr darin, was man tut, sondern darin, wie man es tut, und wie man es tut, wird bestimmt durch den Grad unserer Selbst=Entdeckung.

Nur Worte sprechen und auf die Macht bauen, die in ihnen liegt oder auf die Schwingungswirkung des Wortes, hilft nie einem Menschen dazu, ein Meister zu werden. Worte enthalten nur das Maß von Macht, welches in ihnen begrenzt ist durch das Bewußtsein des Betreffenden, der sie anwendet. Die Macht ist die Tiefe der Realisierung, oder der Grund des Bewußtseins, der hinter ihnen steht. Es sind nicht Worte „welche Bewußtsein wecken", noch sind es „Worte", die den Körper heilen, oder die Umstände wandeln. Es ist Sache der erwachten Realisierung, welche Worte produziert und äußere Handlung veranlaßt, und das Wort und die Handlung ist machtvoll bloß soweit dieses innere Erwachtsein geht.

Das Resultat des Sprechens oder Handelns aus äußeren Mo= tiven führt nicht nur einen hypnotischen Gemütszustand herbei, sondern läßt die Auffassung entstehen, daß es zwei entgegen= gesetzte Gemüter gibt, und, weitergeführt, scheint es das Den= ken zu zwei verschiedenen Handlungen zu leiten. Vernunft oder Gemüt ist aber eine Einheit, und bewegt sich als Einheit, und was Doppelsinnigkeit scheint, ist nur eine doppelte Serie von Gedanken, von denen die eine aus äußeren Eindrücken und die andere aus dem natürlichen Gemüts=Zustand entspringt, so wie dieser ursprünglich sich bewegt. Die Vernunft ist voll= kommen einheitlich und harmonisiert, wenn jeder Gedanke und Impuls abgewiesen wird, der nicht der innersten Natur ent= springt. Das klärt den ganzen Bewußtseins=Strom auf und läßt den Betreffenden frei, zu denken und zu handeln, wie er es tun sollte, in vollkommener Harmonie mit der universellen Ver= nunft. Das ist die wahre Essenz der Meisterschaft.

Zu reden und zu leben in dieser Einheit ohne Idee von Ab= getrenntheit, ist die größte Gabe des Menschen, denn ihm wurde „gesunde Vernunft" gegeben, wie die Schriften sagen. Mit an= dern Worten, er wurde ins Dasein gerufen, in vollständiger Ein= heit mit seiner Quelle. Er war gesund, heil, und Jesus sagte, er müsse zu diesem Zustand der gesunden Vernunft zurück=

kehren. „Verbleibe in Jerusalem, bis der Heilige — der Geist des Ganzen — über dich kommt", oder bis zu diesem Erfassen der Einheit mit der Universellen Vernunft.

Geist ist Ursache, und wenn der Mensch zurückkehrt zur Ursache, zu seiner Quelle, wird er heil und gesund. Nicht nur ist er gesund im Verstand, sondern gesund am Körper, und seine Geschäfte werden gesund, weil sein ganzes Wesen eins geworden ist mit der großen Einheit, welche die grundlegende Natur aller Dinge ist. Es ist die Gesundheit oder Einheitlichkeit aller Dinge in und mit der Quelle. Gesundheit oder Einheit kann nicht irgend etwas weniger als das Ganze bedeuten. Sie kann sich nicht beziehen auf einen Einzelnen, oder auf einen Teil des Ganzen. Sie muß hinweisen auf die Einheit des Ganzen. Alles und Jedes ist ein Zentrum der Einheit, oder ein Zentrum, in welchem die Einheit aller Dinge erhalten und geoffenbart sein muß. Irgendeine Tatsache zu lokalisieren oder abzutrennen, bedeutet, sie aus ihrer eigenen Natur heraus reißen und ihren Sinn lösen. Wenn Christus sagte: „Diese und größere Dinge sollt ihr tun", oder wenn Emil sagte: „Ihr könnt diese Dinge genau so leicht tun, wie ich sie tun kann", sprachen sie aus diesem Bewußtsein der einzig wahren Einheit heraus, der Gesundheit des Einzelnen in seiner Beziehung mit und zum Ganzen.

Das Leben der Einheitlichkeit ist das Leben der Meister, und Jedermann kann dieses Leben führen, wenn er seine Verbindung mit Vereinen, Instituten und Religionen und Rassen und Nationen aufgeben, und seine Verbindung mit dem Universum aufnehmen will. Dies ist die „Bundeslade", welche den Kindern Israel den Erfolg schenkte, aber als sie sie verloren, vermochten sie nicht, sich von Unterdrückung wieder frei zu machen.

Alle Abtrennung ist rein nur Sache von individueller Hypothese. Man kann nicht wirklich vom Ganzen abgetrennt sein, denn man ist in ihm erschaffen, ist ein Teil davon, und ist ihm gleich. Liebe ist der große Vereiniger im Bewußtsein des Menschen, und sich immer in der Einstellung von Liebe erhalten, ist ein Fortschritt der Einheit entgegen. Sie ist der einzige Erhalter von Leben, Gesundheit und Geschicklichkeit. Man muß nicht versuchen, Jemanden zu lieben, aber man muß immerdar suchen, die eigene Natur ganz zu erhalten durch das Wachsen in Liebe. Wenn die Natur von Jemandem sich in Liebe ausdehnt, wird er früher oder später sich in liebevoller Einstellung zu allen Menschen spüren, und in dieser Haltung hebt er nicht nur sich selber, sondern alle um ihn herum in diese gleiche Einheitlichkeit. Im erwachten Sinn der Liebe gibt es keine Abteilungen.

Man kann nicht Meisterschaft gewinnen oder Erleuchtung, indem man nach Indien fährt und zu Füßen eines Meisters sitzt. Man erlangt Meisterschaft, indem man auf die tiefsten Tatsachen seiner eigenen Natur horcht, und befolgt, was man dabei lernt. Es gibt keine Hilfe, die nicht augenblicklich da wäre, wenn man sie nötig hat, wenn man sich bloß dahin wendet und von dieser Tatsache ausgeht. Alle Macht des Universums steht hinter jedem hohen Motiv, hinter jedem wahren Impuls, der die innere Natur des Menschen anregt. Es ist wie der Kern des Lebens im Inneren des Samens, und alle Kräfte der Natur kommen herbei, ihn zur vollen Entfaltung seiner Möglichkeit zu bringen. Dies ist der Weg der Meister und ihre Belehrung ist immer, man soll dem eigenen Selbst treu sein, das Leben des Selbst leben, ausdrücken, was innerlich wahr ist, bis man äußerlich das ist, was man innerlich zu sein sich sehnt.

Wenn man zurückkommt zu diesem Lebensmotiv, so fängt alles im Universum an, sich uns entgegen zu wenden, sich durch uns zu offenbaren. Nicht nur muß der Mensch die Intelligenz haben, sich zu dirigieren, und die Macht, das zu tun, was zu tun ist, sondern auch die Substanz, die ihn bei diesem Tun ernährt und erhält. Es gibt keinen Mangel, außer im Bereich der hypnotischen Idee, die seinen Verstand vor der Realität verschleiert haben. In seiner angeborenen Einheit, wo er bewußt empfängt, was das Universum über ihm ausgießt, kann er in keiner Phase seines Wesens, noch in seinen Geschäften Mangel haben.

Die Quanten=Theorie ist die Annäherung der Wissenschaft zu dieser grundlegenden Tatsache des Lebens, und es kann keine wahre Wissenschaft, Religion, soziale Struktur oder er=

folgreiches Leben geben außerhalb der unzerstörbaren und un=
lösbaren Einheit aller Dinge.

Dies ist der Weg zur Meisterschaft, das Leben der Meister, und das einzig wahre Leben, das es gibt. Es ist zu finden, genau wo man ist in dem geheimen Inneren der eigenen Natur. Die Meister lehren, daß Befreiung auf diesem und auf keinem an= dern Weg zu finden ist. Christus, durch den Menschen Jesus sprechend, sagte das Gleiche, wenn er sagte: „Niemand kommt zum Vater denn durch mich."

Der gleiche Christus spricht die gleiche Botschaft zu dir.

Dein einziger Kontakt mit dem Göttlichen ist das Göttliche in dir. Der einzige Kontakt mit dem Meister kommt durch die Bemeisterung in dir selber.

BAIRD SPALDING

Leben und Lehren der Meister im Fernen Osten

Band 5
Menschen, die mit den
Meistern gingen

DREI EICHEN VERLAG

INHALT (Band V)

Vorwort und Widmung	7
Anmerkung des Verlegers	8
Biographische Skizze Baird Spaldings	9
Kapitel 1: Kamera vergangener Ereignisse	15
Kapitel 2: Erkenne Dich selbst	23
Kapitel 3: Gibt es einen Gott?	33
Kapitel 4: Ewiges Leben	42
Kapitel 5: Das Göttliche Vorbild	60
Kapitel 6: Wisse, daß Du weißt!	72
Kapitel 7: Die Wirklichkeit	84
Kapitel 8: Überwindung des Todes	92
Kapitel 9: Das Gesetz des Wohlstandes	102
Kapitel 10: Die Wahrheit soll Euch frei machen	108
Kapitel 11: Menschen, die mit den Meistern gingen	119
Kapitel 12: Credo	124
Hoher Flug	127

Vorwort

Die folgenden Kapitel sind aus Vorträgen entnommen, die Mr. Spalding während der letzten beiden Jahre seines Lebens in Süd-Californien gehalten hat.

WIDMUNG

Dieser Band ist in Liebe gewidmet den Hohen Wesen, unseren älteren Brüdern, welche, angelangt auf höheren Stufen, dennoch geduldig ihre Hilfe der Menschheit auf der Erde leihen, allezeit den Weg weisend zur Wahrheit, Freiheit und zu den höheren Gebieten des Bewußtseins und Verstehens.

Dr. M. A. Usteri

Anmerkung des Verlegers

Baird T. Spalding spielte bei dem in die westliche Welt eingeführten Wissen, wonach es viele Meister oder ältere Brüder gibt, die zu den Geschicken der Menschheit auf der Erde helfend und lenkend beitragen, eine bedeutende Rolle.

Die im Laufe der letzten dreißig Jahre von zahlreichen Rednern und Wahrheitslehrern benützten und verkauften Bücher LEBEN UND LEHREN DER MEISTER IM FERNEN OSTEN dienten dem Zwecke, das darin enthaltene Wissen in allen Ländern der Erde bekanntzumachen.

Von den Älteren Brüdern wurden die Vermittler der Mitteilungen dazu auserwählt, die Menschheit zur aufmerksamen Beachtung der großen Lebensgesetze zu erziehen, so, wie Jesus sagte: „Die Dinge, die ich tue, sollt auch ihr tun und größere Dinge sollt ihr tun."

Hermann Kissener

BAIRD T. SPALDING
Biographische Skizze

Wo immer ein allgemeines Interesse an einer Persönlichkeit oder deren Leistungen aufflackert, wie es sich bei den Lesern von LEBEN UND LEHREN DER MEISTER zeigte, kann man sicher sein, daß dies vom Lichte geistiger Wahrheit begleitet ist. Wenige haben in der heutigen Zeit ein solches Interesse wachgerufen, wie im Laufe des zwanzigsten Jahrhunderts Baird T. Spalding. Die Eigenart des Mannes, die Art und Weise, wie die Botschaft übermittelt wurde und die Botschaft selbst — alles legt lebendiges Zeugnis für die Wahrheit seiner Worte, die Ehrenhaftigkeit und Aufrichtigkeit des Mannes ab.

Die zahllosen Briefe aus der ganzen Welt, die seit Jahren einliefen, legen Zeugnis ab für die gewaltige Hilfe der Gedanken, die man in seinen Büchern findet. Solche Briefe kommen immer noch, Jahr für Jahr, lange nachdem er höhere Ebenen der Erkenntnis aufgesucht hat.

Baird Spalding durchdrang den Schleier am 18. März 1953 in Tempe, Arizona, im Alter von 95 Jahren. Er war aktiv bei seinen Minen-Interessen bis zum Ende.

Douglas K. DeVorrs kannte nach vielen Jahren der Zusammenarbeit Mr. Spalding so gut wie kaum jemand. Aus seiner Rede, gehalten bei der Gedächtnisfeier in Tempe, Arizona, am 22. März 1953 zitieren wir:

„Mr. Spalding war jedem, dem er gegenüberstand, ein sehr stiller, bescheidener Diener. Wenn ich ihn seinen Zuhörern vorstellte, wollte er niemals und unter keinen Umständen auf seine Persönlichkeit oder auf sich selbst, als ein Mann mit großen Errungenschaften hingewiesen werden. Seit 1935 hatte ich die einzigartige Gelegenheit, mit ihm mehr als 200 nordamerikanische Städte zu bereisen. Und obwohl ich täglich in engstem Zusammenleben 24 volle Stunden an seiner Seite verbrachte — dies durch all die Jahre hindurch — muß ich offen gestanden sagen —, ich glaube nicht, daß eine Person oder eine Gruppe von Personen diese große Seele in ihren vielen Eigenarten und Betätigungen wirklich verstanden hat. Indem ich diese wenigen persönlichen Bemerkungen mache, möge der Leser verstehen, daß dies in sehr demütigem Sinn geschieht, denn er war nicht nur unser Freund, sondern für viele von uns wie ein Vater.

Nach meiner Auffassung gibt es auf dieser Welt keine Stadt, gleich welcher Größe, wo Mr. Spalding nicht hätte irgendwo eintreten und sich an den Tisch setzen können. Er war eben überall willkommen. Und während der letzten 25 Jahre seines Lebens lebte er, wie man sagt, tatsächlich wie ein Zugvogel. Es schien, als habe er den Punkt erreicht, wo materielle Dinge nicht mehr von großer Wichtigkeit sind. Obwohl sein Einkommen während langer Zeit mir und uns allen unbekannt war, ging er nicht als reicher Mann von uns. Er hatte wenig eigenen Besitz. Das große Erbe, das er uns hinterließ, ist in den eigenartigen Entdeckungen um die Lehre Jesu zu finden. Mr. Spalding schrieb nicht und hielt keine Vorträge um eines finanziellen Profits oder irgendwelcher Vorteile wegen. Für alle eingegangenen Beträge war er nur offener Durchgang — er verteilte sie sogleich.

Wir wissen nicht, an wie vielen philanthropischen Unternehmen er beteiligt war, weil niemand, der materielle Hilfe nötig hatte, alles bekam, was er gerade besaß; infolgedessen war er immer ein vermögender Mann. In der Tat, irgendwie war niemand so reich wie Mr. Spalding, und mancher von uns beneidete ihn seines schon früh in seinem Leben gezeigten außerordentlichen Verständnisses und Erfolges wegen.

Es sind ungefähr 65 Jahre her, seitdem er erstmalig einige seiner Entdeckungen über Jesus und das Leben der Großen Meister machte. Er ging und er redete mit großen Meistern in der sichtbaren Welt, ebenso, wie der Wissenschaftler Mr. Steinmetz, den er sehr bewunderte. Ich habe Mr. Spalding und Mr. Steinmetz zusammen auf Bildern gesehen. Sowohl Steinmetz als auch Edison sagten voraus, daß die Zeit kommen werde, da es uns möglich sei, Aufnahmen von der Bergpredigt und von der Stimme Jesu zu machen, aus der Zeit, als ER die Bergpredigt hielt. Viele andere erstaunliche Entdeckungen und Eröffnungen wurden von Spalding während seines langen Lebens im Dienst und Wirken in allen Teilen der Welt gemacht, und ich will gerne auf sie hinweisen. Zum Beispiel will ich zurückkommen auf die Art und Weise, wie seine Bücher zum Druck gelangten. Leute, die Spalding in den frühen neunziger Jahren aus Calcutta/Indien kannten, sagten mir, daß er beabsichtigte, von Hand einige Erlebnisse niederzuschreiben, die er in Indien gehabt hatte. Einige Freunde baten ihn, sie mit der Schreibmaschine niederzuschreiben, um Kopien zu bekommen. Während langer Jahre trug er diese Schreibmaschinenblätter mit sich herum (die später als erster Band herauskamen). Die Leute lasen sie und gaben sie unter sich weiter, bis schließlich eine sehr bedeutende Frau in Oakland/California, deren Gatte die Oakland Municipal Railways gebaut hatte, Mr. Spalding fragte, ob er etwas dagegen habe, wenn sie ihren Drucker, die California Press in San Francisco, beauftrage, tausend Kopien des Werkes in anspruchslosen Papierbänden herzustellen; sie wollte jedem ihrer Freunde einen Band schenken. Mr. Spalding gab seine Zusage, und bald darauf verreiste er nach England.

Die Bücher wurden gedruckt und als Geschenk unter ihren Freunden verteilt. Im Laufe von sechzig Tagen kam eine phänomenale Nachfrage nach mehr als 20 000 Exemplaren des Buches! Als Mr. Spalding aus England zurückkehrte, war er natürlich erstaunt über das Interesse an seinen Entdeckungen und Erlebnissen, und er erlaubte ihr auch den Rest seiner Schriften zu veröffentlichen, der dann als zweiter Band erschien.

Dann kam eine Periode von ungefähr zehn Jahren, während der Spalding nichts schrieb. Aber beinahe jeden Abend war er irgendwo zu Gast oder er besuchte Freunde, und nach dem Essen gab es kleine Frage- und Antwortstunden, wobei er eine große Zahl von Leuten kennenlernte. Nachdem er sein Tagewerk als Forschungsingenieur getan hatte, pflegte er die zahlreichen Fragen zu beantworten, die in den kleinen Kreisen aufgeworfen wurden — und diese wörtliche Veröffentlichung wurde rasch bekannt. Das Werk kam zu einem Stillstand während der Zeit, da Cecil de Mille das Filmwerk „King of Kings" (König der Könige) machte. Für das gesamte biblische Bild dieses Werkes wurde Mr. Spalding von Mr. de Mille als technischer Berater berufen.

Meine Bekanntschaft mit Mr. Spalding begann vor ungefähr fünfundzwanzig Jahren. Ich war an seinen Büchern und deren Verbreitung über die ganze Welt außerordentlich interessiert. Es gab zu jener Zeit einen großen Aufschwung im „New-Thought" (Neu-Gedanken) und im geistigen Lesen und Studieren. Sehr viele Leute wünschten, daß Spalding ein weiteres Buch herausgebe. Schließlich lud ihn einer seiner Freunde in ein Landhaus ein, wo er ohne Unterbrechung schreiben konnte. Dort schrieb Spalding von Hand, was uns heute als dritter Band bekannt ist. Das Buch wurde sogleich herausgegeben.

Es kam ein Gerücht auf, Mr. Spalding sei gestorben, und ich schlug ihm vor, daß er nicht nach Indien fahren und vor dem 4. Oktober keine Weltreise unternehmen solle, könnten wir doch nach New York fahren, unterwegs in einigen größeren Städten bleiben und viele der Leute sehen, die seine Bücher gelesen hatten und die falschen Gerüchte zerstreuen, die im Umlauf waren.

Mr. Spalding gab zu, das sei eine gute Idee, wenn sie in ungefähr 30 Tagen ausgeführt werden könne. So wählten wir in der zweiten Augusthälfte 30 der größeren Städte und beschlossen, diese Tour in 30 Tagen auszuführen. Ich habe guten Grund dies zu erzählen, denn wie viele von ihnen wissen, besaß Mr. Spalding bis vor wenigen Tagen eine unbegrenzte körperliche Energie. Er konnte manchmal während zwei oder drei Wochen mit nur drei bis vier Stunden Schlaf in der Nacht auskommen.

Er verlangte nie etwas für sich selbst. Er trat nie als großer Heilkundiger oder Arzt, Seher oder Psychiater oder etwas Derartiges auf. Ich kann bezeugen, daß er alle seine Schriften genauso verfaßte wie wir, wenn wir uns niedersetzen, um jemand einen Brief zu schreiben. Das Material kam ihm nie durch automatisches Schreiben, durch Hellsehen oder Hellhören zu. Es war nicht nötig, denn er kannte die Leute, von denen er schrieb, ebensogut, wie er jene großen Wissenschaftler und Religionslehrer kannte, einen Dr. Steinmetz, einen Dr. Norwood. Dieser letztere, einer von Mr. Spaldings nächsten Freunden, war der berühmte Geistliche in New York.

Ich denke, daß diese Tatsachen für Sie von Interesse sind, obschon ich glaube, daß er mit einigen Dingen, die uns heute nachmittag beschäftigen, nicht einverstanden wäre, weil er eingesehen hatte, daß die physische Form mit dem eigentlichen Leben des Individuums sehr wenig zu tun hat. Wie Sie sich erinnern, sagte er: „Der Christus ist in jedem von Euch". Und das war das Wichtigste, was er jeden einsehen lehren wollte. Manchmal, wenn man ihn fragte: „Wie viele Meister gibt es in den Vereinigten Staaten?" mochte er sagen: „Es muß wenigstens 150 Millionen Meister in diesem Land geben". Das war die Vision, die er hatte, daß jeder einzelne seiner Einheit mit Gott und dem Christus gewahr werde und nicht nur Glaubenssätze und Sekten anerkenne.

Jeder Bekannte oder Anhänger Spaldings, als einzelner, der hier an meiner Stelle stünde, würde diese Geschichte ein wenig anders erzählen. Keine zwei Erzählungen kämen dem gleich, was Mr. Spalding für sie als Individuum, als Bruder bedeuten kann. Aber in allen seinen Schriften und seinen Gesprächen oder in seinen Antworten auf Fragen, stellte er nie eine zeitliche Begrenzung her. Ich weiß, daß er eine ganze Nacht hindurch mit einem Freund sprach, um ihm über einen geistigen oder finanziellen Stein des Anstoßes hinwegzuhelfen. Es war, wie wenn er eine große intuitive Macht besäße, die aus ihm einen so großen Gelehrten machte. Er hatte in Heidelberg studiert. Er hatte zu der einen oder anderen Zeit in vielen großen wissenschaftlichen Laboratorien gearbeitet, besonders in geographischen Instituten. Er war einer der ersten Pioniere der atomischen Wissenschaft. Sein besonderes Interesse war es den einzelnen darin zu unterstützen, sich selbst helfen zu können. Was uns heute merkwürdig erscheint und was für andere schwierig zu begreifen war, ist die Tatsache, daß ihm materieller Besitz wenig bedeutete, weil er — wie Jesus — einsah, daß das Größte, was wir tun können, solange wir uns hier auf der Erde auf physischer Ebene ausdrücken, darin liegt, das Christus-Leben zu führen und die Aufmerksamkeit von Begrenzungen wegzuwenden.

Wir wissen, daß Mr. Spalding immer mit uns ist und daß wir fortwährend Gelegenheit haben, das Leben zu leben, wie er es tat, in der Weise, die er uns zeigen wollte.

Kapitel I

Kamera vergangener Ereignisse

Von den Schatten der Himalajas, hin zu den ungeheuren Weiten der Wüste Gobi, von New York nach Zentral- und Südamerika, von San Francisco zu den Philippinen, von Alaska und Canada — kommen diese Erlebnisse, Entdeckungen und Offenbarungen unseres Forschungswerkes.

Wir haben dieses Werk während mehr als vierzig Jahren weitergeführt — zunächst durch Übersetzungen der Urkunden, die wir in der Wüste Gobi, in Tibet und Indien gefunden hatten. Dieses Werk hat sich zu einer Gesellschaft von ungefähr siebenundzwanzig Männern entwickelt, die sich für diese Arbeit interessierten und sie dann weiterführten.

Die Wissenschaftler beginnen uns ein gut Teil Vertrauen zu schenken; und in der Tat, sie glauben langsam, daß wir mit unserer „neuen Kamera" — durch deren Hilfe wir Bildaufnahmen von vergangenen Ereignissen hervorbringen — in der Lage sein werden, mindestens eine Million Jahre zurückzugehen, um die Zivilisation darzustellen, die es in jenen Zeiten gab.

Nun, das mag einigermaßen merkwürdig klingen, daß wir zurückblenden und klare Bilder von Geschehnissen aufnehmen können, die Tausende und aber Tausende von Jahren zurückliegen. Aber es ist in dieser Hinsicht sehr viel getan worden.

Wir haben, dank der Mithilfe von Dr. Steinmetz, den Vorzug, damit begonnen zu haben. Ich habe selbst mit Dr. Steinmetz gearbeitet, und in der Zeit, in der wir zusammen waren, sagte er immer wieder: „Wir werden eine Kamera bauen, mit der man in die Vergangenheit zurückblenden kann und die alle früheren Ereignisse erfassen wird, wenn wir es wünschen!" Er skizzierte. Und nicht nur das — er zeichnete sogar die Pläne für diese Kamera auf — und wir folgten ihm. Heute vermögen wir mit Sicherheit zu sagen: Wir können uns in die Vergangenheit begeben und jedes vergangene Geschehen festhalten. Natürlich war das beschwerlich, aber wir wählten verflossene Ereignisse aus, und — wie ich sagte — die Gelehrten geben heute zu und glauben, daß wir uns mit lange vergangenen Ereignissen beschäftigen, die in der zurückliegenden Weite einer Million von Jahren geschehen sind.

Unsere anfänglichen Versuche mit dieser Kamera wurden von Dr. Steinmetz durchgeführt. Ich arbeitete ungefähr neun Jahre mit Dr. Steinmetz. Während dieser Zeit blieb er fest davon überzeugt, daß wir schließlich zu noch weiter zurückliegenden Ereignissen gelangen würden und alles festhalten könnten, was je geschehen ist. Wir würden also alles zeigen können, was die Entwicklung bewirkt hat und was sich jeweils zugetragen hat.

Unser erster Versuch war George Washingtons Antrittsrede. Es war in der Stadt New York, da, wo heute die sogenannte Federal Hall steht. Auf diesem Bild kann man leicht jeden einzelnen der Würdenträger erkennen, die mit ihm auf der Plattform standen. George Washington geht vor der Gruppe auf und ab während er seine Antrittsrede hält. Zu dieser Zeit war es noch nicht einmal möglich, eine einfache Photographie der Gruppe bei dieser Rede zu machen. Es wurden zwar Zeichnungen angefertigt, aber keine wirklichen Photographien. Jetzt haben wir ein tatsächliches Bild und die Stimme George Washingtons in der entsprechenden Tonfolge. Einige Zeit hielt das jedermann für eine Fälschung. Man sagte, wir hätten diese

Kamera vergangener Ereignisse

Filmgruppenaufnahme gestellt. Indes, man kann das heute mit jedem normalen Filmgerät zeigen.

In unseren weiteren Versuchen gingen wir zur Bergpredigt über. Wir wissen jetzt, daß der Mensch Jesus nicht anders war als wir. Wir haben seine, bis mehr als 20 000 Jahre zurückreichende Familiengeschichte und wissen, daß es eine sehr angesehene Familie war und daß Jesus selbst ein Mann von großem Einfluß und ganz ausgeprägten Charaktereigenschaften gewesen ist. Er war mehr als sechs Fuß groß, und stände er unter euch, so würdet ihr ihn auserwählen und sagen: „Das ist der Mann, der die Erfüllung verheißt", und er *wird* sie vollenden. Die Geschichtsschreibung verzeichnet diese Tatsachen — wir gehen zu den lebensnahen Ereignissen zurück und befassen uns mit seinen gesprochenen Worten.

Sein Werdegang bewegte uns, und wir verfolgten ihn weit zurück. Im Verlaufe vieler Jahre haben wir diesen Mann kennengelernt, und wir wissen, daß er nie durch den Tod ging. Jesus von Nazareth nahm für sich keine größeren Dinge in Anspruch, als die, die jedem anderen Menschen zustehen. Das wissen wir ganz sicher. Er selbst sagte uns, der Tod sei zu überwinden.

Die Bergpredigt ist uns immer als ein geistiges Meisterwerk gegenwärtig. Die Menschen verstehen sie als solches heute und sie begreifen sie mehr als je zuvor, ja, sie nehmen sie in ihr Leben auf. Wir können durch unsere Aufnahmen beweisen, daß niemand außer dem kleinen Jungen mit den fünf Broten und Fischen etwas gebracht hatte. Das ist also nicht nur ein Gleichnis. Wenn dem so wäre, dann würden wir den Jungen nicht auf dem Bilde sehen und auch nicht die Leute. Alles was Jesus sagte, war: „Setzt euch und macht euch zum Mahl bereit!" Es war für alle genug da.

Da haben wir beispielsweise das Vorkommnis, daß ein Jünger zu Jesus sprach: „Meister, es mangelt an Brot und es sind noch vier Monate bis zur Ernte." Seine Antwort: „Seht das Feld — es ist weiß, also kann die Ernte beginnen." So zeigen es die Bilder.

Mit diesen Bildern konnten wir viele gedankliche Fehler korrigieren. An den Aufnahmen der Bergpredigt haben wir acht Jahre gearbeitet, bevor wir die Identität Jesus' nachweisen konnten. Wir suchten nach einem Manne nach der Beschreibung, die uns der Maler da Vinci gegeben hat. Dabei hatten wir ein bemerkenswertes Erlebnis. Drei von uns waren im Vatikan und sprachen mit einem sehr alten Kardinal. Er fragte uns, wie es mit unseren Bildern der Bergpredigt vorangehe. Er zeigte sich an unserer Arbeit sehr interessiert und meinte, gute Informationen können wir mit seiner Empfehlung im Louvre in Paris erhalten, wenn wir uns an einen bestimmten Mann wenden würden und die Briefe des Leonardo da Vinci zu sehen verlangten. Das war für uns ein neuer Hinweis, und wir fuhren sofort nach Paris. Nach unserer Ankunft gingen wir sofort zum Louvre, wo man uns mit aller Höflichkeit begegnete. Nachweisbar sind Leonardo da Vincis Briefe heute noch alle dort. Wir waren immer davon überzeugt gewesen, daß da Vincis Gemälde von Jesus ein Abbild dessen war, wie er Ihn sah. Es ist heute bewiesen, daß er *den Christus* im Gesicht des von ihm ausgewählten Modells sah — das beweisen seine Briefe. Er meint, der junge Mann sei verlobt gewesen, und ein selten schönes Licht habe aus seinen Augen geleuchtet. Da Vinci legte es als dasjenige des Christus aus und malte auf diese Weise sein Bild. Das war während der Renaissancezeit, als langes Haar und voller Bart allgemeine Mode waren. Wir haben Jesus nie mit langem Haar und mit einem Bart gesehen, auch nicht in weiten Gewändern. Vielleicht haben ihn andere Leute so gesehen, dennoch — da Vincis Bild ist eigenhändig signiert.

Zwei Jahre später beschloß der Künstler, ein Bild von Judas dem Verräter zu malen. Während zweier Jahre suchte er ein Modell, das den Verräter darstellen könnte. Schließlich ging er eines Morgens durch das Apachenquartier in Paris, und dort, in einem Winkel, ungekämmt und in Lumpen, fand er den Mann. Er ging auf ihn zu und sagte: „Ich habe ein Bild des Christus gemalt und schaue nach einem Mann aus, der mir nun für das Porträt Judas' des Verräters Modell stehen könnte."

Der Mann sah ihn an und sagte: „Herr, ich habe dir als Modell für den Christus gestanden!"

Es war eben der gleiche Mann. Da Vinci ging sogleich weiter. In seinen Briefen beschreibt er, daß er diesen Mann nie gefunden hätte in jenem Winkel des Pariser Apachenquartiers, wenn er den Christus nicht verraten hätte. Er geht sogar weiter und sagt, daß wir den Christus schon dann verleugnen, wenn immer wir sagen: „Ich kann nicht!" Heute können wir bezeugen, daß jedes negative Wort den Christus in uns verrät. Da Vinci selbst urteilt weiter, er habe nie daran gedacht, das Gesicht Jesus des Christus malen zu wollen, sondern vielmehr den Christus „in jenem Gesicht".

Leonardo da Vinci war ein höchst bemerkenswerter Mann. Er schrieb viele wertvolle wissenschaftliche Arbeiten, die aber nie veröffentlicht wurden. Man darf sie nur lesen, wenn man sich in eine Glaszelle begibt. Während des Lesens stehen drei Männer Wache, so großen Wert stellen die Briefe dar. Er war einer jener außerordentlichen Menschen, die häufig vom „innewohnenden Christus" sprachen. Er erklärte, wie wundervoll es sei, Christus darzustellen und den Christus in jedem Angesicht zu erkennen. Als er im Vatikan malte und die Kardinäle ihn schlafend auf seinem Gerüst fanden und ihn darauf aufmerksam machten, sagte er: Wenn ich schlafe, tue ich größere Werke, als wenn ich wach bin." Schlafend sah er alles, was er malen wollte, genau vor sich, in den exakten Farben. Dann stand er auf und führte nur aus. Er sagte: „Alles was ich sehe, wird in exakter Ähnlichkeit gemalt, und der Ausdruck dessen, was ich an die Wand male, sind die Vibrationen, die ich wahrnehme. Ich bin imstande, sie zu offenbaren und darzustellen, in völliger Leichtigkeit, nachdem ich sie im Schlafe erlebt habe."

Leben und Lehren der Meister, Kapitel I

Fragen und Antworten.

Frage: Wie suchst Du Dir Erlebnisse aus der Vergangenheit aus?

Antwort: Sie gehören alle zu einem gewissen Schwingungsbereich. Alles, was Ihr sagt — Eure Stimme und Eure Worte — sind mit einem Schwingungsbereich verbunden; und das geht immer so weiter.

Frage: Welches ist der beste Weg, die Erleuchtung zu erkennen?

Antwort: „Der Weg ist in jedem einzelnen. Sucht immer tiefer in Euch selbst. *Wisset*, daß dieses große Licht Euch angehört. Das ist alles.

Frage: Bist Du in Indien zur Welt gekommen?

Antwort: Ja, ich bin in Indien geboren — mein Vater ist schon dort geboren. Ich besuchte die Vorbereitungsschulen und später die Universität in Kalkutta. Dr. Bose und seine Gattin waren zu dieser Zeit schon 68 Jahre dort.

Frage: Haben Jesus und seine Jünger und andere Charaktere der Bibel wirklich im Fleische gelebt, wie wir es kennen?

Antwort: O ja, wir haben eine Anzahl von ihnen aus unserer „Kamera früherer Ereignisse" im Bilde.

Frage: Wie hat Jesus ausgesehen, als Du ihn sahst?

Antwort: Er war ein Mann von sechs Fuß zwei Größe. Wenn er heute Abend in dieser Gruppe wäre, würdet Ihr ihn als das, was er ist, erkennen — ein Mann von größten Errungenschaften. Er schaute auf alles und jeden mit der Macht, die ihn immer und jederzeit alles erreichen ließ. Er lebt heute als derselbe, der er immer gewesen ist. Wir photographierten ihn so, wie wir jemanden von Euch photographieren. Wir haben Bilder von ihm, wie er Arm in Arm mit Luther Burbank, mit Dr. Norwood und manchem anderen ging.

Frage: Sind alle großen Probleme, die die Menschen quälen, vollständig überwunden, wenn wir das Leben der Meister leben?

Antwort: Ja, Jesus war der festen Überzeugung, daß die Wahrheit uns frei mache.

Frage: Wie kann sich der Mensch von der Idee loslösen, nicht Gott zu sein?

Antwort: Indem er die Verneinung ablegt. Die Feststellung „Ich bin Gott", befreit Euch von der negativen Behauptung, nicht Gott zu sein. Es ist besser, die Wahrheit festzustellen, als die Unwahrheit.

Frage: Wenn man erkennt: „Ich bin Gott" und außerstande ist, diese Einheit anzunehmen, ist das nicht eine Art von blindem Glauben?

Antwort: Wenn man das in völlig blindem Glauben feststellt, hat man eine Trennung veranlaßt und wird dem Ziel nicht näherkommen. Es ist viel besser, zu sagen: „Ich kann" und dann gleich zum „Ich bin" überzugehen. Wenn man die Einstellung des „Ich kann nicht" annimmt, hat man eine Abtrennung von Gott herbeigeführt.

Frage: Wenn der Mensch Gott und Gott Geist ist, woher kommt dann der materielle Körper?

Antwort: Aus einem hypnotischen Einfluß im Denken des Menschen. Der materielle Körper ist im Grunde keine Tatsache. Der Mensch hat die Materie in unsere Existenz gebracht. Der sterbliche Körper ist ein hypnotischer Körper und wenn der Mensch aus dem jetzigen Zustand aufwacht, wird es ihm selbst wie ein Alptraum vorkommen. Er erwacht, um nicht mehr zu träumen.

Kapitel II

Erkenne Dich selbst!

Freunde, wir nehmen jetzt das auf, was seit mehr als sechzig Jahren in der Forschung gezeigt und bewiesen worden ist. Wir haben heute den wissenschaftlichen Beweis dafür, daß jede Handlung, jedes einzelne Ding in diesem ganzen Universum göttlich ist. Nenne diese Göttlichkeit, wie immer Du willst, der größte Name dafür ist das Wort „*Gott*". Warum? Wir können heute zeigen, daß dieses Wort ein Vibrationsmaß von einhundertundachtzig Billionen Ausschlägen in der Sekunde hat, und wir kennen Menschen, die imstande sind, den Tonfall dieses Wortes zu offenbaren. Das Besondere und Schöne daran liegt in der Tatsache, daß man diese Vibration *selber wird*, sobald man sie spürt.

Dies ist jetzt in aller Form festgestellt. Es ist nicht nur in euch, oder in der Gestalt eines anderen, sondern festgestellt in allem und jedem — und wir beweisen heute, daß wir ohne diese Göttlichkeit keine Aufnahmen machen könnten. Es gäbe keinen einzigen Zustand in diesem Raum, den wir heute photographieren können, wenn diese Göttlichkeit nicht wäre. Wir haben dafür den absoluten Beweis. Warum also sagen: Ich bin nicht göttlich. Laßt dieses „nicht" fallen und spürt, welch ein Unterschied möglich ist. ICH BIN GÖTTLICH! Das ist für jeden wahr. Unwahrheit ist, so jemand sagt: ich bin nicht göttlich. Wahrheit ist — ICH BIN GÖTTLICH. Vollende das Wort und wiederhole es: „GOTT, ICH BIN".

Wir stellen diese Behauptung vor allem aus dem Grunde auf, weil wir es heute *wissen*. Man hat Euch dies und jenes gesagt. Aber von dem, was uns ein anderer sagt, kann man mit gelindem Zweifel annehmen oder meinen: „Gut, vielleicht kennt dieser Mensch es nicht anders!" Heute *wissen* wir durch das Experiment der Photographie und der starken Vergrößerung. Wir können irgend jemanden auswählen und ihn vor diese Kamera stellen, mit hoher Vergrößerung, jedesmal wird sich diese Göttlichkeit zeigen. Unsere Körper entstanden aus einer einzigen Zelle. Die Vermehrungen dieser Zelle haben den Körper aufgebaut. Durch starke Vergrößerungen können wir heute zeigen, daß Licht niemals aufhört zu sein. Es geht von einer Zelle beim Aufbau auf die anderen über. Was man auch immer darüber denken oder sagen mag, es ist in dieser Vibrations-Frequenz festgesetzt und geht nie aus ihr heraus.

Es gibt heute Beweise für diese Dinge. Das Auge, eines der erhabensten Bestandteile unseres Körpers, ist ebenso aufgebaut. Die Adern und Knoten sowie die Netzhaut sind so eingestellt, daß sie diese Göttlichkeit in sich aufnehmen, eben in dem Augenblick, da wir uns darauf einstellen. In dem Moment, da wir diese Göttlichkeit als Wahrheit anerkennen, stellt sich unser Auge auf die Frequenz ein, in der sie sich bewegt. Es kann gezeigt werden, daß diejenigen, die ihre Sehkraft in keiner Weise verringert haben, dies augenblicklich wahrnehmen, sobald sie anerkennen, daß sie göttlich sind.

Die Göttlichkeit ist in allem, in jeder Gestalt. Christus ist die Kraft, diese Göttlichkeit im Innern zu begreifen. Können wir den Christus demnach nicht in jedem Angesicht, in jeder Gestalt erkennen? Dies war eine der ersten Feststellungen, die Jesus gemacht hatte. Wir finden das bei unserem Forschungswerk bestätigt. Ich sehe Christus in jedem Gesicht, in jeder Form. Als das erste Kind geboren wurde, war „der Christus" geboren.

Das ist der siegreiche Christus. Der Eine, der siegt, der Herr über allem. Heute gibt es keinen Menschen, der nicht „der Herr" ist. Leider beginnen viele in dem Augenblick, da man das sagt, sich nach dem Herrn umzusehen. Sobald man jedoch, außerhalb seiner selbst, nach einem Herrn sucht, vergißt man den Herrn im Innern. Die Menschheit hat den großen Fehler begangen, den Gott zu suchen, oder den Versuch zu unternehmen, Gott zu sehen. Warum? Weil sie nach etwas Ausschau gehalten hat, was nur im Innern „Selbst" ist. Wenn immer man ausspricht, daß man Gott ist, dann ist man es auch. Wir können euch zeigen, daß von der Sekunde an, in der das Wort „Gott" ausgesprochen ist, wenn ihr in dieser starken Vergrößerung steht, euer Körper in seiner Vibration nie mehr zur gleichen Frequenz absinkt, die er hatte, ehe ihr das Wort ausgesprochen hattet.

Noch etwas: wir können zeigen, daß wenn man das Wort „Gott" in einem Buche vorfindet, dieses Buch deshalb eine weit größere Erhabenheit ausstrahlt, weil das Wort darin vorkommt. Wir kennen drei Männer, die diesem Wort die Tonstärke von hundertsechsundachtzig Billionen Vibrationen pro Sekunde geben können. Wir baten sie, zum 180. Breitengrad zu gehen, dem von Greenwich am weitesten entfernten Punkt auf unserem Planeten. Zu einer vorher bestimmten Zeit richteten wir das Instrument so, daß es die von ihnen angestimmte Vibration aufnahm. Sobald die Frequenz uns erreichte, konnten wir sogleich jenen festgesetzten Punkt anzeigen. Nun legten wir die älteste Bibel aus dem Museum für Naturgeschichte unter das Instrument. Wir bewegten das Buch langsam weg und schoben ein anderes Buch an die Stelle, in dem das Wort „Gott" nicht enthalten war. Das Instrument ging in seiner Frequenz sogleich zurück. Wir nahmen ein drittes Buch, in welchem das Wort „Gott" nur dreimal enthalten war und das Instrument zeigte dies sogleich an. Das eine Wort „Gott" war maßgebend für diese Änderung in den Frequenzen. Wenn das bei einem leblosen Wort möglich ist, was kann dann wohl durch unsere körperliche Form bei positiver Anwendung und Anerkennung des Wortes „Gott" erreicht werden?

Wenn die Stimmen dieser drei Männer das Wort „Gott" bei einer Vibration von hundertsechsundachtzig Billionen pro Sekunde antönen, gleitet der Zeiger des Aufnahmegerätes über einen Film von 30 Fuß Länge. Dann, wenn die gleichen Männer das Wort „Jehovah" sagen, kann man eine Frequenz von nur 5 inches auf dem Schirm ablesen. Warum? Im gleichen Augenblick, da man das Wort „Gott" mit Verständnis und Glauben und im Wissen anwendet, stellt man die heute höchste Schwingungsfrequenz her. Dieser Schwingungseinfluß zieht Substanz zu sich heran, und sobald man das Denken darauf richtet, erhält man eine Verdichtung dieser Substanz.

Wenn dies in richtiger Reihenfolge vor sich geht, kann man diese Tatsachen gar nicht verhindern. Dies ist etwas, was jedem zugehört, das Beste, was er eigentlich benötigt. Stellt diesen Schwingungseinfluß her und er wird sich sofort in euch festigen.

Es ist dies ein sehr verständliches Prinzip, an dem wir heute arbeiten: Das Prinzip der Göttlichkeit in allem. Durch diese Kamera, die längst verflossene Ereignisse aufzeichnet, konnte hier manches nachgeprüft werden. Wir können sehen, daß jeder Grashalm, jeder Baum, jedes Gebüsch, jeder Same göttlich ist. Gäbe es diese Göttlichkeit nicht, so könnte weder der Same sich entwickeln, noch die Pflanze oder der Baum. Man kann heute an genauer Photographie zeigen, daß der Keim in einem Samen in sich genau das Bild der Gestalt trägt, die er einmal hervorbringen wird.

Warum sagen wir eigentlich, daß wir etwas nicht verstehen? Ist es nicht zutreffender zu sagen: „Ich verstehe!" oder „Ihr versteht!" Dieses Verstehen geschieht ganz im Innern. Ihr seid der Herr dieser Dinge. Sobald ihr den Geschehnissen der Außenwelt weniger Bedeutung beimessen werdet, meistert ihr die innern Dinge. Ihr lernt aufzunehmen und zu erkennen, daß *ihr* der Meister, der Herr seid.

Zahlreiche Leute schreiben und fragen uns, ob sie nicht hingehen und die Meister sehen könnten — oder was sie anstellen sollen, um die Meister zu sehen. Jedesmal, wenn ihr mit euren Gedanken aus euch selbst herausgeht — mit der Idee — einen Meister zu suchen, verliert ihr den Blick für den Meister in eurem Innern. Wenn ihr das begreift, dessen gewahr werdet, so seid ihr mit dem Meister, und mit allen, eins.

Wenn immer jemand sagt: „Ich bin nicht der Gott!", so nehmt das Wort „nicht" heraus. Es ist ein verneinendes Wort und hat entsprechend auch keine Vibrations-Frequenz. Bejaht den Satz, und ihr verleiht ihm Lebenskraft — verneint ihn, so hat er keine eigene Energie.

Heute gibt es ein Aufnahmegerät, die Kamera, die euch dies zeigt. Ihr könnt euch tatsächlich davor setzen, sagt kein Wort, aber denkt es — und wir werden aus dem Reflex, den das Bild zeigt, ganz genau euren Gedanken wiedergeben. Würden wir euch dann einen Satz mit einem negativen Wort aussprechen lassen — nur um zu prüfen, was geschehen wird — so würde an der Stelle, an welcher ihr das Wort gesagt habt, auf dem Film nichts zu sehen sein, — so, als sei tatsächlich nichts aufgenommen worden.

Diese Kamera zeigt heute die starken Schwingungen der menschlichen Seele an. Wenn diese nicht vorhanden wären, könnte man sie nicht aufnehmen, auch nicht in der Anwendung der Hypnose.

Von den Fakiren Indiens haben wir mehr als vier- oder fünfhundert Aufnahmen gemacht. Wo immer die Hypnose zu Hilfe genommen wurde, zeigte der Film nichts an. Wir haben unter diesen Hunderten von Aufnahmen, zwei oder drei bemerkenswerte Vorgänge festgestellt. Als wir eines Tages zu unserem Haus in Indien zurückkehrten, stand ein Mann innerhalb der Umzäunung. Er hatte einen Orangenkern in die Erde gesteckt und deckte seinen Mantel darüber. Der Orangentrieb kam hervor und nach ungefähr fünfundvierzig Minuten war daraus ein Baum mit Zweigen Knospen, Blüten, Blättern und zuletzt mit reifen Orangen geworden. Wir haben davon Bilder aufgenommen. Zwölf Kameras waren in unserer Gruppe. Wir alle waren so betört, daß wir hingingen und die Orangen von dem Baum pflücken wollten — aber es war kein Baum da.

Einer von uns entwickelte zwei von den Filmen und ich hielt den jungen Fakir im Gespräch fest, bis die Filme zurückgebracht wurden. Ich rollte einen davon vor seinen Augen auf und fragte: „Wie kommt das? Du hast uns zwar betrogen, aber du hast die Kameras nicht getäuscht!" Er war darüber ganz bestürzt und sagte: „Kommt morgen wieder und ich werde es euch zeigen." Wir vereinbarten, daß wir uns am folgenden Tage um elf Uhr treffen würden.

Am anderen Tage waren wir zur angesagten Stunde alle beisammen. Unsere Kameras wurden ausgetauscht. Nun hatte der junge Fakir einen Mann bei sich, den niemand von uns je gesehen hatte. Er kam bereitwillig vor und senkte den Samen in die Erde. Während dieser Zeit nahm unsere Gruppe ständig neue Bilder auf. Der Baum erschien, genau wie beim ersten Mal. Weil wir am Tage vorher schlimm getäuscht wurden, traten wir jetzt nicht vor, um die Früchte zu pflücken. Bis unser Führer schließlich meinte: „Nun, was tut es; wenn er nicht da ist, werden wir es ja sehen." Er ging hin und pflückte eine Orange vom Baum und aß sie. Jeder von uns tat dasselbe. Der Baum trägt heute noch Orangen auf unserem Platz in Indien.

Folgendes war geschehen: Der junge Fakir war der Chela eines alten Gurus. Als wir dem Guru erzählten, was am Tage vorher geschehen war, wurde er sehr ärgerlich und entließ seinen Schüler, um ihn nie wieder aufzunehmen. Er erzählte uns, daß sie ihre Chelas durch alle zwölf Methoden der hypnotischen Beeinflussung führten, einzig um ihnen zu zeigen, daß es dabei keine Existenz gäbe. Wenn man aber jede Beeinflussung fallen ließe, und das *Selbst ist*, dann könne man auch alles hervorbringen.

Das fällt unter die Kunst und die Gesetze der Suggestion. Wir haben sie in Indien studiert. Ein Beispiel: Man sah einen Mann ankommen, mit einem Seil in der Hand. Eine kleine Gruppe Neugieriger sammelte sich um ihn herum. Er warf das Seil anscheinend in die Höhe und rief einen Jungen aus der Gruppe heran, dem er gebot, an dem Seil emporzuklettern. Es

Erkenne Dich selbst

ist möglich, daß der Junge am Seil oben verschwindet — und das ist alles, was erwartet wird. Der Mann sammelt ein paar Geldstücke und kann davon einige Tage leben. Wir haben an die fünfhundert Male solche Vorführungen photographiert, aber außer dem Mann selbst, der vor der Gruppe steht, bekommt man nichts auf den Film. Das ist die Macht der Suggestion. Sie wird so wirksam dargeboten, daß man tatsächlich Täuschung für Wirklichkeit hält. Ein alter Guru arbeitete einmal mit uns in Indien. Wir nahmen einen Samen, pflanzten ihn in die Erde ein, begossen den Boden mechanisch und hatten nach sieben Minuten einen Halm mit Korn und zwei völlig reife Ähren hervorgebracht. Wenn der alte Guru selbst einen Samen in die Erde legte, stand die reife Ähre vor ihm, noch ehe er sich ganz aufgerichtet hatte. Es bedurfte gar keiner mechanischen Mittel. Er *weiß* einfach. Damit hatten wir nun den besten Beweis der Welt, daß auch wir völlig imstande sind, so etwas auszuführen. Jedermann ist dazu fähig. Wenn irgend jemand so etwas tun kann, so haben alle das Recht dazu.

Niemand wird bevorzugt. Jeder trägt die Fähigkeiten in sich selbst. Es ist nicht kompliziert. Es ist in der Tat ganz einfach, man braucht dazu keine Belehrung. Man muß nur jemanden dazu bringen, diese realen Dinge einzusehen, ihre Vorzüge anzuerkennen und dafür zu danken. Diese Macht ist gegenwärtig und wirkt in allen Dingen des täglichen Alltags, sogar im Gelde, welches wir benützen. Es braucht niemand Mangel zu leiden. In Wirklichkeit gibt es keinen Mangel. Wir verwenden nur einen falschen Ausdruck und nennen ihn *Mangel*. Deshalb sollten wir den Gedanken an „Fehlschläge" fallenlassen. Es gibt auch keinen Fehlschlag.

Manche unserer medizinischen Wissenschaftler sagen uns heute, der Mensch könne in Zukunft hundert Jahre länger leben als heute. Das Altwerden ist ganz einfach eine Sache des Bewußtseins. Wenn der Mensch lernt, sich von der Idee des Altwerdens frei zu machen, kann er immer weiter leben. In unserer Gedankenstruktur macht ein Jahr keinen Unterschied aus, solange wir nicht sagen, nun sei ein Jahr „vorbei". Ganz von selbst denken wir, nun seien wir ein Jahr älter, anstatt positiv denken zu wollen — an ein Jahr mit neuen Errungenschaften und Einsichten, ein Jahr mit größerer Erleuchtung und größerem Verständnis. Das wäre besser. Das Allergrößte, was man tun kann, ist, die Göttlichkeit in jeder Gestalt, in jedem Angesicht zu sehen. Unser größter Vorzug liegt darin, Christus in jedem Gesicht zu erkennen. Es bedeutet unbegrenzte Macht, Gott in sich selbst zu *finden*.

Wir können zu diesen Tatsachen zurückgehen und sie heute beweisen. Wir verlangen nicht, daß man uns einfach glaubt. Ihr könnt es selbst bewiesen haben, indem ihr die Gedanken um das Altwerden, an Behinderungen und negative Gedanken überhaupt völlig ausschließt, ihnen nicht gestattet, in eurem Weltbild aufgenommen zu werden.

Wir wissen geschichtlich, daß es vor dreitausend Jahren eine Sprache gab, die auch gesprochen wurde, in der kein einziges negatives Wort enthalten war.

Diese Sprache reicht bis mehr als 200 000 Jahre zurück.

Fragen und Antworten.

Frage: Hat das schweigend ausgesprochene Wort „Gott" ebensoviel Macht wie das hörbar gesprochene?

Antwort: Es hat genau die gleiche Macht. Tatsächlich gibt es vielen Menschen mehr Kraft, innerlich *„Gott"* zu denken, als es auszusprechen.

Frage: Wie kann man diese große Macht in sich zum Selbstausdruck erwecken?

Antwort: Nur indem man *weiß*, daß man diese Kraft hat. Ihr seid erhabene Macht. Ihr seid erhabene Weisheit, und in dem Augenblick, da ihr das anerkennt, setzt ihr die Energie frei, die euch zeigt, daß ihr frei von jeglicher Begrenzung seid.

Frage: Wird auf diesem Planeten eine große Zerstörung stattfinden, ehe der universelle Friede kommt?

Antwort: Zerstörung ist das, was wir selbst verursachen. Es sind die Gedanken, die wir aussenden. Nehmen wir an, wir alle weigerten uns, das Wort „Zerstörung" anzuwenden; würde eine solche kommen? Ganz und gar nicht.

Frage: Was verhindert die Ausbreitung des Wissens der Meister über die ganze Welt?

Antwort: Es ist nur unser eigener Fehler, nichts anderes kann es verhindern. Sobald wir *anerkennen* und *wissen*, daß wir so sind, wie SIE sind, und es immer gewesen sind, wird es nie von uns ferngehalten. Niemand, außer wir selbst, kann es von uns fernhalten.

Frage: Ist Hypnose eine Übertretung des Gesetzes, indem sie eines Menschen Willen unterwirft?

Antwort: Man hat allgemein zugegeben, daß Hypnose in bezug auf den menschlichen Zustand oder auf das Gehirn schädlich sei.

Kapitel III

Gibt es einen Gott?

Gibt es einen Gott? Diese Frage ist heute mehr als jede andere zu hören. Die Wissenschaft hat diesem Thema in den letzten Jahren mehr Aufmerksamkeit geschenkt als je zuvor und leistet in dieser Hinsicht auch ein großes Werk. Von einer Gruppe Medizin-Studenten wurden Nachforschungen angeregt, die seit mehreren Jahren weit fortgeschritten sind. Natürlich ist die sehr große Überzeugung vorhanden, daß hinter allen Erlebnissen ein großes Prinzip stehe. Dies reicht so weit zurück, daß im Laufe der Zeit alle Verbindungslinien verlorengingen. Wir sind zu der Überzeugung gekommen, daß es allezeit existiert hat und auch heute existiert, und das nichts dieses Prinzip aus dem absoluten Gesetz und seiner großen Ordnung herausbringen kann. Die größte Frage, die jemals von Menschen gestellt wurde und heute noch gestellt wird, lautet: „Gibt es einen Gott?" Vom orthodoxen Standpunkt aus wird als Glaubenssatz anerkannt, daß es einen Gott gibt, eine Gottheit, — Vater des Menschen genannt. In diesem Sinne sprechen wir für einen großen Teil der Menschheit. Nicht zufrieden jedoch mit dem bloßen Glauben, wollen die Menschen wissen: „Habt ihr unwiderlegbare Beweise für die Existenz der Gottheit?"

Es war Aufgabe der Wissenschaft, dieser Tatsache nachzugehen und eine Antwort auf die Frage zu finden, die dem

Verstande genügen kann. Durch wissenschaftliche Nachforschungen ist im Laufe der letzten Jahre entdeckt worden, daß es eine universelle Kraft gibt, die auch universelle oder primäre Energie genannt wird und die das ganze Universum durchdringt und den unendlichen Raum erfüllt. Heute finden wir, daß die Energie dieses Prinzips größer ist als die der Atombombe. Diese Energie dringt durch den ganzen Raum, durch alle Lebensbedingungen und Dinge. Sie ist nicht nur einer Person oder einer Gruppe verliehen, sondern ist überall, sie gehört jedem. Sie wirkt in jedem, ob er es spürt oder nicht. Die Nicht-Anerkennung dieser Energie ändert daran nichts. Sie ist weder in Büchern verborgen, noch in dunklen Ecken. Sie ist immer gegenwärtig, allgegenwärtig, alles durchdringend. Es ist dies eigentlich die wirkliche Substanz und das Prinzip, aus dem wir leben, uns bewegen, ja, unser Wesen haben. Wenn es nicht dieses Prinzip, diese Göttlichkeit in jeder Person gäbe, wären wir nicht imstande, ein Bild von diesen Dingen aufzunehmen. Das haben unsere Experimente bewiesen. Dieses göttliche Prinzip ist in allen Dingen gegenwärtig und durchdringt alles, jede Eigenart der Lebensführung, jedes Erlebnis. Es ist dieser göttliche Einfluß, diese göttliche Energie, die permanent, ewig dauernd, allumfassend ist. Wir haben es in Photographie bewiesen, denn gäbe es diese göttliche Energie nicht, könnte keine Photographie gemacht werden. Die Bilder, die auf einem Film aufgenommen wurden, sind nichts anderes, als die vom Objekt oder von der Person ausgehende Vibration. Dies ist der Beweis für die Göttlichkeit in jeder Form. Wenn wir diese Göttlichkeit von außen her suchen, finden wir sie nicht, denn dann suchen wir außerhalb unseres Selbstes nach etwas, was uns so nahe ist wie Hand und Fuß, so nahe wie unser Herz. Gehen wir in uns hinein, so finden wir in jedem Teil die Gottheit. Warum vergeuden wir unsere Zeit, nach einem Gott außerhalb unseres Selbst zu suchen?

Ebenso ist es mit den Meistern oder den älteren Brüdern. Sie sind wirklich hier in jeder Form. Sie sind uns so nahe wie unser eigenes Herz. Um die Meister zu treffen, braucht man nicht nach Indien oder in ein anderes Land zu gehen. Überall da, wo man gerade ist, kann man sie sehen. „Wenn der Schüler reif ist, wird der Meister kommen." Es ist heute wohlbekannt, daß durch eine größere Zivilisation — viele, viele Zeitalter zurück — ein großer Vorrat aus Prinzipien und Gott-Eigenschaften aufgebaut wurde, die sich in zahllosen Äonen der Zeit hindurch erzeugt und geoffenbart haben, und daß dieses Reservoir des Guten durch keine eindringende negative Bedingung vernichtet werden kann. Das mächtige Reservoir oder Momentum an Gottes Güte und ursprünglicher Reinheit besteht durch alle Zeiten hindurch. Sobald wir an dieses große, vibrierende, pulsierende Prinzip denken, werden wir seiner gewahr in unserem innersten Innern. Dieses allumfassende Reservoir des Guten steht für uns bereit, bereit zur Anwendung, zu jeder Zeit. Wir brauchen uns nur einzufügen, so werden wir eins mit ihm.

Nun hat man dieser Energie den Namen „Gott" gegeben, ein Wort, das aufnahmefähig ist für den größtmöglichen Vibrationseinfluß, der heute bekannt ist.

Wenn wir dieses Wort in seiner wahren Bedeutung anwenden, — und es kann in keinem anderen Sinne angewendet werden, — wenn es Einfluß haben soll, dann wirken wir auf alle Substanz ein; wir wirken auf jedes Prinzip ein, wir wirken ein auf Gesetz und Ordnung, — und was immer wir in wirklicher Form ausdrücken, ist schon unser Eigentum. Wie schon Jesus sagte: „Ehe du gefragt hast, habe ich schon geantwortet und noch während du gesprochen hast, habe ich gehört." Denkt daran. Weil wir in definitiver Ordnung und in definitiver Form das Wort ausgesandt haben, gehört uns das, was wir ausgesprochen haben. Es gibt weder Zeit noch Raum.

Es ist heute wohlbekannt, daß Vollkommenheit nie erschaffen werden kann, sie *war* und *ist* allezeit. Wenn wir meinen, wir könnten die Vollkommenheit durch unseren Willen erschaffen, gehen wir völlig aus uns heraus, denn Vollkommenheit ist schon da. Sie ist hier und jetzt.

Wenn wir richtige Worte, richtige Gedanken, richtiges Handeln anwenden, wirkt jedes Wort sich in einem großen

Schwingungseinfluß aus. Zuerst der Gedanke und dann das ausgesprochene Wort. In unserer Bibel heißt es: „Am Anfang war das Wort und das Wort war bei Gott und Gott war das Wort."

Wenn wir lernen, jeden negativen Gedanken auszuschalten, jedes Gefühl, jedes Wort und jedes Handeln, dann speichern wir diese Energie in unserem Körper. Im Augenblick, da wir ein negatives Wort aussprechen, verschleudern wir Gottes reine vollkommene Energie, darum: je mehr wir lernen, uns selbst im Denken, Fühlen, Reden und Handeln zu beherrschen; sobald wir positiv und konstruktiv reden und handeln, um so mehr erschaffen wir diese gewaltige Energie, damit sie unser Gebot erfülle und Vollkommenheit offenbare.

Jede Feststellung, die Jesus je gemacht hat, ist hier und jetzt offenbar geworden. In Seiner Welt gab es keine Zukunft, alles war JETZT. In der Ursprache gibt es weder ein Wort für „Zukunft", noch für „Vergangenheit". Jedes Wort, in jeder Sprache, ist Ausdruck von Jetzt und Hier. In gleicher Weise ist heute bekannt, daß jedes Wort, welches wir unter positivem und konstruktivem Einfluß aussprechen, aufbewahrt wird und nie vergeht.

Das definitive Wort: „ICH BIN GOTT" ist ein entscheidender Faktor, der die Menschheit emportragen kann. Unter diesem Ideal kommen wir voran.

Jeder Einzelne kann diese Feststellung an sich selbst beweisen. Erfolg gehört dem, der ein Ideal in sich trägt und es nie aus dem Auge verliert. In vielen Fällen ist es ihm unbewußt, wie er seinen Erfolg gesichert hat.

Anbetung ist keine nutzlose Handlung. Es ist notwendig, daß man sich anstrengt, um ein Ideal zu erreichen. Dieses Ideal, wenn es fest im Gedanken gehalten wird, muß Gestalt gewinnen. Der Gedanke allein bringt eine Sache in sichtbare Form. Diese Vision projiziert sich so ausdrucksvoll, daß sie hervorgeht aus dem Urquell allen Daseins und sich vollkommen kristallisiert. Eine klar gestellte Vision geht aber voraus.

Es ist notwendig, sich jederzeit nur an eine einzige Bedin-

Gibt es einen Gott?

gung zu halten. Man erlaube den Gedanken nicht, nach Belieben abzuschweifen, um eine andere Form anzunehmen, ehe die erste Gestalt angenommen hat. Wenn eine Handlung vollendet ist, lasse man den Gedanken ganz fallen und gehe zum nächsten über.

So ist zu verstehen, was Jesus meinte, wenn er sagte: „Ihr seid Gottes und Söhne des Höchsten." Das waren seine Gedanken über die Tatsache der menschlichen Existenz. Allezeit das Höchste, immer das Edelste, immer das Reinste, immer Licht — nie Verfehlen, nie Zweifel. Immer die gleiche Einheitlichkeit des Zieles, das den Gedanken lenkt. Eine so projizierte Vision kann die Menschheit über alle Furcht emporheben, über jeden unharmonischen Gedanken. So kann die Menschheit allezeit auf den Ebenen hohen Erreichens bleiben und von weniger hohen Gebieten zu einem höheren Feld der Nützlichkeit emporgehoben werden.

Das ist das Weiterschreiten unseres planetarischen Systems. Die Sonne aller Sonnensysteme bringt es zum Ausdruck, zieht Energie zu sich heran, damit größere Energie frei wird und ausgehen kann. Wenn unsere Sonne ein großes Stück Kohle wäre, würde sie eines Tages verzehrt sein. Sie hat aber Hunderte von Millionen Jahren existiert. Sie zieht Kraft, Macht und Energie zu sich heran und machte sie unserer Welt und anderen Welten zugänglich. Der Mensch muß die gleiche Lehre des Energieaustausches erfassen. Sobald wir unsere Kräfte zurückhalten, erfolgt eine Lähmung. Geben wir aber aus, was wir haben, dann fließt immer Neues hinzu und füllt den Raum dessen aus, was ausgegeben wurde. Die Energie ist unerschöpflich, wenn man sie in richtiger Weise und am rechten Platz anwendet. Das ist es, was unseren Körper erneuert. Wenn es diese Energie außerhalb gibt, dann gibt es sie auch in uns.

Wenn die Gottheit außerhalb unseres Wesens ist, dann können wir sie auch nicht aus unserem Innern fernhalten. Alles, was man zu tun hat, ist, sich zu einem Kanal für die göttliche Kraft zu machen. Sie pulsiert ständig und kann nicht vermindert werden. Das ist auch die richtige Erklärung für die Unsterblichkeit des Menschen. Es gibt eine Unsterblichkeit eines jeden Gedankens, jeder Handlung, jedes Wortes. Es gibt aber auch eine vereinigende Kraft, der kein Mensch entgehen kann. Was der Mensch erschafft, aussendet, — vollendet nur die Tatsache, die schon jederzeit bestand. Die Tatsache aller Wesenheit hat immer schon existiert, im Geist, ohne Anfang und ohne Ende.

Der Mensch fragt immer nach der Natur des Beginns. Es ist nicht leicht, sich etwas ohne Anfang vorzustellen. Was jedoch den Menschen betrifft, so erfolgte der Anfang mit dem Bewußtsein des Getrenntseins. Vorher war des Menschen Geist, und das ist der Zustand, zu dem wir zurückkehren sollten.

Die neue Einstellung zur Wissenschaft und Religion wird uns dann befähigen, die besseren Dinge zu erkennen, welche uns versprochen wurden. Haben wir uns für sie geöffnet, dann sind sie heute schon da. Gott existiert nicht in der Form eines Menschenwesens — Gott ist die erhabene Intelligenz-Kraft, die alle Formen und jedes Atom des ganzen Universums durchdringt. Wenn man begreift, daß diese erhabene Intelligenz-Macht in der eigenen Gestalt ist, daß man selbst diese Macht ist, und wenn man einsieht, daß diese Macht durch jeden wirksam wird, dann erst ist man selbst zu dieser Macht geworden. Jeder Einzelne hat die Fähigkeit, diese Macht zu *sein*. Denn das ist das Reich Gottes, in welches jeder hineingeboren ist. Sobald es alle Menschen einsehen und *wissen*, gehören sie zum Reiche Gottes.

Fragen und Antworten.

Frage: Was ist das erste Gesetz?

Antwort: Das erste Gesetz ist „ICH BIN". Das ist das verlorengegangene Wort. Wir fangen an, es zu verstehen. GOTT, ICH BIN.

Frage: Ich möchte über dieses ICH BIN gerne mehr wissen, so, wie die Meister es erklärten.

Antwort: „ICH BIN" ist das zweite Wort in der Sprache. Es bedeutet volles Verständnis, volles Anerkennen, daß ihr Gott seid.
GOTT, ICH BIN. Das Wort „Gott" ist das erste, wegen seiner größten Vibration, eure Anerkennung ist dann „ICH BIN".

Frage: Was ist der HEILIGE GEIST?

Antwort: Der Heilige Geist bedeutet das Ganze vom „ICH BIN GEIST" in seiner vollkommenen Handlung, in jedem Zustande.

Frage: Wie kann man den Christus hervorbringen?

Antwort: Der Christus muß in jedem innerlich geboren werden. Jesus hat euch das Beispiel dafür gegeben. Ihr bringt aus euch das heraus, auf was ihr auch immer eure Aufmerksamkeit lenkt, indem ihr euch gerade darauf fest konzentriert. Der Christus ist inwendig in euch.

Frage: Wenn es diesen Meistern, von denen Sie schreiben, möglich ist, den Körper zu verlassen, wie kommt es, daß so wenige Menschen davon wissen?

Antwort: Weil die Leute es nicht glauben. Sie verlassen ihren Körper nicht. Es ist ein Ausdruck, den man anwendet, damit es begriffen werden kann. Sie nehmen ihren Körper mit sich.

Frage: Haben Sie jemals Saint Germain angetroffen?

Antwort: Wir wissen von Saint Germain und kennen sein Leben. Es ist ein großes Leben gewesen. Es ist niemandem bekannt, ob Saint Germain jemals durch den Tod gegangen ist. Mein Adoptiv-Bruder und ich hatten in dieser Beziehung ein interessantes Erlebnis gehabt. Zu jener Zeit beschäftigte sich mein Adoptiv-Bruder mit einem großen Ingenieur-Projekt der Regierung in unserem Lande hier. Als er damit fertig war, telegraphierte man ihm von Paris, er möge hinkommen. Sie waren damit beschäftigt, einen ausgedehnten Sumpf im Hinterlande von Paris zu entwässern und ihn für Gärten vorzubereiten. Während man daran arbeitete, begannen die Wasser der Seine das Grab von St. Germain zu überfluten, und man stellte fest, daß man es anderswohin verlegen müsse. Mein Bruder telegraphierte mir, er vermute, man werde wahrscheinlich den Sarg öffnen und wir könnten den Inhalt betrachten. Ich fuhr hin. Der Sarg wurde geöffnet und wir sahen, was darin war. Man fand nur den Hüftknochen eines Hundes. Nun denkt an die Tausende von Heilungen, die sich an der Stelle ereignet hatten. Jedermann hatte alle Gedanken auf die Vollkommenheit von St. Germain gerichtet, ihre Schwächen waren vergessen, nur gänzliche Vollkommenheit war eingetreten. Das ist heute beinahe mit jedem Grabe ähnlich.

Frage: Wenn wir etwas wünschen, wozu wir völlig berechtigt sind, ist es dann recht, darum zu bitten?

Gibt es einen Gott?

Antwort: Wenn ihr auf etwas euer heiliges Recht habt, braucht ihr nicht darum zu bitten. Unser Anerkennen von Illusionen verneint das Gute, das wir wünschen. Wenn ihr der göttlichen Natur in euch Ausdruck verleiht, werdet ihr sehen, daß alles, was ihr braucht, zur Hand ist. Diese Einsicht läßt euch wissen, daß das Gute vollendet ist, noch ehe ihr dem Gedanken Raum gegeben habt. Die Notwendigkeit braucht sich gar nicht zu zeigen.

Kapitel IV

Ewiges Leben

Für eine auserwählte Amöbe ändert sich das Göttliche Bild niemals. Es beherrscht das Ideal und die vollkommene Form und übergibt diese vollkommene Gestalt jeder neuen Zelle, die in der ganzen Form erschaffen wird. So *hat* nicht nur jede einzelne Zelle in den Formen der ganzen menschlichen Rasse das vollkommene Bild der erhabenen Intelligenz, sondern sie *ist* diese Vollkommenheit. Wir haben also den unumstößlichen Beweis dafür, daß der Mensch oder die Menschheit überhaupt, göttlich ist — die göttliche erhabene Intelligenz, die Gott ist, der siegreiche Christus, Gott-Mensch, das Resultat der völligen Vereinigung der Trinität. Tatsächlich hat jeder Same das exakte Bild dessen in sich, was er hervorbringen muß.

Setzen wir uns ruhig hin und betrachten wir diese einzelne Amöbe und ihre Fähigkeit, sich zu reproduzieren und in jede einzelne Zelle das perfekte Bild dessen einzupflanzen — ein Bild, das in Vervielfältigung nicht nur jede menschliche Gestalt formt, sondern jeden Baum, jeden Grashalm, jede Blume, jeden Kristall, jeden Felsen, jedes Sandkorn. Tatsächlich kann man bei genauer Beobachtung von Kristallen jede Felskonstruktion mit Sicherheit feststellen. Das gleiche gilt für jedes Sandkorn und für alle Mineralien. Diese Kristallisation ist die Grundlage, an welcher wir die Beziehungen zum Ganzen und ihren ökonomischen Wert für die Menschen erkennen.

Gehen wir zurück zu unserer Vergrößerung und Schnell-Photographie, die in der Entwicklung sind. Wir finden, daß das allerkleinste Samenkorn, wenn der Kern unter starker Vergrößerung photographiert wird, genau die Form dessen hat, was hervorgebracht werden soll und die Wellenlänge oder Vibrationsfrequenz anzeigt, die es während der gesamten Produktions-Entwicklung beibehält. In dieser Vibrations-Frequenz zieht es Energie zu sich heran, die ihm zur Entwicklung bis hin zur Reife notwendig ist. Diese Vibrations-Energie, die göttliche Lebens-Essenz, die die Substanz zu sich heranzieht, gibt dem Baum, der Blume und allem vegetativen Leben, so gut wie allen Mineralien und aller metallischen Substanz nicht nur Leben — sie *ist* das Leben in der Substanz.

Nun sind wir frei, um zu sagen, daß alle Substanz Leben in sich zum Ausdruck bringt. Bei diesem göttlichen Plan der Vollkommenheit gibt es keine Änderung, solange der Mensch nicht durch sein Denken diese Vollkommenheit stört oder schädigt. Man hat gefunden, daß der Mensch imstande ist, diese Emanation der Vollkommenheit zu weiterer und größerer Fruchtbarkeit anzutreiben, indem er immer größere Gedanken der Fruchtbarkeit und Vollkommenheit aussendet.

Kehren wir zurück zur Amöbe oder ersten Zelle. Wenn diese Zelle ganz anders ist als diejenige einer Pflanze oder eines Minerals, so ist die Vibrations-Frequenz doch eine viel größere und nicht zu vergleichen mit derjenigen eines Minerals oder eines Tieres. Man hat gefunden, daß der Vibrationsgrad eine Kraft ist, die Energie oder Substanz zu sich heranzieht, die das Wachstum neuer Zellen veranlaßt, die schließlich den menschlichen Körper aufbauen kann. Dieser Übergang von einer Zelle zur anderen bildete die erste und unabänderliche Form der Göttlichkeit. Man kann ganz genau sehen, daß die menschliche Form ideal und perfekt ist, wenn der Mensch sich darauf einstellt und weder durch das Denken noch im Ausdruck im Gegensatz zum Ideal der Göttlichkeit steht. So kann man sagen, daß er Gotteskörper ist, rein und vollkommen.

Betrachten wir dieses göttliche Energie- und Intelligenz-Prinzip, hervorgegangen aus der Einzelzelle, der Amöbe, deren eigenes Prinzip bei großer Vibrations-Frequenz angefangen hat, Energie zu sich heranzuziehen und dann begonnen hat, sich zu teilen und zu vermehren, bis ein großer Zentralpunkt, eine Form wurde, aus welcher es alle Formen hervorbringen und lenken kann. Die Menschheit hat sich von diesem vollkommenen Vorbild, von diesem Gestaltungsvermögen nie entfernt. Die Photographie zeigt diese vollkommenen Formen nicht nur um jede Gestalt herum, sondern es kommen auch noch andere vollkommene Formen zum Vorschein.

Wo den Wissenschaftlern Tatsachen fehlen, sind wir weiter vorgedrungen, hin zum absoluten Wissen, daß wir selber diese große hervorgehende Energie-Frequenz sind. Setzt euch einige Augenblicke nieder und überlegt: „GOTT, ICH BIN", und „ALLE SIND", „Gott, ich bin göttliche Intelligenz"; wisse, erkenne und laß dabei keine Zweifel aufkommen — „Ich bin göttliche Liebe", und „Durch mich strömt es aus über alle Welt". Dann sehe dich selbst als Gott und jedermann als ihn und du siehst, was in der sub-mikroskopischen Lebenszone vorgegangen ist, denn du wirst einen beinahe unsichtbaren Tropfen Protoplasma erkennen, durchsichtig, gallertartig, bewegungsfähig, der aus der Sonne Energie zu sich heranzieht, schon imstande, mittels des Sonnenlichtes das Carbon-Dioxyd von der Luft zu trennen, Atome abzuspalten, Hydrogen aus dem Wasser zu ziehen und Carbo-Hydrate zu bilden und seine Nahrung aus den eigensinnigsten chemischen Zusammensetzungen zu entnehmen.

Diese Einzelzelle, dieser durchsichtige kleine Tropfen enthält in sich den Keim allen Lebens. Er hat ihn nicht nur, er ist auch imstande, das Leben auszubreiten, an alle großen und kleinen lebenden Dinge auszuteilen, und das Gebilde seiner richtigen Umgebung zuzuweisen, wo immer auch Leben sein kann, vom Meeresboden bis hin zum obersten Universum. Zeit und Umgebung haben die Gestalt eines jeden lebenden Wesens so geformt, daß es die unendliche Vielfalt aller Bedingungen meistern kann und während diese Lebewesen ihre Individualität entwickeln, verlieren sie ein wenig die Beweglichkeit ihrer Veränderlichkeit. Sie werden festgelegte Eigentümlichkeiten, verlieren die Möglichkeit der Rückentwicklung, aber sie gewinnen immer bessere und größere Anpassung an die Lebensbedingungen während der weiteren Existenz.

Die Macht dieses Protoplasma-Tröpfchens und seines Inhalts ist größer als die Vegetation, welche die Erde mit Grün überzieht, größer als alles tierische Leben, welches den Lebensatem einzieht, denn alles Leben geht aus ihm hervor und ohne es könnte es nie ein lebendes Wesen gegeben haben.

Ihr werdet sehen, daß das absolute Wahrheit ist, Schritt für Schritt wird die Menschheit wissen, wie wir es wissen, daß der Mensch die universelle Quelle dieses Lebens ist. Der Mensch ist Herr im tierischen wie im pflanzlichen und mineralischen Königreich, vollkommen mit erhabener Intelligenz ausgestattet, die Seele aller Dinge. Der Mensch hat diese göttliche Intelligenz nie verloren. Er ist nur seines göttlichen Erbteils beschämend unbewußt geworden, indem er seine eigene niedrige Gedankenstruktur aufgestellt hat. Es ist gut, hier angelangt, zu verweilen und diese niedrige Gedanken-Struktur fallenzulassen, sie zu vergessen um eine wahre Struktur aufzustellen, als Mensch mit erhabener Intelligenz, als Herr über alle Dinge, Gott und Mensch zugleich.

Eine Amöbe ist eine mikroskopisch kleine, aber hochentwickelte Intelligenz, bestehend aus ungezählten Millionen von Atomen in wohl geordneter Zusammenstellung. Ausmaß aber hat mit der Unendlichkeit nichts gemein. Das Atom ist ebenso vollkommen wie das Sonnensystem. Die Zelle teilt sich und es werden zwei neue daraus. Die zwei teilen sich und es werden vier und so fort, wie es eben die Zellen in jedem lebenden Wesen tun. Jede Zelle enthält in sich die Macht, ein vollkommenes Wesen hervorzubringen. Die Zellen selbst sind unsterblich. Sie bauen heute die Zellen aller Lebewesen auf, der tierischen und pflanzlichen und sind genaue Abbilder ihrer Erzeuger. Wir, wie die ganze Menschheit, sind wohlgeordnete Abbilder von Billionen und Aberbillionen ähnlicher Zellen, von denen jede als intelligente Bürger einen festgesetzten Dienst zu leisten hat. Diese eine Zelle besitzt ferner die Macht, das Licht der Sonne zum Aufbrechen chemischer Zusammensetzungen anzuwenden und sowohl ihre eigene, wie die Nahrung der Bruderzelle herzustellen. Ihr werdet finden, daß diese Teilung absolut grundlegend ein Erfordernis des Lebens ist. Kann man weiterhin verneinen, daß der Mensch hier unsterblich ist, wenn jeder Beweis seiner Göttlichkeit den Beweis für seine Unsterblichkeit gibt?

Alle Dinge, die leben, gehen aus einer einzigen Zelle hervor. Diese Zelle zwingt alle ihre Nachkommen zum Dienst und zur Nachfolge, ohne Umwege zum Bild des Geschöpfes, welches die ursprüngliche Zelle aufbaute, sei das ein Mensch, eine Schildkröte oder ein Hase. Man hat herausgefunden, daß diese Zellen bewußte Intelligenz besitzen, sowohl Instinkt wie Verstandeskraft, und es ist bekannt, daß nach der Teilung ganze Gruppen der Zellen gezwungen sind, ihre Natur umzustellen, um den Anordnungen des Wesens nachzukommen, dem sie angehören. Weshalb? Weil der Plan festgesetzt und unabänderlich ist. Das ist der Grund, weshalb der Mensch göttlich ist, vollkommen und unbesiegbar. Es ändert nichts, welche Gedanken-Struktur er sich aufbaut, dieser Plan ist völlig unwiderruflich und kann nicht geändert werden; er ist erstes und herrschendes Prinzip, zwingend.

Das ist auch der Grund dafür, daß der Mensch fähig und sehr wohl imstande ist, das Allerhöchste zu erreichen. Sollte es ihm im Augenblick nicht gelingen, das Höchste zu erreichen, so braucht er nichts weiter als seinen Gedankenaufbau zu ändern, der ihn behindert — und sein Denken auf die richtige Gedankenstruktur zu richten, die in seinem Innern fest eingefügt ist, von der ihm schließlich sein eingegebener Instinkt spricht, und dann dauernd einen Gedankenaufbau zu bilden, der ihm gestatten wird, die höchste Vorstellung zu erreichen, die ihm möglich ist. Sein leichtester und erfolgreichster Weg zu diesem höchsten Ziel ist: einen alten Gedankenaufbau fallenzulassen, der ihn ans Rad der Wiederholungen bindet — sofort in die Tat umsetzen, was einen unzerstörbaren Gedankenbau sichert, der nie verfehlen wird, ihn zum Höchsten emporzutragen.

Als erster Rat! Gib deinem Denken und deinem Verstand das Wort „Gott" und wisse positiv, daß dies der Punkt ist, aus welchem jeder Erfolg hervorgeht und von welchem jeder Erfolg ausgeht.

Dann halte den Erfolgsgedanken mit einem anderen Gedanken fest: *„Gott, ich bin vollständig fähig, in jeder Anstrengung Erfolg zu haben, die ich wahrheitsgetreu beginne."*

Dann der nächste Gedanke: *„Gott, ich bin die genaue Kenntnis dessen, was mich zum Erfolg befähigt."*

Die nächste Feststellung wird sein: *„Gott, ich bin die unendliche Liebe, welche alle Substanz zu mir heranzieht, die ich zu meinem Erfolg benötige."*

Im Wissen, daß Liebe die größte Kohäsionskraft im Universum ist, wird die nächste Feststellung heißen *„Gott, ich bin die Intelligenz, die all' meinen Erfolg in richtige und vorteilhafte Wege leitet."*

Dann folgt: *„Gott, ich bin das göttliche Wissen und die göttliche Weisheit, welche meinem Erfolg Vollkommenheit verleihen."*

Und darauf folgt: *„Gott, ich bin die vollkommene Dreiheit, Gott der siegreiche Christus, Gott-Mensch, der eine Zentralpunkt in der Schöpfung."*

Wir sind nun erfüllt mit den Gottes-Zellen, die sich nie lösen oder sich in ihrer Göttlichkeit wandeln. Das Gehirn des Menschen ist aus diesen Gottes-Zellen zusammengesetzt und das ist der Grund, weshalb der Verstand sich nie ändert. Gedanken mögen in einer einzigen Minute sich tausendmal ändern, weil sie nur Reflexe des Unterbewußtseins sind. Hier hat der Mensch einen freien Willen, denn er kann sein Bewußtsein dazu bringen, jeden entstandenen Gedanken zu glauben, den er bemerkt oder der ihm von anderer Seite eingegeben wird. Dieses Unterbewußtsein ist nicht ein Teil des denkenden Gehirns, es ist ein Ganglion von richtigen Zellen, gerade unter dem Herz-Zentrum. Diese Zellen kennen weder Unlauterkeit noch Unvollkommenheit. Sie nehmen und bewahren alles auf, was gedacht oder gesprochen wird und haben keine Möglichkeit der Unterscheidung. Sie wiederholen auch das, was sie aufbewahrt haben, und so beginnt der Mensch bald zu glauben, was als Wahrheit wiederholt wird. Es dauert nicht lange, so ist er nicht mehr imstande, Wahrheit vom Falschen zu unterscheiden. Diese Gruppe von Zellen kann aber dazu beeinflußt werden, falsche Behauptungen fallenzulassen und wahre und einwandfreie Feststellungen zu behalten. Man muß nur direkt zu ihnen sprechen. Verlange von ihnen, daß sie alle falschen und negativen Eigenschaften, Gedanken und Behauptungen aufgeben und bald kann man schon beobachten, daß in der eigenen Gedankenwelt nur wahre und konstruktive Feststellungen aufbewahrt werden, die natürlich ihre Wirkung auf euch und durch euch haben. Dann folgt das Gewahrwerden einer großen Gemütsruhe und ein festes Zielbewußtsein. Diese Zellen haben keine eigene Möglichkeit der Unterscheidung, sie müssen angewiesen werden. Ihr werdet sie aber sehr zugänglich und sehr willig finden, sich unterweisen oder von der Wahrheit beeinflussen zu lassen. Einige Menschen schienen wirklich aufzuglühen, als sie eine derartige Anwendung der Wahrheit bemerkten.

Hunderte von Billionen Zellen sind aufgerufen, das Rechte zur rechten Zeit und am richtigen Platz zu tun, und sie sind wahrlich zu jeder Zeit gehorsam, solange der Betreffende aufrichtig ist.

Das Leben der Menschen treibt voran, aufbauend, verbessernd, Neues und Besseres erschaffend, mit einem so unwiderstehlichen Antrieb und solcher Energie, wie sie bei den leblosen Dingen weder begriffen noch gefunden wird. Es wurde erkannt, daß es einen intelligenten Instinkt und eine anleitende Beeinflussung gibt, welche jede Zelle der menschlichen Gestalt durchdringt, wieweit sie sich auch von diesem göttlichen, leitenden Einfluß entfernt haben mag. Es ist unser Vorzug, sie unter diesem Einfluß zu sehen, ohne an das Äußerliche zu denken, oder an die Dinge, die sie unter hypnotischem Zwang halten. Wie wunderbar ist es, zu sehen, daß jemand, ja sogar alle, die unter diesem Zauber stehen, mit einer unendlich komplizierten Zellen-Struktur begabt sind, die man das „menschliche Gehirn" nennt. Dieses Gehirn vermag den Menschen und die ganze Menschheit zu den größten Höhen des Erreichbaren emporzutragen. Welch göttliches Vorrecht, die ganze Menschheit in diesem großen Bauwerk göttlicher Vernunft vereinigt zu sehen.

Unternehmt einen Versuch durch das ICH BIN der edlen Gottes-Seele und seht, wie sich die Fenster des Himmels öffnen werden und einen solchen Segen aussenden, daß sich jeder Ausdruck der Größe und Schönheit erfüllen wird. Alle, die getreu sind, mögen sagen: „GOTT, ICH BIN DAS WISSENDE PRINZIP ALLER DINGE". Es öffnet den Blick für den universellen Überfluß, an dem es nie mangelt. Versucht es im Wissen, daß der Erfolg euch gewiß sein muß. Gleich dem Elias, haltet den Becher hoch, bis er zum Überfließen gefüllt ist. Zweifelt nie an den Möglichkeiten der einen Vernunft. Sie ist jederzeit bereit, solche Wunder hervorzubringen, wenn sich der Mensch einfügt in die Vernunft Gottes.

Bis jetzt ist die Spur der Menschheit bis zu einer Million von Jahren wenigstens zurückverfolgt worden, so daß auch die Wissenschaftler zufriedengestellt sind, aber laßt uns sehen, daß diese Periode nur ein festgesetztes Minimum ist, denn der Mensch geht auf ein Alter zurück, welches jedes Verständnis weit übersteigt. Man kann leicht sehen, daß man diese Schau weiter ausdehnen kann, wenn man die Gottes-Vernunft, die eine Vernunft einschließt.

Damit verlieh man dem Menschen einen Hintergrund, ein Fundament, das ihm und der Göttlichen Vernunft treu geblieben ist. Wie schnell wird man in der Lage sein, den eigenen Denk-Prozeß mit der göttlichen Vernunft zu verbinden, indem man erklärt: „Gott, ich bin göttliche Vernunft." Zutreffend dann, wenn man ganz bestimmt weiß, daß diese Feststellung wahr ist und in Übereinstimmung mit dem göttlichen Gesetz und Prinzip steht.

In solcher Weise wird man bald gewahr, daß der Himmel ganz um uns herum ist. Nun ist Gelegenheit gegeben, zu begreifen, daß jedermann die gleiche Freiheit hat, wie wir selbst. Begreift nun auch, daß es keine Materie gab, bevor der Gedanke sie als Wirklichkeit darstellte. Denke daran, daß Materie niemals lächelt, niemals die Macht oder die Energie hat, sich selbst zu meistern oder über sich selbst zu herrschen, sie ist instinkt- und willenlos. Von allen anderen Substanzen ist sie entfernt.

Der Vogel sieht tatsächlich sein Flugziel und benötigt darum weder ein Instrument noch einen Führer; das Instrument ist genau im Innern, in den winzigen Gehirnzellen. Wieviel besser kann dieses gleiche Instrument euch führen, da es genauso in euren Gehirnzellen zu finden ist. Der Verstand steht unter direkter Kontrolle, sobald der Mensch weiß, daß er seine Verstandeskraft meistern kann. Der Vogel, auch wenn er Tausende von Meilen über Wasser fliegt, verirrt sich niemals.

Der Mensch besitzt die gleiche Sehkraft, aber er hat seine Fähigkeit verloren, indem er sie aus seiner Gedankenstruktur entließ. Aus der Göttlichen Vernunft geht nie etwas verloren. Das ist ein Grund dafür, daß sie des Menschen Eigentum ist, denn der Mensch ist ebenso göttlich wie die Vernunft. Darum wird er sich niemals von der Wahrheit entfernen oder nicht wissen, wie alles getan werden kann, sobald er sich wieder mit der Göttlichen Vernunft vereinigt hat.

Das Tier hat niemals Instinkt und Intuition verloren, aus dem einfachen Grunde, weil es nicht imstande ist, einen gegenteiligen Gedankenbau aufzustellen. Wenn ein Hund die Spur eines Menschen oder eines Tieres gefunden hat, dann ist er nicht fähig zu denken: „Kann ich das tun?" Folglich läuft er weiter auf der Spur, so lange, bis etwas geschieht, was die Fährte stört oder bis das Ziel erreicht ist.

Der Mensch kann viel mehr als die Tiere, aber er erlaubte sich, tiefer zu sinken als das Tier.

Mit seinem vollen Verständnis von der vollkommen ausgerüsteten Menschengestalt und dem richtigen Verständnis seiner Einheit mit Gott und der Göttlichen Vernunft, ist der Mensch leicht in der Lage, sich von einer Stellung zu einer anderen mit unbegrenzter Schnelligkeit zu bewegen; dann ist auch sein Gehirn mit der wahren Vernunft erfüllt. Indem er all-sehend und all-wissend mit der wahren Vernunft zusammenarbeitet, erreicht er augenblicklich jede Höhe; da sind keine schwierigen Strecken, der Pfad ist klar, der Beweis wird mit Gewißheit und Sicherheit offenbar.

Man kann die Hand ausstrecken und Gott fühlen. Leg deine Hand auf deinen eigenen Körper und beide werdet ihr Gott spüren und schauen.

Wenn man während der Tagesarbeit hundert oder tausend Menschen begegnet ist, dann hat man Gott hundert oder tausend Male getroffen. Das mag sich jeden Tag wiederholen. Bleibe Gott nahe, indem du ihn in jedem Lebewesen erkennst. Dann wird dir Gott immer so nahe sein, daß du ihm niemals mehr einen Platz in weit entfernten Himmelsräumen oder Tempelräumen zuzuweisen brauchst. Du wirst den Tempel finden, der nicht von Menschenhand gemacht wurde. Du wirst auch einsehen, daß dein Körper der erste und größte Tempel ist, der je gebaut wurde — der einzige Tempel, in dem Gott wohnt. Dann sieh den siegreichen Christus und Gott-Menschen in diesem Tempel! Das ist das wirkliche Leben, das deinen Körper erhält. Entfernst du daraus den Gott oder trennst du beide, dann wird dein Körper sterben.

Der Mensch hat alle großen Tempel erbaut, die je auf dieser Erde waren oder es noch sind, aber nie hat er diesen Körper-Tempel nachahmen können. Er ist nicht nur das größte Laboratorium, das je gebaut wurde, er hat auch die Macht, sich selbst zu produzieren.

Der Mensch hat seinen Körper in höchstem Maße geschädigt, so weit, daß er ihn beim sogenannten Tode der Erde übergeben muß. Aber er steht triumphierend wieder auf.

Der Mensch ist in seiner Begrenzung nicht fähig, ein menschliches Auge herzustellen, aber hat er einmal jede Begrenzung überwunden, dann wird er ein Auge bauen können oder irgendeinen Teil des menschlichen Körpers erneuern, ja, so weit hin, bis er den Tod überwinden kann.

Es gibt eine Göttliche Intelligenz und ein Göttliches Prinzip, aber sie wurden nicht von einem einzelnen Wesen oder Menschen geschaffen. Sie wurden von Hunderten von Millionen Menschen, von einer großen Zivilisation realisiert. Dieser Gedanke wurde so dynamisch entwickelt, daß er jedes Atom des ganzen Universums und damit auch jedes Atom des menschlichen Körpers erfüllte mit seinem anleitenden Einfluß auf alle Dinge. Und er wurde mit solcher Macht herausentwickelt, daß er zur herrschenden Kraft der Vernunft wurde, die sich niemals ändert. So übertrug er ihre Macht auf jede Zelle der menschlichen Gestalt, und das Licht, daß diese Göttliche Intelligenz ausstrahlt, wurde der ersten Zelle übergeben, in einem Ausmaße, daß die Göttlichkeit seit Billionen von Jahren von einer Generation zur anderen überging, ohne daß das eigentliche Göttliche Bild in der Einheit mit dem Menschen sich geändert hätte. Es wird so Hunderte von Billionen Jahren weitergehen, denn es ist aufgestellt als unveränderliches Gesetz. Ein im Kosmos aufgestelltes Gesetz ist unveränderliches Gesetz, ist Herr und Meister zugleich, denn es gibt nur ein einziges Gesetz, einen Herrn über jede entwickelte Verstandes-Tätigkeit. Der Mensch hat die volle Kontrolle über das göttliche Gesetz.

Aus dieser großen Vernunfts-Aktion kamen Millionen von Friedensjahren völliger Sicherheit. Jeder war siegreicher Christus-König auf seinem Gebiete, aber auch williger Helfer und Mitarbeiter; kein Gedanke an das Selbst oder an selbstsüchtige Ziele, alles war gemeinsames Gut für alle, denn ein Überfluß an allen Dingen gehörte auch allen zum freien Gebrauch.

Dann begannen Gruppen, die freien Willen und freies Handeln beanspruchten, sich zurückzuziehen. Sie verlangten Änderungen. Sie wollten materielle Dinge kennenlernen und eher an sich selbst denken, als an die ganze Gruppe. So zogen sich

Ewiges Leben

alsbald immer größer Gruppen vom gemeinsamen Haushalt, wie man es zu jener Zeit nannte, zurück. Schließlich vereinigten die Gruppen der Abgewichenen sich und wurden in einem Maße größer, daß die Gedanken chaotisch wurden, bis die natürlichen Elemente in ein Chaos gerieten und in der Sonne eine große Eruption stattfand, die mindestens eine Million von Jahren andauerte.

In unregelmäßiger Reihenfolge erschienen die Planeten und Sterne unseres planetarischen Systems. Aber noch vor diesen chaotischen Zuständen hatte die Menschheit schon eine definitive Verstandes-Aktion bewirkt, daß das Chaos in so göttliches Gleichgewicht kam, daß eine göttliche und perfekte Ordnung jedem Planeten und Stern genau den Platz anwies, daß man mathematisch auf die Sekunde genau bestimmen konnte, wo sie sich befanden. Dieses Gleichgewicht ist so vollkommen, daß seit Billionen von Jahren keine Änderung darin geschah. Das weist sicher auf die Ewigkeit hin. Man kann also gut dieses vollkommene Gesetz, den Herrn in Aktion erkennen. Diese Ordnung ist entstanden durch eine große Zivilisation in der menschlichen Familie und durch ihren geeinten Willen, durch vollkommenes Verständnis für diese Zivilisation.

Diesem vollkommenen Verständnis wurde der Name *Gott* gegeben. Es war bekannt, daß das Wort im Ton der höchsten Schwingung ausgedrückt werden konnte, es wurde zum Anfang jeder Sprache gemacht. Am Anfang bedeutete das Wort keineswegs eine menschliche Form, sondern galt für das Göttliche Prinzip, das die ganze Menschheit aufgestellt hatte. Diese Rasse lebte im Himmel, denn für sie war der Himmel und ist es auch heute noch, das immer Göttliche Prinzip, die Harmonie in der menschlichen Art, die Vernunft: *Gott* geheißen. Dieses göttliche, gerechte und vollkommene Gesetz, oder DER HERR, herrscht im ganzen Universum. Ihr seht es im ganzen Sonnensystem, aber wir wissen, daß es genauso positiv ist im ganzen Menschenreich und ebenso im Mineral-, Pflanzen- und Tierreich.

Während dieser chaotischen Störung gingen fast alle, die sich von der großen Gruppe entfernt hatten, zugrunde. Diejenigen, die übrigblieben, waren gezwungen, in Höhlen und wo immer sie Schutz finden mochten, Zuflucht zu suchen. Die Nahrung wurde spärlich und gerade dieser Mangel an Nahrung führte dazu, daß ein großer Teil von ihnen Menschenfresser wurden. Diese Zustände, die sie über sich selbst gebracht hatten und die sie nicht nur von der großen Gemeinschaft abtrennten, sondern auch unter sich selbst, zwangen sie dazu, Stämme zu bilden, um existieren zu können. Es führte dazu, daß sie all ihr einstiges Wissen vergaßen und zu Nomaden wurden. Dies waren die Vorfahren jener Rasse, die man die „materielle" nennt. Wenn andererseits auch diese Abtrennung sich schon vor mehr als einer Million von Jahren vollzog, so bleibt doch immer etwas, was man Halb-Instinkt nennen mag, der sie spüren ließ, daß sie einmal ein Teil des göttlichen Plans gewesen sind. Manche von ihnen treten heute furchtlos auf, bekennen frei ihr Recht des Herrschertums, und etliche von ihnen sind auf einem Punkt angelangt, wo sie von jeder Bindung völlig frei sind.

Diejenigen, die zusammenhielten in der großen Gruppe, gingen durch all diese chaotischen Veränderungen hindurch, in völligem Frieden und in Fassung, ohne die Göttlichkeit zu verlieren. Sie wußten wohl, daß diese Göttlichkeit ihnen nie weggenommen werden konnte. Bei alledem verlangten sie keine Ausnahmestellung, noch wünschten sie irgendein Vorrecht von dem, was alle benötigten.

Während der Zeitperiode, da diese große Zivilisation auf dieser Erde herrschte, waren die großen Länder und auch die Meere ganz im Frieden. Es gab keine Unruhe auf dem Land und auf der See, die Winde waren sanft und belebend, und alle Leute wanderten ganz nach Willen und Wunsch, wohin sie wollten. Es gab keine Gerichte, keine Beschwerde, keine Begrenzung von Zeit und Raum. Man dachte im Sinne der Ewigkeit. Alle Gedanken und Worte wurden als göttliche Vorschrift geäußert und zu einem so definitiven Zweck, daß sie als Vorschriften des göttlichen Verstandes aufbewahrt und festgehalten wurden. Sie wurden zur Grundlage und zum Bollwerk eines großen Reservoirs, aus dem man jeden Vorrat schöpfte, für jede Handlung, für alle Unternehmungen. So hatte der Mensch einen universellen Vorrat zu jedem Unternehmen, für jedes Vollenden. Denn die ganze Menschheit wurde als Gott-Mensch betrachtet, und die Trinität, die Vollendung, der Brennpunkt war Gott, der siegreiche Christus, der Gott-Mensch, die Trinität, in allem vollständig.

Es gab kein negatives Wort in der Sprache, und auch kein Wort für Vergangenheit, noch ein Wort für Zukunft, alles war hier und jetzt und ganz vollendet. Alle die Errungenschaften, um die die Menschheit heute kämpft, um wieder in jenen hohen Zustand zu gelangen, sind von jener höheren Zivilisation erreicht worden. Alle diese Errungenschaften sind in Urkunden aufbewahrt und für die Menschheit zugänglich, sobald sie über dieses sogenannte materielle Zeitalter hinausschauen wird, mit seinem Wirrwarr von verschiedensten Vorschriften und persönlichen Vorzügen. Alle diese Errungenschaften sind vollendet und voll aufbewahrt im großen Vorratshaus der universellen Vernunft-Substanz. Sie können von der Menschheit zurückverlangt werden, sobald sie dem Geschrei jener ein Ende macht, die durch ihren Eigenwillen die Kalamitäten hervorriefen. Die größte Hoffnung weist auf die zukünftige Generation hin. Es wird ganz deutlich, daß die jüngere Generation physisch, mental und auch mechanisch von bester Art ist. Was noch fehlt, sind Höflichkeit und Urteilskraft, durch Erfahrung geläutert. Diese Eigenschaften werden Reife schenken. Der beste Ersatz und der beste Führer ist die Gewohnheit, denn eine gute Gewohnheit sich anzueignen ist ebenso leicht, wie es schwer ist, eine falsche Gewohnheit abzulegen. Für jene, die die Überlebenden aus jener großen Zivilisation sind, ist es ein klar organisierter Gedanke, daß auch wenn während diesen großen chaotischen Störungen jedes Individuum umgekommen wäre, die Vorschriften doch so definitiv ausgedacht und so sorgfältig in der universellen Verstandeskraft festgehalten worden wären, daß gar nichts verlorengegangen wäre. Es ist wohl bekannt, daß jedes positive Wort, ausgesprochen in seinem wahren Sinn und in vorherbestimmter Absicht, in der göttlichen Vernunft-Substanz, die wir Gottes Vernunft nennen, so vollständig und intelligent aufbewahrt ist, einschließlich Ton und Handlung, daß es zurückgerufen und photographische Aufnahmen von ihm gemacht werden können, so genau, daß von jedermann alle diese Begebenheiten gesehen und gehört werden können.

Es ist auch wohl bekannt, daß ein Teil dieser großen Zivilisation noch existiert und ihre Identität bewahrt. Obschon sie sich mehr oder weniger zurückgezogen haben, erwarten sie die nicht allzuferne Zeit, da sie auftreten und ihre Identität bekanntmachen können. Es ist nunmehr mitgeteilt worden, daß diese Zeit kommen wird, sobald genug Menschen ihre vorgefaßten Ideen von einem persönlichen Gott oder einer großen Wesenheit außerhalb ihres Selbstes fallengelassen und die Trinität Gottes — den siegreichen Christus und Gottmenschen in allem — erfaßt haben, so daß diese Trinität durch und von aller Menschheit hervorgebracht werden kann.

Diese Urkunden können in keiner Weise abgeändert oder verfälscht werden, noch kann die sogenannte Zeit sie ändern. Sie sind keine Wunder oder übermenschlichen Erlebnisse. Es sind natürliche, festgestellte Bedingungen, Zustände. Sie gehören tatsächlich zum gleichen Gesetz, welches das Ganze der planetarischen Systeme des Universums beherrscht. Das Wunder dabei ist, daß dieses Gesetz und seine Einflüsse lauter reden, als alle Worte, die dem Menschen möglich sind. Die große Schönheit und Reinheit von alledem ist, daß es keineswegs eine dominierende oder übernatürliche Rasse war; genauso wie du und ich es heute sind, im gleichen Bildnis und gleicher Ähnlichkeit, der gleiche und alleinige Gott! Laßt uns alle miteinander diesen großen, edlen Gott-Menschen verehren, in allem zuerst Gott finden, dann den siegreichen Christus in jedem Antlitz sehen, alle im Gott-Menschen eins sein und wissen, daß jedes Bildnis, das außerhalb des Menschen aufgestellt wird, nur ein Idol mit tönernen Füßen ist, welches mit *einem* gesprochenen Wort zerbrochen werden kann. So kann alle Wissenschaft und alle Religion mit dem gleichen Kleid umhüllt werden, aus dem gleichen Urquell stammend, aus der einen Wahrheit. Wahrheit ist das Gesetz aller Wissenschaft. Wenn der Mensch an Göttlichkeit denkt, richtet er in sich selbst Göttlichkeit auf und trägt bei zum großen Vorrat an Kosmischer Energie und Kraft, der Kraft, die in sich selbst zur Macht wird. Ihr seid imstande, eine ebensolche Kraft zu entwickeln, ihr immer weiteres hinzuzufügen und sie zu einem erhöhten Grad der Betätigung zu steigern. Millionen bestärken schon dauernd diese Kraft, und wenn ihr es wünscht, könnt ihr es zusammen mit ihnen tun.

Fragen und Antworten

Frage: Woher kommen die inspirierten Ideen?

Antwort: Die Welt der Ideen ist ganz um euch herum. Ihr mögt irgendeine der verschiedenen Auffassungen über die Bedeutung inspiratorischer Ideen teilen. Die meisten sogenannten inspiratorischen Ideen sind ein gefühlsmäßiger Ausdruck, der weiter keine Bedeutung hat, als eben diejenige eines tiefen Gefühls. Andere inspiratorische Ideen sind jene Blitze klarer Einsicht, die es uns ermöglichen, in Momenten großer Gefahr weise zu handeln. Möglicherweise hat der Fragesteller jene Gedankentiefe im Sinn, welche Philosophen und Heilige mit ihren Disziplinen erreichen. Dies ist das richtige bewußte Einatmen des universellen Weisheits-Geistes, der allen Raum durchflutet.

Frage: Wie bekommen wir inspiratorische Ideen?

Antwort: Wir bringen sie in gewissem Sinn in uns selbst hervor, wenn wir unseren Körper dazu erziehen, als Kanal für die Ströme zu dienen, die wir universelle Vernunft nennen, und die diese eine Kraft so umwandeln, daß sie die universellen Gesetze vermittelt, welche sich in der Verschiedenheit der Begebenheit ausdrücken.

Frage: Warum scheint es uns, daß Ideen von Quellen außerhalb unseres Selbsts herkommen?

Antwort: In unserem gegenwärtigen Entwicklungszustand sind wir nicht dazu bereit, die Quelle aller Kräfte zu verstehen, die in uns wirksam ist. Das Leben ist eine universelle Kraft, die wir im lebenden Gewebe erkennen, aber wir wissen nicht, wo das Leben herkommt, noch wohin es geht, wenn es unseren Körper verläßt. Elektrizität wird täglich angewandt. Wir wissen, daß man sie erzeugen kann, aber wir wissen nicht, wo sie herkommt. Gedanken zu beschreiben, als eine in einer Idee ausgedrückte Kraft, ist vielleicht weniger überzeugend, aber die Analogie ist deutlich. Wir denken aber, die Quelle der Energie sei verborgen; doch wissen wir, daß wir die Denkkraft steigern und ihre Wirksamkeit stärken können. Ist es also ein Wunder, daß der Alltags-Verstand verwirrt ist, wenn man sagt, daß Gedanken aus unserem Innern kommen? Sicherlich scheint es so, als ob sie von außen herkommen müßten; aber so ist es mit der Elektrizität und mit dem Leben. Trefft gewisse Vorbereitungen, und Leben und elektromotive Kraft sind bereit für euch. Bereitet das Denken vor, und ebenso sicher werden inspiratorische Ideen in euch aufsteigen!

Frage: Wie ist Ihre Einstellung gegenüber den aufregenden sozialen Zuständen?

Antwort: Ich schenke ihnen gar keine Energie. Wenn wir die Energie zurückziehen würden, die wir an unser Denken über aufregende Zustände verschwenden, und diese Energie statt dessen für den Aufbau unserer körperlichen Zustände verwenden wollten, könnten wir augenblicklich jeden anderen Zustand korrigieren.

Kapitel V

Das Göttliche Vorbild

Ich komme nun auf den Gegenstand zu sprechen, was einer Person durch das Denken möglich ist. Unsere Erlebnisse in dieser Hinsicht waren zur Zeit unserer Expedition in Tibet und in Indien sehr bedeutend, auch in der Mongolei, und wir beobachteten, welche Möglichkeiten jemand hat, nicht nur sich selbst, sondern eine ganze Rasse zu schützen.

Das mag ein ungeheures Unternehmen scheinen, doch wenn wir zurückgehen auf das Leben Jesu und begreifen, was Er für die Menschheit getan hat und auch heute tut, sind wir besser in der Lage, es zu begreifen und anzuerkennen. Seine Lehren haben seit 2000 Jahren nie aufgehört. Sie sind weitergegangen, immerfort, und sind heute noch so lebendig, wie sie es damals waren.

Ich habe von den Meistern gesprochen, wie sie auf dem Wasser standen, und von den beiden Schülern, die zu ihnen hinausgingen. Das ist eine große Lehre der Demonstration. Sie zeigt, wie man die natürlichen Kräfte beherrschen und sie benützen kann. Es braucht nicht das Gehen auf dem Wasser zu sein, aber sobald wir den objektiven Zustand verlassen, in welchem wir zu versinken drohen, und uns in den subjektiven Zustand versetzen, können wir diese Kraft vollkommen für das Wohlbefinden des Körpers anwenden. Da sind wir keiner Veränderung unterworfen. Die Veränderung bezieht sich nur

Das göttliche Vorbild

auf den sich verändernden Gegenstand. Das Selbst ändert sich nie. Der Geist ändert sich nie, in keiner Weise. Das grundlegende Prinzip bleibt sich immer gleich.

Wenn wir stets auf dieses grundlegende Prinzip gerichtet bleiben, werden wir zu diesem Prinzip. Manche mögen denken, das würde uns in einen statischen Zustand hineinführen. Wie wäre das möglich? Gerade mit einer solchen Einstellung werden wir fähig, vorwärtszukommen, und gehen dann immer weiter, ohne Veränderung, außer im Erreichen einer bestimmten Linie, mit genauem Wissen, von dem, was wir erreichen, nicht nur, was wir erreichen möchten.

Wenn wir jederzeit mit dieser Einstellung des Denkens leben, und das Denken immer in unserer Gewalt haben, können wir uns nicht ändern. Es ist beständig im Fortschritt. Es erhält uns bis ins hohe Alter in einem wachen Zustand.

Altwerden ist objektiv. Wir führen es selbst herbei. Aber ist es notwendig? Gar nicht. Nehmen wir an, wir könnten in den Weltraum reisen, in eine genügende Distanz, die uns vollkommen von der Erde entfernt. Dort gibt es keine Zeit. Nehmen wir an, wir bleiben hundert Jahre lang dort, nach unserer Zeitrechnung. Wir wären nicht älter. Dieser gleiche Zustand kann auch auf der Erde erreicht werden. Er ist tatsächlich hier. Weder Zeit noch Raum widersetzen sich unserem Entschluß. Medizinische Gelehrte sagen uns, daß kein Körper existiert, der über neun Monate alt ist. Wir sind nur einer Wandlung unterworfen, die wir uns selbst auferlegen. Uns gehört die Jugend. Wenn dieser vollkommene Zustand nicht existieren würde, könnten wir niemals jung sein. Wäre die Jugend nicht jederzeit im Vordergrund, so bestünde nichts Jugendliches. Wäre Jugend nicht unserem Willen unterworfen, wären wir alle alt.

Machen wir also Alter zum Gegenstand unseres Willens. Ein Kind wird geboren. Die Eltern haben für das Kind siebzig Jahre im Sinn. Das Kind wird dem Gedanken der Eltern unterworfen. Wir geben dem Kinde nicht einmal die Möglichkeit, seine Zukunft in eigenem Sinne vorzubereiten. Wir übertragen die Todes-Idee auf das Kind. Der Hindu sagt, dreißig und zehn Jahre sei die Zeit, während der man seine Reife erlange, von da an fange man zu wirken an. Von dort aus kann man weitergehen, ohne daß eine Grenze gesetzt wird. Jugend ist völlig der eigenen Entscheidung unterstellt.

Es wird gesagt, daß man bei allem Erfolg haben kann, was man unternimmt. Wenn wir einen Fehlschlag erleiden, machen wir auch daraus einen Erfolg. Ist es Vollkommenes, was wir unternehmen, machen wir auch daraus Erfolg. Wieviel besser ist es, Vollkommenes anzufangen, als Unvollkommenes! Und wenn wir weiter nichts unternehmen, als einem Nachbarn zu helfen, ist es weit besser, ihm Vollkommenheit zu zeigen, als Unvollkommenheit. Wir würden viel mehr vom Leben haben, und es würde uns keinen Pfennig kosten. Es kostet weiter nichts, als ihn mit einem Lächeln zu grüßen. Biete ihm Liebe an, und die Vollkommenheit wird Schritt halten. Denken wir an eine Versammlung mit genau dieser Idee als Vorsatz — Jugend, Schönheit, Lauterkeit und Vollkommenheit! Wird es uns irgend etwas kosten, nach diesem Ideal zu leben? Wenn diese Ideale allezeit vor uns stünden, würden sich unsere Umstände im Laufe einer Woche ändern. Wir haben es in einem einzigen Augenblick vorgeführt gesehen.

Sagt Jesus nicht: *Wenn dein Auge nur auf ETWAS gerichtet ist, ist dein ganzer Körper voller Licht.* Es ist heute unmöglich, die ursprüngliche Lehre Jesu zu studieren und etwas zu finden, was sich auf die Zukunft bezieht. Er gab den Menschen als höchstes Ziel, das Denken auf einen Gegenstand zu richten. Und dieser Gegenstand ist Vollendung. Wir haben zugesehen, wie ein einziger Mensch einen Zustand herbeiführte, in dem ihn niemand berühren konnte. Er war gar kein sogenannter Meister. Er war ein Sioux-Indianer, und es geschah sogar hier in diesem Lande. Wir wissen, daß es den Indianern gelingt, eine Linie um ihre Dörfer zu ziehen, so daß niemand mit Haß im Herzen hineinkommen kann. Zweimal wurde es versucht, und beide Male endete der Versuch mit Schrecken.

Jesus sagte: „Wenn ihr einander liebet, seid ihr unter-

Das göttliche Vorbild

getaucht in Liebe. „Er bezeichnete Liebe als eine der größten Mächte. Wenn wir unsere Kraft nach anderen Richtungen leiten, gelangen wir in einen Zustand der Wirrnis. Er sagte, ihr seid Herrscher über Himmel und Erde, und über alles, was darin ist. Gibt es da Begrenzungen? Er sah, daß der Mensch von seinen Möglichkeiten noch nicht Besitz ergriffen hat. Er zeigte der Menschheit das Grenzenlose.

Wenn ein einziges Atom in einem Körper nicht an seinem Platz ist, kann dieser Körper nicht weiterexistieren. Nehmt ein einziges Atom von seinem Platz und das ganze Universum würde explodieren. Jesus wies auf diese Zustände in einfacher, gerader Art hin.

Seine ursprünglichen Worte waren vollkommen einfach. Er stellte das Ideal so bestimmt hin als „Gott". Heute weiß man, daß die Vibrations-Wirkung dieses Wortes uns ganz heraus hebt aus dem hypnotischen Zustand, in den wir unsere Körper versetzen. Wenn wir die Energie, die wir auf diesen Zustand verlegen, auf Gott hinwenden würden, würden wir einen Zustand so definitiv erstellen, daß er nie verlorenginge.

Aber die meisten von uns schauen aus vom Zentralpunkt und erlauben den Gedanken, sich zu zerstreuen. Der Blick Jesu war auf einen einzigen Punkt gerichtet, auf den subjektiven Zustand, der sich nie ändert. Der Gegenstand ändert sich, nie aber die Wahrheit. Wenn wir umkehren würden und unsere ganze Energie auf diese einzig gerichtete Einstellung wenden würden, so würden unsere Körper Licht ausstrahlen. Wenn wir einen Raum betreten würden, würde er sich erhellen. Wir haben dies manchmal gesehen. Es ist kein Phänomen. Es kann photographiert werden, und Phänomene kann man nicht photographieren. Wir können uns von den unsicheren Zuständen abwenden, in welchen zu leben wir beschlossen haben, und in eine höhere Lebensbedingung eintreten. Man braucht nicht mehr Zeit dafür, als das Aufnehmen eines Gedankens. Sobald wir unser Denken auf die Wahrheit oder den Gott gerichtet haben, gehört sie uns an, und wir sind tatsächlich eins mit ihr.

Wir brauchen keine Lehren. Lehren machen uns nur bewußt.

Ja, sie haben Macht, aber wir können mehr Energie auf eine Lehre wenden, als auf ihren Sinn. Es bedurfte nicht mehr, als eine einzige Vorführung für die beiden Schüler, ehe sie vortraten, hingingen und mit dem Lehrer auf dem Wasser standen, während die andern noch am Ufer waren. Es gibt viele, die am Ufer stehenbleiben, weil sie sich nicht zu einer anderen Auffassung entschließen können. Es würde gleich viel an Energie bedürfen für sie, sofort auf dem Wasser zu gehen, wie sie für ihre Unsicherheit benötigen. Man muß sich nicht vom Platz bewegen, um zu lernen, wie man auf dem Wasser geht. Ebensowenig muß man von hier weggehen, um irgendeiner Belehrung willen. Es gibt nur eine einzige Vorschrift, und sie ist inwendig in uns selbst. Wir können sie nicht ändern. Es macht nichts aus, wie lange wir uns von ihr fernhalten. Wenn man sich zum Licht hinwendet, findet man sich als Licht. War es nötig für Jesus, dem Licht entgegenzugehen? Er WAR das Licht. Es ist, wie er erklärte, das Licht der Wahrheit, das Licht der Liebe, das Licht Gottes.

Jesus gab sich mit keinem Gedanken ab, der nichts mit dem Prinzip gemeinsam hatte. Mit dieser Einstellung können wir alle den gleichen einfachen Weg gehen. Leute, die auf diese einfache Art leben, verlangen nichts von anderen, sondern nehmen alles aus sich selbst. Das wurde sogar bis auf das Nahrungsbedürfnis und jedes andere Lebensbedürfnis angewendet. Der einzige Unterschied zwischen ihnen und dem übrigen Teil der Menschheit liegt nur darin, daß sie ihrer Vision viel weiteren Spielraum geben. Jedermann kann das an sich selbst versuchen. Wenn man es einmal ausgearbeitet hat, hat man die Lehre erfaßt. Man befolgt seinen eigenen Weg und dann weiß man. Richtungen mögen angegeben und Wege gezeigt sein, aber unseren eigenen Weg werden wir nur dann beenden, wenn wir ihn aus eigenem Antrieb gehen. Wenn wir auf andere schauen, verleihen wir dem Energie und Triebkraft, was ein anderer tut, während wir aus unserem eigenen Körper diese Energie abgeben. Sobald wir unseren eigenen Weg verfolgen, schenken wir unserem Körper mehr Energie und haben

Das göttliche Vorbild

noch Überfluß. Das führt einen für jedermann hilfreichen Zustand herbei. Man muß nicht auf den Gedanken eines anderen aufbauen. Bauen wir unser Denken auf universellen Lebensbedingungen auf, die der ganzen Menschheit dienlich sind!

Es wird gesagt, niemand könne eine Neuerung herbeiführen, die keinen Wert für die ganze Rasse habe. Es ist die Energie, die wir anwenden, und die einer großen, der Menschheit voranhelfenden Gedankenrichtung dient. Das geschieht nicht, wenn man auf andere Leute sieht, sondern nur, wenn man auf eigener Grundlage aufbaut. Dann steht uns die ganze Energie des Universums zur Verfügung.

Alles, was wir im Namen Gottes in dieser gedanklichen Geschwindigkeit denken, gehört uns. Das bezieht sich auf jedes Bedürfnis, alles Wissen, alle Lauterkeit, alle Vollkommenheit, alles Gute.

Man kann diese Herrschaft erlangen, sobald man das ganze Denken auf die Tatsache richtet, daß Göttlichkeit schon in uns feststeht. Wisse zu jeder Zeit, daß Göttlichkeit nicht anderswo ist, als inwendig in uns, daß sie allezeit in uns gewesen ist, daß wir sie nur durch unsere gegenteiligen Gedanken verdunkelt und damit aus unserem Bewußtsein ausgeschlossen haben.

Sprich mit der Gottheit in deinem Innern. Sage ihr, du wissest, daß sie da ist und du nunmehr vollkommen ihrer Gegenwart bewußt seist. Bitte sie, sich bemerkbar zu machen und herrschende Tatsache in deinem Leben zu werden. „Ich lasse nun aus meinem Leben alle gegensätzlichen Gedanken fallen. Ich bin dankbar, daß Göttlichkeit jetzt in meinem ganzen Wesen feststeht."

Beschließe, daß du nicht mehr ein Tier sein willst, — daß dein ganzer Körper nunmehr so lauter ist, daß die heilige Gegenwart des lebendigen Gottes von diesem Körper-Tempel völlig Besitz ergriffen hat und nun in richtiger Machtstellung steht. Behalte diesen Gedanken allezeit im Sinn!

Dann sage: „Ich weiß nun, daß Glückseligkeit und Freude hervorgehen aus dem Einswerden der Seele mit dem lebendigen Christus und daß Glückseligkeit und Freude nunmehr in aller

Ewigkeit in mir wohnen. Ich weiß, daß die Gegenwart des lebendigen Christus in mir vollkommen feststeht. Ich bin die ursprüngliche Reinheit des Christus." Halte diese Feststellung allezeit in deinem unterbewußten oder subjektiven Denken und du wirst bald erleben, daß durch die Gegenwart des lebendigen Christus Freude und Befriedigung immer dein Eigentum gewesen sind.

Bald wirst du bemerken, daß du mentale Kräfte aufbaust, die alle gegenteiligen Gedanken, Gefühle und Handlungen ersetzen. Du bildest eine Triebkraft reiner Gedanken, die unwiderstehlich sind und deine ganze Welt beherrschen. Die rechte Zeit, diesen geistigen und heiligen Tempel in uns zu stärken, ist, wenn wir mit unserer Seele in Frieden sind. Auf diese Weise erziehen wir den subjektiven Verstand dazu, nichts anderes hervorzubringen, als göttliche Inspiration. Das sinkt tief hinein in unser Bewußtsein und wirkt während jeder Stunde, in der wir schlafen, weiter. Wenn wir in unserem Denken oder Handeln einen schwachen Punkt finden, ist es gut, den Willen in volle Auswirkung zu bringen, um solche Risse in unserer Struktur zu festigen und uns widerstandsfähiger zu machen. Bald lernen wir, wie von selbst, gegensätzliche Gedanken zu überwinden, um in unserer Welt nur Gottes-Gedanken und Gottes-Gefühle zu dulden. Dann haben wir in Wahrheit unsere Gedanken- und Gefühlsarmeen so in der Gewalt, daß Gott allein in uns wohnen wird. Es ist der Grad absoluter Meisterschaft, wenn man die Fähigkeit erlangt, das Göttliche Prinzip zu offenbaren. Das ist die Grundlage absoluter Macht des Geistes.

Ihr werdet sehen, daß es sich lohnt, dies zu eurem Lebenswerk zu machen. Ihr werdet nun das Heraufdämmern des neuen Tages sehen und ein tieferes Verständnis des Gesetzes kennenlernen.

Es gibt keinen wirksameren Weg, den Verstand und die Widerspruchswelt zu befreien, als den, positiv zu wissen, daß unser ganzer Verstand und unser Körper der Tempel des lebendigen Gottes ist. Man kann diese Feststellung auch im

Das göttliche Vorbild

Wissen anwenden, daß durch den stillen, aber weitreichenden Einfluß des Gottes-Gedankens die ganze Menschheit, tatsächlich das ganze Universum mit jedem konstruktiven Gedanken, Gefühl und gesprochenen Wort von uns gestärkt und gehoben wird. Je mehr ihr an die unsterbliche Liebe Gottes denkt, um so mehr offenbart sich die Erleuchtung der Menschheit. So könnt ihr einsehen und bis zu einem gewissen Grade verstehen, was für ein riesiger Vorzug, welche Möglichkeit euch gegeben ist, bei der Erhebung und Erleuchtung der Menschheit mitzuhelfen. Und mehr noch — es ist eure Verantwortung und eure Lebenspflicht, das Negative aus der Welt des Menschen zu entfernen oder zu erlösen. Einer der erfolgreichsten Wege dazu liegt darin, Negatives nicht zu bemerken, nicht zu hören, noch anzuerkennen, sondern allezeit Gottes Liebe überall hin- und zu jedermann auszusenden. Wisse sicher, daß „der heilige Geist des siegreichen Christus alle Uneinigkeit überwindet".

Wisse jederzeit, daß dein Wille der Wille Gottes ist, und daß in jedem Augenblick Gott durch dich wirkt! Jeder Gedanke, den du mit diesem Meister-Gedenken bestärkst, bestärkt deine Willenskraft, und deine Willenskraft wird so stark, daß sogar dein Gedanke unwiderstehlich wird. Tue das, erwarte Erfolg, und nichts kann dir widerstehen!

Die andauernde tägliche Anwendung von so starken, positiven Worten und Gedanken, mit großer Intensität wiederholt, weckt schlafende Gehirnzellen auf, und bald wirst du merken, daß du in voller Gewalt der Herr bist.

Erziehe Willen und Wort immer und bei jeder Gelegenheit und du wirst Meister deiner Gedanken. Du wirst nicht länger den negativen Bedingungen um dich herum unterworfen bleiben. Getreu in wenigen Dingen, wirst du Meister über alle.

Erschaffe durch dein Wort die Lebensbedingung, die von rechtswegen dir gehört und du wirst Herr und Meister über alle.

Die Physiologen sagen heute, daß die Zellen, aus denen unser Körper zusammengesetzt ist, imstande sind, Eindrücke aufzunehmen und sie auf das ganze Zell-System des menschlichen

Körpers zu übertragen, auch Eindrücke in Erinnerung zurückzurufen, Eindrücke zu vergleichen und zu beurteilen, zu wählen zwischen guten und unvollkommenen Eindrücken.

Ferner ist man darüber einig, daß der subjektive oder unterbewußte Verstand die gemeinsame Energie und Intelligenz aller Körperzellen ist. Wenn ausschließlich göttliche Eindrücke aufgenommen werden, werden alle anderen Zellen wieder der Göttlichkeit gewahr und die Göttlichkeit wird wiederum jeder Zelle des Menschen zugebracht. Wäre dies nicht wirklich so, dann könnte keine Photographie der menschlichen Form aufgenommen werden.

Wird diese Tatsache einmal einem jeden bewußt, dann stimmt die Willenskraft jeder Zelle zu und paßt sich in Harmonie dem Willen des Organs oder Zentrums an, zu dem sie gehört und dem sie sich anfügt. Sie wird zur Willenskraft aller Zellen, aus denen das Organ oder Zentrum sich zusammensetzt, sie wird zum zentralen Willen im ganzen Organismus des Körpers. Wird dann das Wort „ICH BIN" gesprochen, so teilt es sich der ganzen Körperform mit. Darüber hinaus schenkt es dem nachfolgenden Wort größere Macht, „ICH BIN GOTTESKRAFT, ICH BIN ÜBERFLUSS" und dem Wort, „DURCH DIESES WORT DER MACHT WERDE ICH FREI VON JEDER BEGRENZUNG".

Das göttliche Vorbild
Fragen und Antworten.

Frage: Wollen Sie uns erklären, was Sie unter „Gott" verstehen?

Antwort: Gott ist das Prinzip, dem wir angehören. Man kann Gott nicht definieren. Sobald man ihn zu definieren versucht, steht er über der Definition. Eine Definition ist nur ein Versuch, Gott in eine Art Maß des menschlichen Intellekts hineinzupressen.

Frage: Man wendet das Wort Gott, oder Geist, oder Prinzip an, welches ist das Beste?

Antwort: Das größte Wort ist *Gott*. Mit diesem Wort kann man keinen hypnotischen Zustand herbeiführen. Mit anderen Worten kann man das. Wenn man sich direkt nur einem Punkt zuwendet, gelangt man zum Höchsterreichbaren. Man kann das Wort „Gott" nie zu oft anwenden.

Frage: Sie haben gesagt, Jesus sehe das Goldene Licht. Bedeutet das die höchste Einstellung?

Antwort: Wir wissen es nicht. Es war viel höher, als irgend etwas von objektiver Natur. Nichts weniger Hohes kann es durchdringen.

Frage: Welche Methode sollte für die Verbindung mit der göttlichen Macht angewendet werden?

Antwort: Es gibt keine festgelegte Formel. Wenn wir danach ausschauen, ist das Gesetz da, wo wir gerade sind. Sobald wir uns mit dem Gesetz definitiv in Einklang setzen, öffnet sich das ganze Universum vor uns. Wenn das Universum vor uns offensteht, und wir alle Bedingungen sehen, offenbaren wir uns unter dem Gesetz und werden eins mit ihm. Das geschieht einzig und allein, indem wir w i s s e n , daß wir eins sind mit ihm, und nie zweifeln oder der Furcht gestatten, sich auszubreiten.

Frage: Ist die westliche Welt bereit, diese Dinge anzuerkennen?

Antwort: Die westliche Welt bereitet sich dafür vor, und die Vorbereitung geht so rasch vor sich, daß niemand davon ausgeschlossen werden kann. Nur die Menschen selbst schließen sich aus. Wir bereiten das Feld vor, wenn wir das Verständnis offenhalten. Das Feld kann ausgedehnt werden, bis es das ganze Universum einschließt. Das Universum unseres Körpers ist eins mit dem universellen Ganzen, zu jeder Zeit, und es liegt nur an uns, mit dem universellen Ganzen eins zu werden.

Frage: Wie soll man entscheiden, welcherart Gedanken man aussenden sollte?

Antwort: Wenn wir nicht imstande sind, zu unterscheiden, müssen wir, so gut wir können, Liebe aussenden und uns nicht erlauben, etwas anderes auszusenden. Das wird Harmonie für uns zur Folge haben. Jesus hat die Liebe über alles andere gesetzt.

Frage: Wie kommt es, daß immer wieder ein Avatar auf die Erde gesandt wird?

Antwort: Was zur Wahl eines Avatars führt, ist die Möglichkeit, einem Prinzip Ausdruck zu geben. Diese Person lebt nur dem Prinzip getreu. Der Lebensweg, den er wählt, das Leben, das er führt, wird zum Weg für alle.

Frage: Ist sein Erscheinen und Wieder-Erscheinen abhängig von irgendeiner Entwicklung auf der Erde?

Antwort: Nein, er übertrifft jede Entwicklung und ist eins mit dem Geist.

Kapitel VI

Wisse, daß du weißt!

Man hat mich gebeten, über Heilmethoden zu sprechen. In Wirklichkeit können wir uns nur selbst heilen. Hier kommt ein wichtiger Faktor hinzu — sobald man in allem und jedem die Göttlichkeit oder Gott sieht, haben Gott und du das Übergewicht. Gott (oder das göttliche Prinzip) weiß nichts von Unvollkommenheit. Wir wissen heute, daß es diese Göttlichkeit ist, die sich an den Heilstätten der ganzen Welt bekundet. Wenn die Menschen Heilstätten aufsuchen, wenden sie ihre Gedanken ausschließlich auf die Erlangung und Vervollkommnung ihrer Gesundheit. Sie nehmen die Ausstrahlung in sich auf, die der Stätte zu eigen ist; und die Heilung findet statt.

Wir können dies durch Photographien beweisen. Ein ausgezeichneter Arzt aus einer unserer großen Städte arbeitete mit uns. Er bat seine Kollegen, ihm Fälle mit bestimmten Krankheiten zu schicken, die von medizinischen Gesellschaften nicht geheilt werden konnten, ebenso die Röntgenbilder und Tabellen.

Die angewendete Kamera zeigt, wo sich die kranken Körperstellen befinden. Da, wo noch Leben und Gesundheit vorhanden ist, zeigt der Film der Körperdurchleuchtung ein klares Licht. Wir haben Patienten unter der Kamera gehabt, deren

Licht dreißig Fuß weit vom Körper ausstrahlte. Kein einziger von den 98 bearbeiteten Fällen blieb länger als drei Minuten unter der Kamera. Danach war er geheilt und ging fort.

Alles, was wir taten, war, daß wir ihm sagten: „Du legst nun deine ganze Aufmerksamkeit auf die dunklen Stellen. Du schenkst gar keine Aufmerksamkeit dem Licht und den klaren Stellen, von denen das Licht ausgeht. Wende dich dann völlig von den dunklen Stellen ab. Richte deine ganze Aufmerksamkeit, dein ganzes Denken auf das Licht." Jeder einzelne unter den 98 Fällen, die alle auf Tragbahren hergebracht wurden, ging vollkommen geheilt fort. Ist das nicht ein Beweis, daß man sich selbst heilt? Man nimmt sich selbst in Behandlung, und das sei absolut.

Wenn wir dieser positiven Worte eingedenk bleiben würden, dann könnten wir bald sehen, daß es keine Krankheiten mehr gibt. Man hat eine bestimmte Krankheit mit Namen festgestellt und wir wiederholen nun diesen Namen immer und immer wieder. Dann sind Namen und Gedanken Dinge, und wenn man ihnen die absolute Zielrichtung gibt, für die sie bestimmt sind und die zugehörige Vibrations-Frequenz, dann wird sich Vollkommenheit offenbaren. Das trifft ebenso bei jeder Erfindung zu, die gemacht wurde. Viele unter uns denken, wir müßten immer tiefer eindringen und nachgraben.

Wir haben dies in unseren Forschungsarbeiten entdeckt. Wir hatten keine Logarithmen zu unserer Hilfe. Wir schufen sie uns selbst, wenn es notwendig war. Wir mochten so und so weit gekommen sein und dann feststellen, daß uns ein Fehler unterlaufen war.

Wir mußten zurückgehen und wieder von Neuem anfangen. Wir sind oft wie kleine Kinder, die das Gehen erlernen, aber heute sind wir imstande zu gehen, denn wir haben die notwendigen mechanischen Geräte, und wir bauen heute noch mehr Geräte, die es uns ermöglichen, da weiterzufahren, wo wir stehengeblieben waren. Um einen Punkt herauszustellen, sei eine Erfahrung mitgeteilt, die wir hatten.

Wir benötigten einen Mann für eine besondere Arbeit. Wir

hatten lange an einem bestimmten Problem gearbeitet und befanden uns anscheinend an einem Kreuzweg, als dieser junge Mann von der Columbia-Universität zu uns stieß. Er hatte mit dieser Art von Arbeit keinerlei Erfahrung, aber nach 25 Minuten hatte er unser Problem gelöst. Und wir hatten uns mit diesem Problem während fast vier Jahren abgemüht.

Wie kam das? Er WUSSTE, daß er WUSSTE, in jedem Augenblick. Er kam zu dieser Einstellung und sagte sich: „Ich kenne die Situation", und er fand die Kraft zur Lösung, allein, weil er *wußte*.

Ich habe das gleiche erlebt und ich weiß, daß es wahr ist. Folgendes erlebte ich an der Calcutta-Universität, wie sie dort genannt wird. Als ich vier Jahre alt war, kam ich in eine Vorbereitungsschule der Calcutta-Universität. Am ersten Tag, als ich dort war, sagte der Lehrer zu mir: „Hier ist das Alphabet. Was denkst du dir darüber?" Ich sagte: „Ich weiß nicht." Und er antwortete: „Wenn du weiterhin so denkst, wirst du nie wissen. Ändere dich und laß dieses „Ich weiß nicht" fallen. Wisse, daß du weißt, was das ist." Das hat mir wirklich geholfen, durch jene Schule zu gehen und weiterzufahren und mein Universitäts-Studium zu beenden, als ich vierzehn Jahre alt war.

Diese Dinge sind so einfach, wie man sie nimmt. Wenn wir mit einem Universitäts-Studium anfangen, meinen wir, wir müßten jetzt graben und graben, alles aus Büchern herausgraben. Alles, was je in Büchern geschrieben worden ist, ist schon bekannt. Wenn man diese Einstellung annimmt, weiß man das. Man macht das Buch zur Krücke, um mit ihr weiterzukommen, anstatt anzuerkennen, daß alles schon in uns ist. Der Meister bist du selbst. Du meisterst diese Dinge. Das ist in allen Lebenslagen möglich; sobald wir aus unseren negativen Zuständen des Bewußtseins herausgehen, fangen wir an, es zu erfassen. Allmählich finden wir, daß unsere bisherige Einstellung für uns keinen Wert hat, also warum daran festhalten? Der Wert liegt im *Wissen* und *Sein* der Sache selbst, die man bedenkt. Von da an wirst du fortwährend weiterschreiten.

Fast alle Leute, die ihre verschiedenen Pläne verfolgen, nehmen heute diese Einstellung an. Das gilt auch für mehr als 90 Prozent aller Erfindungen, die heute gemacht werden. Betrachtet einmal, was man heute alles zustande bringt. In den letzten sechs Jahren haben wir mehr geleistet und leisten mehr, als in achtzig Jahren zuvor.

Ich bin nun seit ein wenig mehr als dieser Zeit durch solche Erlebnisse gegangen und weiß genau, wie das heute gesteigert wird. Und es ist gesteigert worden, aus dem einfachen Grund, weil wir uns heute fest auf die Füße stellen und WISSEN, daß wir die Dinge KENNEN. Sie sind da. Wäre eine Erfindung nicht schon in Existenz, käme nie jemand in die Frequenz der Vibration hinein, die nötig ist, um sie zu erkennen. Die Frequenz ist vorhanden und sobald man das Denken kontrolliert, weiß man genau, was man ausdrücken will. Das ist der Grund, weshalb wir heute so bemerkenswert weitergekommen sind.

Natürlich führen viele Wege dahin, das bedarf kaum einer Erwähnung. Recht viele Leute begreifen das, aber jene, die es nicht begreifen, sollten sich besondere Mühe geben, zu erkennen, daß sie WISSEN, und an dieser Behauptung festhalten. Es ist diese Feststellung, die uns jedesmal hilft.

Man hat oft gesagt, daß es nichts Neues im Universum gebe, und das ist wahr. Wäre es nicht wahr, so gäbe es keine entsprechende Vibration, die man aufnehmen kann, um an eine gegebene Sache zu denken. Alle diese Dinge gehören unter bestimmte vibratorische Einwirkungen. Unser ganzes Leben ist Vibration, und bestimmt machen wir gewisse Erfahrungen, aber wenn wir einzusehen beginnen, daß wir uns mit diesen Schwingungen in Einklang setzen können und sie uns zu eigen machen, dann werden alle diese Dinge für uns vollkommen natürlich. Fast jeder Erfinder erkennt heute an, daß er nichts hervorbringt oder feststellt, was nicht schon irgendwann in einer Schwingungs-Frequenz vorhanden gewesen ist. Das gleiche gilt auch in der Literatur.

Jedes Buch, das je geschrieben worden ist, war irgendwann in einer Schwingungs-Frequenz aufgespeichert worden. Kein gesprochenes Wort geht aus der Existenz verloren. Alles bleibt auf dem Gebiet bekannt, das man Energie-Feld oder Vibrations-Einwirkung nennt.

Liebe ist ein Wort, das in seiner Vibrations-Einwirkung dem Wort „Gott" sehr nahekommt, und man kennt Tausende von Fällen an Heilungen, die durch die Anwendung dieses Wortes erzielt worden sind. Jede bekannte Krankheit unterwirft sich der Macht der Liebe, die ausgesandt wird. Sie bewirkt sehr merkwürdige Bilder oder Vorbilder um alle Wesen. Man kann es beinahe sehen, wenn Menschen Liebe aussenden. Es bildet sich eine Art Rüstung um sie herum.

Einer meiner Freunde, ein Arzt, wurde vor Jahren zum Registrator in einer Reservation von Sioux-Indianern berufen. Ich besuchte ihn dort und er lud mich zu einem Versuch bei einem sogenannten Medizinmann des Stammes ein. Es zeigte sich aber, daß das gar kein gewöhnlicher Medizinmann war. Dieser Mann konnte „sich selbst verlassen", und blieb während fünf Jahren in Meditation. Als er aus seiner Meditation erwachte, war er für den Dienst des Heilens bereit.

Er begann mit dem ersten Versuch, der sehr langsam gezeigt wurde. Er steckte seinen Arm in einen Kessel mit kochendem Wasser und nahm aus dem Kessel ein Stück Fleisch. Die Hand blieb dabei völlig unversehrt. Ich habe den Mann während zwei Monaten nach diesem Versuch beobachtet — es zeigte sich nicht der geringste Beweis eines Schadens an seiner Hand.

Beim zweiten Versuch stand er ruhig, in gewisser Distanz vor drei der besten Schützen des Stammes. Dr. N. und ich wählten die Kugeln aus, füllten selbst neues Pulver ein, so daß wir vor einem Betrug sicher waren.

Jedes Geschoß wurde an der Brust des Mannes plattgedrückt. Ich besitze heute noch zwei dieser platt-geschossenen Kugeln. Später nahm dieser Mann seinen Platz in seinem kleinen Zelt ein, und jedermann, der mit irgendwelcher Mißgestalt, Krankheit oder einem Leiden zu ihm kam, verließ ihn vollkommen geheilt. Wir haben es oft gesehen. Ich wurde mit ihm gut bekannt und fragte ihn, wie er das erreiche, und er sagte, das sei ähnlich, wie wenn man göttliche Liebe ausdrücke. Der Mann lebt heute noch und hat sein Heilungswerk beständig fortgesetzt.

Wir haben nie von ihm etwas in den Zeitungen gelesen. Er lebt in absoluter Einsamkeit und spricht nie von seinem Werk. Er sagte einmal: „Es ist mein Platz im Leben, den Menschen in jeder Weise Liebe zu schenken. Darin erfahre ich meine große Genugtuung." Hier ist nun ein Sioux-Indianer, von dem sehr wenige Leute je gehört haben, der schweigend und selbstlos den wahren Dienst der göttlichen Liebe ausübt.

In Texas hörte ich vor einigen Jahren von einem kleinen fünfjährigen Mädchen erzählen, das ein natürlicher Heiler durch Liebe war. Ich fuhr hin, sie kennenzulernen, und ihre Mutter sagte mir, das Kind sage zu allen immer, es habe sie lieb. Es pflege zu sagen: „Ich sehe diese Liebe um jeden herum und um mich selbst." Wenn sie hörte, daß jemand krank war, bat sie ihre Mutter, sie dorthin zu bringen und fast jedes Mal, wenn sie in den Raum gebracht wurde, in dem der Kranke lag, stand er sofort vollkommen gesund von seinem Lager auf. Das Kind ging in der Entwicklung weiter und vollbringt heute große Werke.

Es gibt viele solcher Fälle. Ich kannte ein Kind in Holland. Dort baut man roten Klee an, der etwa 30—40 Zentimeter über dem Erdboden in schöner Blüte stand. Der Klee steht etwa in gleicher Höhe wie die Vorhalle des Landhauses. Ich war dort an einem Sonntagnachmittag zu Besuch. Wir saßen in der Vorhalle, als das Kind etwa 10 Meter weit in dieses Kleefeld hineinschritt, jedoch über den Blütenköpfen blieb. Sie betrat den Boden nicht mit ihren Füßen, sondern wanderte ein Stück hinaus und kam zur Vorhalle zurück. Wir fragten das Kind, wie sie das tun könne. Sie sagte: „Ich weiß es nicht, ich habe nur alle Dinge lieb. Ich liebe diesen Klee und der Klee trägt mich." Und wir sahen, daß es so war. Sie sprach von ihren Spielgefährten und sagte, sie liebe sie alle und sie liebten auch sie und so könne ihnen nichts widerfahren. Ich kannte dieses Mädchen, bis sie 21 Jahre alt war. Zu jener Zeit ging sie nach Belgien, und seither habe ich die Verbindung zu ihr verloren. Ihr Vater erzählte mir, daß das einzige Wort, daß er sie habe sagen hören „Liebe für jedermann" gewesen sei. Und Liebe heilt. Jeder von uns kann das erleben. Es ist so einfach, diese große Liebe jedem zuzuwenden, wie es diese Kinder taten. Als ich in Spanien bei einer der größten Kupferminen der Welt tätig war, kam eine russische Familie mit einem kleinen elfjährigen Mädchen an, die dann dort wohnten. Der Vater arbeitete in der Mine. Sie sagten mir, das Kind habe eine „heilende Hand". Sie lege ihre Hand auf eine Person und sage: „Ich habe dich lieb — ich habe dich so lieb, daß deine Krankheit vergeht. Sie ist fort, denn ich habe den ganzen Raum mit Liebe erfüllt." Wir sahen, daß es wirklich so war. In Fällen von Mißbildung wurde der Körper sofort vollkommen geheilt.

Ich sah einen Menschen in einem der letzten Stadien von Epilepsie. Das Kind legte seine Hand auf den Menschen und sagte: „Dein ganzer Körper ist voll Liebe und ich sehe nur das Licht." Nach weniger als drei Minuten war die Krankheit völlig verschwunden. Das Licht und die Liebe, die von ihrem Wesen ausgingen, waren so mächtig, daß man es tatsächlich sehen und spüren konnte.

Als ich ein kleiner Junge war, spielte ich mit einigen Kindern vor unserem Hause in Cocanada, Indien. Die Dunkelheit kam sehr rasch, denn dort kennt man keine Dämmerung. Ein Junge nahm einen Stecken und schlug damit auf meinen Arm, so daß beide Knochen brachen und meine Hand ganz herabhing. Natürlich war es anfangs sehr schmerzhaft, dann erinnerte ich mich jedoch an eine Bemerkung, die mein Lehrer gemacht hatte: „Geh mit deiner Hand in die Dunkelheit und lege sie in die Hand Gottes, das ist besser, als ein Licht und sicherer, als irgendein bekannter Weg." Das Licht umgab mich und augenblicklich war der Schmerz vollkommen geschwunden. Ich kletterte auf einen hohen Banyan-Baum, um allein zu sein, und immer noch umgab mich das Licht. Ich hielt es für eine Gegenwart und ich werde das Erlebnis nie vergessen, denn während ich dort allein auf dem Baum saß, wurde die Hand wieder völlig geheilt und ich blieb die ganze Nacht auf dem Baum sitzen. Am nächsten Morgen war kein Anzeichen mehr sichtbar, außer einer Narbe um die beiden Knochen herum, die gebrochen gewesen waren. Meine Eltern hatten angenommen, die Dienstboten hätten mich versorgt und mich zu Bett gebracht. Als ich ihnen am nächsten Morgen erzählte, was vorgefallen war, konnten sie es nicht begreifen und brachten mich gleich zu einem Arzt. Er sagte, die Knochen seien gebrochen gewesen, aber nunmehr vollkommen zusammengewachsen. Von diesem Tag an hatte ich mit meiner Hand keinerlei Beschwerden mehr.

Ich erwähne etliche dieser Fälle nur als Beispiele, weil sie so einfach und natürlich sind, daß es jedermann durchführen kann. Ich habe beobachtet, wie sogar ein Raum auf die Liebe antwortete, die von einer ganzen Zuhörerschaft ausströmte.

Wie der unsterbliche Gautama Buddha gesagt hat: „Fünf Minuten sich einstellen auf die Verwirklichung wahrer göttlicher Liebe ist größer, als tausend Schüsseln Speise an die Hungrigen verteilen, denn wenn Liebe ausgeht, wird damit jeder Seele im ganzen Universum geholfen."

Gemeint ist natürlich, daß Worte, die wir anwenden, und Gedanken und Gefühle, die wir haben, Dinge sind. Wo eure Gedanken sind, da seid ihr! Wenn wir unsere Gedanken und Gefühle beherrschen lernen, und nur positive, konstruktive Worte äußern, mit göttlicher Liebe, dann gibt uns unser Verstand und der Körper auf diese Rechenschaft hin die richtige Antwort. Die richtige Wahl der Worte ist von großer Wichtigkeit, aber ebenso wichtig ist das Gefühl, das die Worte begleitet, denn Gefühl ist die bewegende Kraft, die dem Worte Leben gibt. Dann geschieht es, daß göttliche Liebe zuströmt. Das heißt nicht, daß man umhergehen und immerzu „Liebe,

Gott, Liebe" sagen soll. Wir sprechen die Worte einmal mit ganzem Gefühl, mit ganzer Seele, mit Überzeugung, mit Anerkennung; augenblicklich tritt das Gesetz in Aktion und bringt die Erfüllung. „Ehe ihr gesprochen habt, habe ich geantwortet." Es ist schon geschehen! Oder mit den Worten Buddhas: „Wecke Liebe, konzentriere dich auf sie, schenke dir selbst Liebe, am Morgen, am Mittag und am Abend. Und wenn du dich setzest, um Nahrung zu dir zu nehmen, dann denke an Liebe, fühle sie, und deine Nahrung wird besser schmecken."

Viele solcher Juwelen sind von Buddha gegeben worden, die nie veröffentlicht wurden. Der Dichter TAGORE wandte viele in seinen Schriften an. Er war ein Mensch, der wußte, wie man Liebe ausdrückt und anwendet. Er w u ß t e es. Er w a r. Er i s t.

Liebe ist das allerwichtigste von allem. Sie ist das goldene Tor zum Paradies. Betet, daß ihr Liebe begreifen lernt. Meditiert jeden Tag um sie. Liebe läßt Furcht verschwinden; sie ist Erfüllung des Gesetzes, sie überwindet viele Sünden. Liebe ist unsichtbar in ihrer Fülle. Liebe kann alles besiegen. Es gibt keine Krankheit, die man nicht mit genügend Liebe heilen könnte. Kein Abgrund ist so tief, den Liebe nicht überwinden könnte, keine Mauer so hoch, daß genügend Liebe sie nicht niederreißen könnte. Keine Sünde ist so schwer, daß Liebe sie nicht aus der Wolke der Unwissenheit auflösen könnte.

Wisse, daß du weißt

Fragen und Antworten.

Frage: Ich kenne einen Arzt, der sieben oder acht Jahre in Indien zugebracht hat. Als er hierher zurückkehrte, rief er die medizinische Gesellschaft des Landes auf. Er hieß sie, die Reagenz-Gläser mit den heftigsten Typhus- und anderen Krankheitskeimen zu bringen. Er trank davon so viel, daß es genügt hätte, eine ganze Armee zu töten — und nichts geschah. Ich fand nachher heraus, daß es bewußte Kontrolle über den Typhus war. Offenbar demonstrierte er die Mechanik der Immunität.

Antwort: Ja, man kann es zur Immunität über jede Krankheit bringen.

Frage: Wie wirkt die freiwillige Kontrolle über die Thyroid-Drüse auf Säure, die bei der Verhütung von Bakterien notwendig ist?

Antwort: Säure wird in hohem Maße durch freiwillige Kontrolle der Thyroid-Drüse kontrolliert. Sie kann angeregt und in so hohem Grade stimuliert werden, daß sie Säure bis zu einem bestimmten Grade dezimiert. Ich habe einige Hindus sagen hören, daß hier der Grund dafür liege, daß sie Bakterien kontrollieren können. Säure tötet sie einfach. Die Thyroid-Drüse kann durch gewisse Übungen stimuliert werden, die von jemanden gegeben werden müssen, der mit diesen Lehren vertraut ist. Ihr Zweck ist, die Thyroid-Drüse so zu stärken, daß sie das richtige Maß der Flüssigkeit gibt, welches der Körper braucht.

Frage: Hat die Parathyroid-Drüse einen bestimmten Zweck?

Antwort: Ja, die Parathyroiden sind eine große Hilfe. Sie kontrollieren den Metabolismus des Leims oder des Kalkes. Sie können so stimuliert werden, daß Calcium dem Organismus zugeführt werden kann, sogar bis zum Wachstum neuer Zähne.

Frage: Wie werden sie stimuliert?

Antwort: Das wichtigste Instrument zu ihrer Anregung ist Konzentration auf die Thyroids durch geistigen Einfluß, und davon haben wir gerade gesprochen.

Frage: Kann man das mit den Bereichen der Oxydation und Atem-Kontrolle in Verbindung bringen?

Antwort: Gleichzeitig mit den Atem-Übungen müssen geistige Übungen betrieben werden. Das heißt: Übung des Verstandes durch geistige Anwendung.

Frage: Glauben Sie, daß durch Konzentration die Visualisierung des Thyroids vollkommen betätigt wird?

Antwort: Ja, in vollkommener Ordnung und Harmonie.

Frage: Besteht ein definitiver Zusammenhang zwischen dem Atem und der Thyroid-Betätigung, so etwa, daß durch Haltungs- und Atem-Übung die Oxydation beschleunigt wird?

Antwort: Ja, das ist der Grund, weshalb Haltungs- und Atmungsübungen empfohlen werden, damit der ganze Körper unter den geistigen Einfluß kommt. Dennoch wird kein Lehrer diese Übungen empfehlen, ohne geistige Betätigung, ohne daß zugleich das Denken aktiviert wird. Manche Leute können fast augenblicklich diese geistige Aktivierung herbeiführen, vor allem dann, wenn ein ganz besonderer Einfluß zum Tragen gebracht wird.

Frage: Was sind die Adrenalien?

Antwort: Die Adrenalien stehen mit dem Blutdruck in Zusammenhang. Die Thyroid-Drüse kontrolliert alles andere. Die Thyroid-Drüse wird von Pituitar-Drüse und Zirbel-Drüse kontrolliert. Darum wird man wie ein kleines Kind. Bei Leichen-Untersuchungen wird die Zirbel-Drüse oft in starkem Maße verkleinert gefunden. In solchen Fällen war der Betreffende weit vom Himmelreich entfernt. Die Zirbeldrüse ist hauptsächlich das Zentrum der Kontrolle über die Endocrinen. Sie ist der Meister, das ICH BIN des physischen Menschen.

Frage: Sprechen nicht einige der Meister von einer verbesserten Tätigkeit der Endocrinen durch das Prana, durch die Atmung?

Antwort: Ihre Einstellung bedeutet, zieht man Prana ein, nimmt man geistige Einflüsse auf. Sie gehen unmittelbar auf geistige Einflüsse zurück. Das ist größte Betätigung und Anregung. Sie behaupten, daß das Denken in der Jugend auf diese Weise angeregt wird. Dann kommen die Pituitar- und die Zirbel-Drüse unmittelbar miteinander in Betätigung.

Frage: Würden Sie sagen, daß Jesus seine Jünger definitiv gelehrt hat, nach welchem System die Endocrinen sich betätigen?

Antwort: Ja, durch die Christus-Methode, welche „Liebe in Aktion" ist. Er konnte sehr wohl sagen, daß ihr ins Himmelreich eintreten könntet, wenn ihr wie ein Kind würdet.

Frage: Werden die materiell-eingestellten Gelehrten, die das moderne Wunder der Biochemie entdecken, von Meistern inspiriert?

Antwort: Ja, das Werk wird durch diese der Menschheit übergeben, zum Nutzen der Gesamtheit.

Kapitel VII

Die Wirklichkeit

Der Hindu sagt: „Wenn Gott sich verbergen wollte, würde Er den Menschen wählen und sich in ihm verbergen." Das wäre der letzte Platz, an dem der Mensch Gott suchen würde.

Das Schwierige bei den meisten der heute lebenden Menschen ist, daß sie versuchen, etwas zu werden, was sie bereits in ihrem Innern sind. Wir suchen und schauen nach Gott überall aus, nur nicht in uns selbst, gehen zu zahllosen Vorträgen, Versammlungen, Gruppen, schauen nach Lehren und Persönlichkeiten aus, nach Führern, lesen zahllose Bücher, obschon Gott zu jeder Zeit bereit in uns selbst ist. Wenn die Menschheit das Suchen aufgibt und anerkennt, daß sie IST, wird sie bald völlig der Wirklichkeit bewußt sein.

Jesus sagte uns oft, daß es keinen Unterschied von einem zum anderen gibt, daß ein jeder ein Gott-Wesen sei, mit allen potentiellen Attributen und Möglichkeiten.

Wir haben Jesus seit langer Zeit abseits gestellt, in der Überzeugung, daß Er in eine andere Kategorie gehöre, als wir selbst. Er ist nicht anders. Er behauptete nie, anders zu sein. Auch heute ist Er unter uns und hilft den Menschen allezeit. Er ist nicht mehr mystischer Charakter als wir es sind, und niemals behauptete Er, Er sei imstande, Wunder zu vollbringen. Es waren keine Wunder, es war lediglich das Befolgen des

Die Wirklichkeit

Naturgesetzes. Das wird heute bewiesen. Es waren natürliche Vorgänge, die sich bei jedem von uns einstellen, wenn wir das Gesetz erfüllen.

Jeder von uns ist in der Lage, jede der sogenannten Schwierigkeiten zu bemeistern, unter denen wir uns abmühten; sobald wir sie fallenlassen, hören sie auf zu existieren. Das mag manchem unmöglich vorkommen, aber es ist absolute Tatsache. Wir ziehen diese Zweifel an uns heran durch unsere eigenen unrichtigen Gedanken.

Nehmen wir an, diese Gedanken, diese Worte hätten nie eine Bedeutung für uns gehabt und wir hätten nie von ihnen gehört, daß sie in unserem Wortschatz oder in unserer Umwelt existieren. Man kennt heute vier Sprachen, in denen kein einziges negatives Wort existiert, kein Wort für Vergangenheit noch für Zukunft. Alles bezieht sich auf das Jetzt und Hier. Wenn wir dies nur begreifen und anerkennen wollten, wären wir bald aus unserem negativen Zustand heraus. Es kommt auf den Namen an, den wir einem Ding geben, und auf das Gefühl, mit dem wir es aussprechen. Negative Worte, Gefühle und Umstände haben absolut keine Kraft, außer derjenigen, die wir ihnen beigeben. Sobald wir aufhören, sie mit Energie zu begaben, haben sie kein Leben mehr und hören zu existieren auf.

Wir haben heute endgültig bewiesen, daß die Bibel eine so lange Zeit erhalten blieb, weil das Wort „Gott" darin aufgezeichnet ist. Sie ist heute noch das Buch, das am meisten gekauft wird. Wenn nun dieses Wort ein Buch, eine leblose Sache erhalten kann, was kann seine Anwendung für unsere Körper-Form tun. Es ist nicht nötig, daß man herumgeht, und das Wort „Gott, Gott", wiederholt. Man sendet das Wort einmal aus, mit definitiver, aufrichtiger Bedeutung, in dem Sinn, dem wir ihm beilegen, um etwas herbeizuführen, und hat es nie zu wiederholen. Warum? Weil man genau in der Tonlinie der Vibration ist, die auf diese Feststellung antwortet. Das ist der Grund, weshalb die Bibel sich erhält und der Grund, weshalb unsere Körper sich erhalten; es ist dieses Wort, das alles lebendig erhält, sein Nachdruck. Das Wichtigste ist, es hernach nicht zu negieren, sondern fest an der Erfüllung unserer Feststellung zu halten.

Gewisse Leute in Indien gehen herum, halten ihre Hände empor und sagen: Om mani padme hum." Nach einiger Zeit wird ihre Hand steif und sie können sie nicht mehr bewegen. So wäre es auch, wenn wir immer herumgingen und das Wort „Gott" wiederholen wollten. Man kann das Wort denken, kann es genau wissen, daß es uns gehört; wir sind tatsächlich das, was wir ausdrücken wollen. Wir brauchen es nicht immer und immer zu wiederholen. Wir *sind* es einfach.

Es ist gesagt worden, daß der größte Fehler, den der Mensch begeht, derjenige ist, daß er Gott *werden* will, anstatt es einfach zu *sein*. Er hat nach etwas Ausschau gehalten, was in ihm schon ist. Wir *probieren* nicht, zu werden. Wir sind es einfach. Wir sind es und behaupten es definitiv. Wenn ihr es nicht glaubt, versucht es eine Zeitlang, etwa zwei Wochen lang. Ich schlage vor, ihr sagt es einmal und *wißt* es. Und dann geht ihr hin und seid es. Es gehört euch, steht euch zu Befehl.

Der Himmel ist die überall vorhandene Harmonie im innersten Innern, genau da, wo man ist. Durch eigene Gedanken und Gefühle, das steht euch frei, könnt ihr sie zur Hölle machen, wenn ihr wollt, es wird euch nicht schwerfallen. Aber wenn ihr die Zeit, die ihr zur Erstellung der Hölle braucht, dazu anwendet, den Himmel herbeizuführen, jetzt und hier, könnt ihr diese Offenbarung haben.

Kenne Gott in dir, jederzeit! Das ist der größte Segen für den Menschen. Sieh den andern wie dich selbst, den Christus in jedem Antlitz. Das ist unser größtes Vorrecht. Nicht nur das: es ist unser größter Fortschritt, den Christus in jeder Person zu sehen, der wir begegnen oder die wir kennen. Es bedarf nur eines einzigen Augenblicks, dies bei jeder Zusammenkunft zu sehen, wo wir gerade sind. Ihr werdet feststellen, wie wundervoll das ist. Bald wird es euch klar und annehmbar werden, daß der Christus in einem jeden ist. Wir sind alle gleich, immer Ihm gleich.

Zurück zu den negativen Gedanken, Worten und Gefühlen: Wir kennen heute 2500 Personen, die miteinander in Beziehung stehen, sie sind mit allen heute bekannten Transportmitteln gereist, über Tausende und aber Tausende von Meilen und sie haben nie einen Unfall gehabt. Die meisten von ihnen sind hier in Amerika, wo die Idee aufgekommen ist. Vier Menschen haben damit angefangen.

Ihr habt die Kontrolle über den Sturm, ihr habt die Kontrolle über atmosphärische Störungen, jeder einzelne von euch. Es hat nichts zu bedeuten, was immer es sei — ihr seid Herr darüber, es liegt an euch, darüber Herr zu sein! Doch anstatt so zu denken, lassen wir „es über uns kommen", wie wir es nennen. Wir unterwerfen uns immer den Umständen oder der Situation. Es gibt im ganzen Saal hier keinen einzigen Menschen, der, wenn er wollte, nicht jeder Situation Herr werden könnte, nur indem er *weiß*, daß er Herr jeder Situation ist.

Tiere sind sehr sensitiv in diesen Dingen. Sie antworten, wenn man ihnen freundliche Gedanken zuwendet. Sie spüren es auch, wenn man Gedanken der Güte anderen zuwendet. Der Hund spürt Gefühle immer sofort.

Wir hatten in Alaska für unsere Postsendungen über 1100 Hunde. Wir hatten dort während langer Zeit Postrouten. Wir verwendeten diese 1100 Hunde, da es noch keine Flugzeuge gab, und ihr könnt mir glauben — niemand von unserer Besatzung hat jemals eine Peitsche anwenden müssen. Diese Hunde waren so lenksam, wie nur irgend möglich, solange die Leute sie nicht störten oder quälten.

Ich habe mit den Hunden neunmal eine Entfernung von 1800 Meilen zurückgelegt. Zweimal habe ich nicht einen Hund gewechselt, und doch kamen alle Hunde in wundervollem Zustand an. Jedermann fragte mich, wie ich dies fertiggebracht hätte. Ich habe die Hunde einfach in Ruhe gelassen, habe sie aufgemuntert, habe ihnen gesagt, daß sie ihre Sache gut machen, schon vorankommen und so weiter. Andere fingen auch so an, und sie bemerkten alsbald den Unterschied. Wenn man ein Tier nicht fürchtet oder es mißhandelt, antwortet es prachtvoll.

Sobald wir ein negatives Wort aussprechen, entziehen wir Energie aus unserem Körper, behindern ihn; wir hypnotisieren uns selbst, wenn wir daran glauben. Und unter dem hypnotischen Einfluß fahren wir immer damit weiter und wiederholen es fort und fort. Nun, wenn wir uns nicht länger erlauben, von solchen negativen Worten hypnotisiert zu werden, und davon ablassen, sie zu wiederholen oder daran zu denken, werden sie nach und nach ganz aus unserer Gedankenwelt verschwinden.

Wenn wir nicht an das Alter denken würden, an schwache Augen, an Unvollkommenheiten des Körpers, so würde sich solches niemals in physischer Form manifestieren. Unser Körper erneut sich allezeit, es ist wirklich eine Auferstehung. Diese Auferstehung findet in der ganzen Menschheit alle neun Monate statt. Wir drücken das auf unsere Körperzellen durch unsere Gedanken aus, durch unsere Gefühle und unsere Worte. Wir sind unsere eigenen Betrüger. Wir betrügen den Christus mit dem einzigen Wort „ich kann nicht" jedesmal, wenn wir es sagen. Jedesmal, wenn wir ein einziges negatives Wort sagen, betrügen wir den Christus in uns. Laßt uns also den Christus erheben, den Körper segnen für seinen Dienst, Lob und Dank sagen für die zahllosen Segnungen und die lebendige Offenbarung *sein* für das Gesetz, jeden Augenblick!

Die Wirklichkeit

Fragen und Antworten.

Frage: Wie denken die Hindus über Jesus und wie über Buddha?

Antwort: Sie sagen, Buddha war der Weg zur Erleuchtung, Christus ist die Erleuchtung.

Frage: Warum ist es so schwierig, das Denken auf ein Ideal festzuhalten?

Antwort: Wir haben nicht die definitive Erziehung gehabt, wie man sie in Indien hat. Dort haben es sogar die Kinder. Es wird ihnen gezeigt, daß ein Ideal, einmal festgestellt, im Sinn behalten werden muß, bis zur vollen Verwirklichung. Die Erziehung des Westens ist etwas anders. Es wird uns erlaubt, jedem Gedanken zu folgen, der aufkommt, und so werden die Kräfte zersplittert. Wenn ihr ein Ideal habt und fest daran glaubt, behaltet es fest in euch, redet nicht mit anderen darüber, ehe es in dieser Form verwirklicht ist. Erhaltet das Denken immer klar für das eine, was ihr verwirklichen sollt, nicht auf das, was ihr gerade wollt. Das erhält das Denken klar! Sobald man einem anderen Gedanken erlaubt aufzukommen, wird man „doppeltdenkend". Geben wir die Energie auf das „eine Ideal", so werden wir einzig-gerichtet im Denken. Wir kommen nicht auf anderes Geleise. Wir werden auch nicht einseitig im Denken, denn wir brauchen nicht länger bei dem Ideal zu verweilen als einen Augenblick, wenn wir alle unsere Kraft darauf lenken und diese Kraft nicht zersplittern. Von da an sagen wir unseren Dank, daß es vollbracht ist, gerade hier und schon jetzt.

Frage: Sollen wir verstehen, daß Sie Jesus persönlich gesehen haben und ihm die Hand geschüttelt haben?

Antwort: Ja, und mit manchen sogenannten Meistern. Diese Menschen behaupten nicht, sie seien anders als ihr und ich. Sogar die Kulis in Indien anerkennen Ihn als Jesus, den Nazarener. Daran ist nichts Mysteriöses. Die Bilder zeigen Ihn als einen gewöhnlichen Menschen, umgeben von einem großen Licht. Bei diesen Leuten gibt es nichts Unbestimmtes. Es ist eine ganz deutliche entschlossene Art in ihnen. Sie sind lebendige Charaktere.

Frage: Wie kommt es, daß ein gewöhnlicher Kuli in Indien Jesus sehen kann?

Antwort: Der Kuli hat etwas anerkannt und in sein Leben aufgenommen, während wir es weder annehmen noch glauben, daß ER existiert. Ich habe gar keine psychische Sicht. Wenn wir uns ausschließlich mit diesem Prinzip beschäftigen, können wir nicht irregeführt werden. Intuition ist eine Tatsache, und wir müssen daraus W i s s e n machen.

Frage: Warum hat sich Jesus nicht oft in Amerika gezeigt?

Antwort: Er beschränkt sich nicht auf eine Gegend, Er wirkt hier zweifellos ebenso, wie in Indien.

Frage: Hat Jesus physisch am Kreuz gelitten?

Antwort: Nein, ein hoher Erleuchteter leidet nicht physisch. Wenn ER diese Erfahrung nicht hätte machen w o l l e n , so würde Er die Energie zurückgewiesen haben; und diese hätte die Leute zerstört, die Ihn ans Kreuz schlugen. ER zeigte den Weg.

Frage: Hat Jesus nach der Kreuzigung noch einige Jahre auf der Erde existiert?

Antwort: Wir wissen nichts von einem Zurückweichen aus dem Körper. Er lebt heute in genau dem gleichen Körper. Der Körper ist jedem sichtbar, der mit Ihm in Kontakt kommt.

Frage: Meinen Sie damit, daß ein Mann, der als Jesus von Nazareth bekannt war, in diesem Land erschienen ist?

Antwort: Ja, natürlich. Wenn wir Ihn nicht mit diesem Namen nennen, wird er nicht bei uns sein.

Frage: Haben Sie ein spezielles Vorrecht, die Lehren der Meister herauszugeben?

Antwort: Wir haben keineswegs irgendein Vorrecht vor euch. Wenn gefragt wird, ob es solche Meister in den Vereinigten Staaten gibt — antworten sie: „Es sind über einhundertfünfzig Millionen Meister hier."

Frage: Würde Jesus hier erscheinen, wenn wir Ihn benötigen würden?

Antwort: Er ist immer da, wo er nötig ist. Wenn ER gesagt hat: „Seht, ich bin immer bei euch!" so meint ER das wirklich.

Frage: Bedeutet Christus das Prinzip des Lebens?

Antwort: Er bedeutet das Gott-Prinzip, das ein Individuum durchflutet.

Kapitel VIII

Überwindung des Todes

„Toter Yogi lebt noch!" — so lauteten die Schlagzeilen in den Zeitungen von Los Angeles, als sie vom Ableben des Paramhansa Yogananda, dem Gründer der „Selbst-Verwirklichungs-Bruderschaft" in Los Angeles, Kalifornien, berichteten.

„Leichen-Bestatter offenbarten heute die erstaunliche Fähigkeit Paramhansa Yoganandas, dessen Körper in den Räumen der „Selbst-Verwirklichungs-Gesellschaft" hier aufgebahrt liegt. Sie sagen, der Körper sei zwanzig Tage nach seinem Tode nicht technisch gestorben. Der Direktor des Friedhofes erklärte, daß der Körper von Yogananda, der während einer Rede im Biltmore-Hotel starb, unter täglicher Beobachtung seiner Anhänger, vom 7. März bis zum 27. März aufgebahrt lag, als dann der Bronze-Sarg versiegelt wurde. ‚Das Fehlen jeglicher sichtbarer Zerfallszeichen am toten Körper des Paramhansa Yogananda ist der merkwürdigste Fall in allen meinen Erfahrungen‘, sagte der Direktor der Bestattungs-Anstalt in einem beglaubigten Brief an die „Selbst-Verwirklichungs-Gesellschaft".

Was den Körper Yoganandas betrifft, so war es kein Wunder. Wir haben Körper gesehen, die seit sechshundert Jahren in „aufgehobener Belebung" gelegen sind. Mein Urgroßvater hat vor langer Zeit einen solchen Körper beobachtet. Es war nörd-

Überwindung des Todes

lich von der Linie zwischen Kashmir und dem heutigen Pakistan, und er ist seither immer dort gewesen. Dieser Körper wurde abgelegt als ein Zeichen von Unruhe, die anfangs in Indien wegen der mohammedanischen Invasion herrschte — auch wegen der Kinder-Ehen und wegen des tiefgehenden Kasten-Systems, das in Indien auflebte. Der Körper liegt seither immer dort. Es ist mehr als 14 Jahre her, seitdem ich den Körper zum letzten Male sah; ich war während des ersten Weltkrieges in jener Gegend. Zu jener Zeit waren etwa 200 britische Soldaten in einem Versteck im Norden des Ortes festgehalten worden, und sie baten um freien Durchgang durch dieses Land. Als sie in Indien wieder eintrafen, sahen auch sie den Körper wieder. Der Oberst hatte viele Jahre in Indien zugebracht und empfand große Hochachtung vor dem indischen Volk. Man achtete ihn ebenso hoch. Er erklärte den Soldaten, daß, wenn sie den Körper sehen möchten, die Kompanie hier anhalten würde, damit sie ihn betrachten könnten, aber sie müssen ihr Ehrenwort geben, daß keiner den Körper berühre, wie es die Leute jener Gegend wünschten. Es sind so viele Leute hingegangen, den Körper zu sehen, daß die Steinplatten um die Grabstätte herum ganz ausgetreten sind.

Nachdem die Soldaten den Körper betrachtet hatten, marschierten sie eine kurze Strecke weiter und bereiteten ihr Lager für die Nacht. Als das Lager in Ordnung war, bat einer der Offiziere den Obersten um Urlaub. (Der Oberst hat mir das selbst erzählt.) Er sagte zu dem Offizier: „Ich glaube zu wissen, was du tun willst. Du hast im Sinn, den Körper zu betasten. Nun, entweder du gibst mir dein Ehrenwort, daß du nicht versuchen wirst, ihn zu berühren, oder ich verweigere es dir, wegzugehen." Der Offizier gab sein Wort, erhielt seinen Urlaub und ging hin, den Körper zu beobachten. Zu jener Zeit trugen die Offiziere einen kleinen Stab bei sich. Er nahte sich dem Körper und versuchte ihn mit dem kleinen Stab zu berühren — und fiel tot zur Erde. Der Oberst sagte mir, er sei der erste gewesen, der in Kenntnis gesetzt worden sei, und sein erster Gedanke wäre natürlich der gewesen, daß jemand gewacht und den Mann aus Rache erschossen habe. Der Oberst sagte mir auch, daß er unverzüglich zum Tatort gegangen sei und den Körper des Soldaten gründlich untersucht habe — aber man habe nicht die geringste Verletzung feststellen können. Das Ereignis wurde dem Kriegsdepartement in London berichtet und befindet sich noch immer dort in den Akten.

Wir haben in unserem Laboratorium Versuche mit dem sogenannten Todes-Zustande gemacht. Die Versuche wurden nicht bei uns entwickelt, aber sie wurden von Kameras aufgenommen, die in einer Sekunde Tausende von Negativen herstellen. Ein Bild wird durch laufende Lichtpunkte aufgezeichnet. Der Film weist, wenn er photographiert wird, eine Sammlung von Lichtpunkten auf, aus denen das vollendete Bild entsteht. Dieses wird dann unter starker Vergrößerung reproduziert und verlangsamt, bis man es auf einem gewöhnlichen Filmstreifen verwerten kann. Durch Anwendung von X-Strahlen kann man die ganze Formation eines Lebens-Elementes zeigen.

Manche sind zu uns gekommen mit einer Krankheit, von der sie wußten, daß sie nur noch wenige Stunden zu leben haben, und stellten sich für Beobachtungen zur Verfügung. Ein leitender Arzt beobachtete die Zeit, wenn das, was man gewöhnlich den „Tod" nennt, eintritt. Eine Waage zeigte einen Gewichts-Verlust von ungefähr elf Unzen an. Das Licht, das vom Körper ausstrahlt, zeigt sich genau über der Waage.

Heute weiß man, daß das Lebens-Element Intelligenz, Bewegung und Willen in einem Maße besitzt, daß es bei einer Unterbrechung über sich selbst hinauswächst. Es erhebt sich bis hinauf zur Decke. Wir haben dies nachgewiesen, indem wir vier Kameras verschieden plazierten.

Wenn es von einer Kamera verlorenging, nahm eine höhere es auf und zeigte damit, daß die Emanation der Energie immer noch bewiesen werden konnte. Wir versuchten eine Unterbrechung anzubringen oder es zur Seite zu verdrängen. Die Emanation ging durch die störende Wand hindurch. Wenn die Kamera auf einer Seite die Emanation verlor, nahm die andere Kamera diese auf der anderen Seite wieder auf.

Wir schufen eine trichterförmige Unterbrechung aus Aluminium, legten Asbest und Bleifolien eng auf den Körper, damit das Lebens-Element am Austreten verhindert werde. Dreimal, nach weniger als einer Minute, nachdem wir die Störung fertiggestellt hatten, kam der Körper zum Leben. Wenn dieses Leben wieder erweckt wurde, zeigte der Körper keine Anzeichen von Krankheiten mehr, die ihm vorher anhafteten. Der Körper war offenbar immun dagegen geworden. Wir wissen nicht, wieso.

Wir haben eine Gruppe, die sich heute vor allem damit beschäftigt, und wir blicken in die Zukunft, wenn gezeigt werden wird, daß der Grund, weshalb das Lebens-Element größere Energie angenommen hat, darin liegt, daß eine Rückkehr zum Körper neue Zustände herbeiführen kann. Drei von den Leuten, von denen ich rede, haben die Pest gehabt. Einer von ihnen geht wieder zur Arbeit, um zu zeigen, daß er immun ist. Einer hat Angst davor und wir haben ihn nicht angewiesen, sich zu zeigen, aber seit der Veränderung sind 7 Jahre vergangen und er hat nie einen Rückfall gehabt.

Der Dritte von ihnen versteht nichts von dem, was wir tun, so daß er uns keine Hilfe sein kann.

Ehe das Lebens-Element den Körper verläßt, kann gezeigt werden, daß die Schwingungen so tief gesunken sind, daß das Lebens-Element nicht bleiben kann, es wird förmlich herausgedrängt.

Wenn es aber hinausdrängt worden ist, hat es den Willen, der zugleich mit ihm erschaffen worden ist, und es fängt an, Energie aufzunehmen. So kann es nach kurzer Zeit einen neuen Körper annehmen unter allen beliebigen Umständen. Wir können nicht positiv sagen, dies sei eine Tatsache, aber wir glauben, daß viele Körper wieder aufgebaut werden innerhalb einer bis zu drei Stunden nach dem Todes-Erlebnis.

Im Falle des Körpers, dessen Belebung seit sechshundert Jahren aufgehoben ist, wurde angedeutet, daß der Mann aktiv in einem anderen Körper war. Wir besuchten schließlich den Ort, an dem der Mann angeblich in diesem neuen Körper lebte. Wir machten einige Aufnahmen von ihm, verglichen sie mit derjenigen des Körpers in aufgehobener Belebung und es war eine exakte Ähnlichkeit festzustellen.

Wir sahen sogar noch andere seiner Körper. Im ganzen haben wir vier verschiedene dieser Körper gefunden. Wir wissen, daß es viele gibt, die ihre Körper von einer Stelle zur anderen viel schneller bewegen können, als wir reisen können. Wir gaben nun vier Kameras in die Hände von vier Männern, die nicht beeinflußbar waren, und wiesen ihnen je eine Stellung an, daß sie zu gleicher Zeit Aufnahmen machen konnten. Als wir die Photographien miteinander verglichen, war fast identische Ähnlichkeit bei allen vieren vorhanden und doch lag der Körper in aufgehobener Belebtheit. Es war immer das gleiche Bild.

Es wurde uns tausendmal gesagt, daß Körper aufgebaut und zusammengefügt werden, und daß, wenn jemand ein definitives Leben führt und er den Bedingungen des Todes unterworfen wird, er seinen Körper ablegen und sogleich einen anderen heranbilden kann.

Wir sehen daraus, daß man ganz anders über das Sterben denken sollte. Es ist ein Zustand, den wir uns selbst erschaffen, damit wir in erweiterte Bedingungen mit größeren Möglichkeiten hineinwachsen. Jesus hat uns oft gesagt, man werde das, was man verehre. Wenn wir in Beschränkungen verfallen, so haben wir Beschränkung verehrt, aber es gibt kein menschliches Wesen, das nicht Vollkommenheit verehren und durch solche Einstellung sich selbst aus Beschränkung emporheben könnte.

Es wird heute gesagt, daß der menschliche Körper jedem Zustand widerstehen könne. Wenn wir das Gottes-Prinzip in uns erhalten, führen wir die Macht, die uns umgibt, ins Spiel und machen sie undurchdringlich, so daß nichts uns berühren kann.

Vollkommenheit existiert allezeit, ist jederzeit aktiv und wenn wir damit eins sind, tritt sie sogleich in Erscheinung. In

Überwindung des Todes

vielen Fällen sehen wir das Licht aus dem Körper eines Menschen hervortreten und wenn man photographiert, kann man das Licht auf dem Bild erkennen. Licht ist Leben, ist das Medium, in welchem das Leben existiert.

Es ist ganz klar, daß wenn wir statt Alter zum Inhalt unserer Gedanken zu setzen, Jugend im Sinn behalten und in entschlossener, positiver Haltung uns erhielten, diese auch erhalten bleiben würde.

Männer und Frauen gehen heute ewiger Jugend entgegen. Viele Philosophen des Ostens sagen — „Wenn ihr die Jugendlichkeit, Schönheit, Lauterkeit und Vollkommenheit so definitiv verehren würdet, wie ihr das Altsein verehrt, so würdet ihr diesen Zustand erlangen. Ihr könntet tatsächlich nicht anders." Dies soll keineswegs eine Mißachtung des Alters bedeuten, sondern lediglich die Einstellung zeigen, wie man alt werden kann. Wäre es nicht besser, man würde Menschen ihrer Jugendlichkeit, Schönheit und bestimmter Grade von Vollkommenheit wegen höher achten, die sie offenbaren, als nur ihres Alters wegen? Das eigentliche Ideal ist ein Körper, den man allenthalben als das Ebenbild des Schöpfers verehrt. Die Göttlichkeit, die der Mensch hochachtet und als ihm zugehörig erkennt, ist der höchste Ausdruck seiner Jugendlichkeit, Schönheit und Reinheit.

Wir projizieren selbst diese Zustände, denen wir unterliegen. Wir geben alle zu, daß wir den Körper falsch behandeln können. Wenn wir aber nach Vollkommenheit streben, muß Vollkommenheit die Folge sein. Niemand kann etwas erreichen, wenn er nicht eins wird mit seinem Ziel und alle anderen Umstände vergißt. Um es auf einen ganz einfachen Nenner zu bringen: „Wenn wir definitive, positive Ideen verfolgen, die wir erreichen wollen, so erfolgt diese Verwirklichung ganz sicher. Ein Punkt! Eine einzige Richtlinie! Erlaubt euch niemals, Gedanken auf irgendeinen negativen Zustand zu richten!"

Wir haben viele Wandlungen, Heilungen, positive Umstände

herbeigeführt, heraus aus negativer Umgebung, ohne daß ein Wort dabei gesprochen wurde.

Das war für uns der Beweis, daß das Prinzip sich bei jeder Einstellung des positiven Denkens offenbart. Aber die Gedanken müssen jederzeit endgültig positiv sein. Jene, die die Macht entwickelt haben, diese Dinge auszuführen, kennen wir als Meister, denn sie haben die Naturkräfte bemeistert. Sie stellen sich nicht zu Umständen ein, als wären diese seltene Phänomene. Vollkommenheit ist ein natürlicher Zustand, der jederzeit erreicht werden kann durch die Befolgung natürlicher Schlüsse.

Der Körper ist unzerstörbar. Nur wir selbst sind es, die dem Körper gestatten, abzusterben. Die Gedanken und Gefühle, die wir auf den Körper einwirken lassen, sind die Erschaffer von Krankheit und Auflösung. Es ist heute wohl bekannt, daß jede Zelle unseres Körpers in weniger als einem Jahr erneuert wird. Einer der größten Irrtümer, der die Menschheit je verfallen ist, ist dasjenige der „dreimal zwanzig Jahre und zehn". Wir kennen Männer und Frauen, die mehr als 2000 Jahre alt sind. Wenn man aber mehr als 2000 Jahre lang leben kann, kann man in alle Ewigkeit leben. Das ist genau das, was Jesus meinte, wenn Er sagte: „Der letzte Feind, der zu überwinden ist, ist der Tod."

Jesus lehrte, daß der Vater das Prinzip ist, durch die der Menschheit die Erkenntnis geschenkt wird, daß das Leben leben muß und daß es in seinen Taten und Lehren kein Mysterium gibt.

Das Prinzip ist unveränderlich. Du magst es in alle Ewigkeit übersehen, wenn du willst, aber im Augenblick, da du zu ihm zurückkehrst, kehrst du zurück in den Zustand der Vollkommenheit. Dein Körper nimmt das Resultat dieses Entschlusses in sich auf. Jemand, der dieses Prinzip kennt und anwendet, würde nicht zögern, auf dem Wasser zu gehen. Man hat euch oft gesagt, daß, wenn einer sich anstrengt, etwas zu erreichen und es gelingt ihm, es alle tun können.

Diese Macht hat allezeit bestanden und existiert auch

heute noch. Warum ist sie ferngehalten. Weil wir die Mauer des Unglaubens davorsetzen!

Die Kraft, die ein mechanischer Kunstgriff in die Existenz ruft, kann unverzüglich die gewünschte Bedingung erwirken oder ins Werk setzen. Wir sprechen über weite Entfernungen durch das Telephon. Dennoch gibt es viele Leute, die ohne jeden Apparat über große Strecken hinweg miteinander sprechen. Telepathie ist als eine Tatsache festgestellt. In mentaler Telepathie liegt große Macht. Es ist Gott, der zu Gott redet. Viele mögen sagen, eine solche Behauptung sei Gotteslästerung. Eine solche Behauptung ist indes genauso treffend, wie diejenige, daß wir heute leben. Die Menschheit muß schließlich einsehen, daß es viel besser ist, jederzeit unter positivem Einfluß zu stehen. Dann hat sie einen großen Schritt vorwärts getan.

Dies sind nicht Schlußfolgerungen, die nur unsere Gruppe gezogen hat. Viele Leute und Gruppen verfolgen heute die gleiche Linie. Die Anwendung dieser Tatsachen wird uns alle zu vollkommener Harmonie vereinigen, zu einer vollkommen vom Menschen herbeigeführten Einheit bringen.

Es hat keine Bedeutung, ob die Menschheit als Ganzes heute an diese Dinge glaubt. Die Tatsachen sind augenscheinlich. Als Jesus sagte, Er habe den Tod überwunden, sprach Er die Wahrheit. Tausende und Abertausende werden sehr bald wissen, daß Sein Körper unterblich ist, rein, vollkommen und unzerstörbar. Das Mysterium ist verschwunden. Wir stehen auf der Schwelle der vollkommenen Erkenntnis.

Leben und Lehren der Meister, Kapitel VIII

Fragen und Antworten.

Frage: Kennen Sie außer den Meistern noch jemanden, der vollkommene Herrschaft über Alter und Tod erlangt hat?

Antwort: Ja, viele Leute haben dies bewiesen. Ihr könnt sie auch selbst erlangen. WISST, daß ihr die Herrschaft darüber habt und ihr SEID Meister. Ich habe gesehen, wie Menschen sofort ins Leben zurückgekehrt sind. Ich kenne etwa siebzig Leute, die grauhaarig und gealtert waren und die heute wie Vierzigjährige aussehen.

Frage: Was können wir mit Kindern tun, die zur Schule gehen, und sowohl dort wie auch von der Kirche in anderer Weise belehrt werden, als wir es zu Hause tun? Werden sie dadurch nicht verwirrt?

Antwort: Ihr könnt euren Kindern helfen, denn die Wahrheit verwirrt sie nicht. Ihr könnt den Kindern in ganz einfachen Worten die Wahrheit mitteilen, und sie werden sie annehmen. Das wird tiefer haften bleiben als andere Behauptungen. Sagt zum Beispiel: „Der Christus ist in euch!" Ihr werdet sehen, wie die Kinder schließlich darauf antworten. Kinder haben oft eine größere Auffassungsgabe als Erwachsene es meinen.

Frage: Im Band III sagen Sie tatsächlich, daß wir unser inneres Schauen nur ein wenig höher hinauf zu richten hätten, und dann Jesus sehen könnten, sobald unsere Aufmerksamkeit nach innen gerichtet sei.

Antwort: Wenn ihr Christus seht, wißt ihr, daß er mit Jesus identisch ist und daß der Christus in einem jeden ist, überall, sobald ihr mit Ihm verbunden seid.

Überwindung des Todes

Frage: Haben Sie tatsächlich Jesus gesehen und mit ihm geredet oder war es eine mentale Erscheinung?

Antwort: Nein, es war keine Erscheinung. Der Mann lebt und ist wirklich da. Wir können Ihn ebensogut photographieren, wie wir euch photographieren können.

Frage: Wenn der Mensch in Wirklichkeit ein geistiges Wesen ist und gleichbleibend nach dem Licht ausschaut, wie wird er in unserem modernen Zeitalter in der Lage sein, die Wahrheit zu erkennen, da so viele verschiedene Arten von Glauben und Lehren und so viele Gegensätze bestehen?

Antwort: Der Mensch ist Geist. Es hat nichts zu bedeuten, was immer man dem Geist entgegensetzt. Der Mensch IST allezeit. Dagegen gibt es keine Opposition, nur unser Denken steht in Opposition.

Frage: Ist es wahr, daß, wenn wir den Christus um Hilfe anrufen, Er dann bei uns ist und daß Er hört?

Antwort: Seine Worte in dieser Beziehung sind: „Rufe Christus in Deinem Innern an." Das liegt Dir! Das BIST Du! Rufe den Christus in Deinem Innern an! Er hat nichts gegen unseren Ruf, denn er betätigt sich zu jeder Zeit innerhalb der Menschheit. Wir begehen den Irrtum, außerhalb von uns nach Christus zu suchen. Rufe jederzeit nach Christus im Innern. Das überträgt sich dann nach außen hin zum ganzen Universum, und alles gehört uns.

Kapitel IX

Das Gesetz des Wohlstandes

Die Wiederholung von Mantrams ist hypnotisch und die Menschen schaffen sich ihre eigenen Begrenzungen, wenn sie sich auf die Macht der Affirmationen stützen.

Sobald wir sagen: „Ich möchte einen bestimmten Zustand erreichen", haben wir den Weg zu vielem Guten versperrt, das wir nicht erkannt haben. Wir haben nur einen Weg des Ausdrucks geöffnet. Solange unsere Forderung nicht mit der Fülle eines sich erweiternden Lebens in Einklang steht, könnte die Erfüllung eine unerwartete Form annehmen. Schon der bloße Hinweis auf einen Mangel kann ihn stärker werden lassen, anstatt größeren Wohlstand herbeizuführen. Sobald wir den freien Zufluß von Substanz durch eine begrenzende Bemerkung hindern, vereiteln wir den vollkommenen Ausdruck vom Überfluß der Substanz Gottes.

Was ist der größte Ausdruck, der alle Dinge herbeiführt? „ICH BIN ÜBERFLUSS". Diese Feststellung öffnet jeden Weg des Ausdrucks und schließt keinen zu. Sie erkennt die Gegenwart Gottes an und die bewußte Einheit des Selbstes mit der Quelle von allem Guten in allen Dingen. Ihr müßt einsehen, daß dies die Lehre Jesu' gewesen ist. Sie bedeutete allezeit Überfluß und nirgendwo eine Begrenzung.

„ICH BIN DAS WISSEN." — „ICH BIN HARMONIE." Die Anwendung dieser Worte belebt die Energie des Körpers.

Und daraus entsteht ein neues Gewahrwerden von Überfluß an Wissen und Harmonie.

Diese Energie wird bei freier Anwendung im täglichen Leben keineswegs vermindert.

Wenn aber einer Überfluß hat, müssen andere ihn auch haben. Wenn wir diese Auffassung vertreten, können wir erkennen, daß jemand ohne Überfluß niemand wohlhabend sein läßt. Wenn wir uns nicht für wohlhabend halten, so deshalb, weil wir uns von dem freiströmenden Überfluß entfernt haben und auf einem Idol des Mangels aufbauen.

Man hat uns glauben gemacht, daß wir nur ein Teil des Ganzen seien. Aber jeder einzelne ist verschmolzen mit dem Ganzen, weil nur Einheit zur Vollendung führt. Wäre jemand ausgeschlossen, dann könnte Einheit nicht vollständig sein. Sobald wir unsere Einheitlichkeit mit dem vollkommenen Zustand begreifen, merken wir, daß wir diesem auch nach außen hin Ausdruck geben müssen.

Die Verehrung Gottes mit ganzem Herzen und unserer ganzen Kraft befreit uns von Begrenzungszuständen. Keiner braucht sich abgesondert zu fühlen. Es ist möglich, in diesem Augenblick dieses Gefühl des Einsseins mit Gottes Überfluß zu verwirklichen. Die erste Bedingung dazu ist das Freiwerden von jedem Gedanken an eigene Mangelerscheinungen, die wir uns eingebildet haben. Es sind einige ganz bestimmte Schritte zu tun, wenn man das Selbst begrenzungsfrei machen will.

Es gibt keine Situation, die man nicht überwinden kann. Glück, Wohlstand und Überfluß gehören einem jeden an. Die größte Mauer dagegen bildet der Mangel an Erkenntnis in dieser Beziehung. Als der Pöbel gegen Jesus schrie, schenkte er ihm auch nur irgendwelche Beachtung? Wenn er Leute nach Dingen ausschauen sah, die ihnen zu gehören schienen, riet er ihnen, stillzuhalten und auf Gottes Errettung zu warten. Er ließ nicht nach, zu erklären, daß der Mensch Herr über die ganze Schöpfung sei. Er sagte: „Friede, sei still!" Und er lehrte seine Jünger „zu begreifen, daß man frei ist." Durch diese Feststellung hoben sie sich selbst aus den anscheinend niedrigen Lebenswegen zu wahrer Jüngerschaft heraus. Wenn Jesus einen Fischer unter die Jünger aufnahm, sah er da nur den Fischer in ihm? Nein, er sah ihn als seinen Jünger, als einen *Menschenfischer*. Er sagte: „Folge mir nach." Er lehrte sie, den Worten zu folgen, die ihn selbst zu dem gemacht hatten, was ER war. Alles vollzog sich in größter Demut, denn er machte klar, daß Selbstsucht nicht den Himmel gewinnen läßt.

Ein Überblick über die heutigen Zustände überall auf der Erde zeigt uns, daß scheinbare Zwietracht uns zu der Auffassung verleitet, anzunehmen, wir seien etwas anderes als unser Nachbar — und im großen Plan des Seins unvereinbare Individuen. Aber niemand kann aus diesem Plan ausgesondert werden und der Plan erfüllt und manifestiert sich immer weiter. Jeder einzelne ist ebenso notwendig zur Vervollkommnung des Planes, wie die Anzahl von Atomen in einem Molekül. Wenn wir durch unsere Aussage immer neu die Einheitlichkeit der Existenz bestätigen, wissen wir, daß wir niemals abgetrennt waren oder außerhalb der Einheit des Ganzen gestanden haben.

Jesus lehrte in einfachen Gleichnissen, daß der Sinn des Lebens nicht der Tod ist, sondern größerer Lebens-Ausdruck. Jeder einzelne ist eine Einheit im Prinzip des Ganzen, das sich in Harmonie auswirkt und in dem jeder einzelne seine eigenen Aufgaben hat, die ihm entsprechen. Aus diesem Grunde werdet ihr, wenn ihr den Lehren Jesu nachforscht, erkennen, daß er den Ausdruck „ICH BIN GOTT" für jeden einzelnen zur Anwendung empfahl. Es ist nicht ein Teil des Prinzips, sondern das Prinzip selbst.

Religiöse Doktrinen haben allzuoft größtes Gewicht auf die Theorie gelegt, anstatt auf die Praxis. Eine Wiederholung dieser Einstellung richtet unser Verständnis für die Wahrheit auf physische Dinge und wir verlieren die geistige Bedeutung. Wenn man Jesus nach der Antwort auf unser Gebet fragte, sagte er: der Grund für die Nicht-Beantwortung eines Gebetes sei ein falsches Beten. Ihr werdet finden, daß ihr gar keine Worte zu äußern braucht, wenn ihr fest auf einer definitiven

Das Gesetz des Wohlstandes

Erklärung beharrt. Sobald ihr innerlich einseht, daß Überfluß allezeit für euch vorhanden ist, wird er sich für euch offenbaren. Dann bedarf es keiner Aufforderung nach außen hin. Ihr seid in vollkommener Harmonie mit dem Prinzip. Sobald man an einen Zustand denkt, ist man eins damit. Ihr werdet sehen, daß ihr nie eine Bitte zu wiederholen braucht, wenn ihr fest bei einer Einstellung bleibt. Es ist vollendet, noch ehe ihr es in Wort gekleidet habt. Jesus sagte: „Noch während sie gefragt haben, habe ich gehört." Und er fuhr im gleichen Sinne weiter und sagte:„Ehe es gesagt worden ist, ist es getan."

Warum sollten wir um etwas bitten, was schon vollendet ist? Wie oft kann ein Umstand vollendet werden? Brauchen wir um etwas zu bitten, das uns schon gehört? Nein! Man kann dem Lebenslauf unserer größten Meister nachforschen und sehen, wie sie die Vollendung anerkannten. Tief im Unterbewußtsein war der Weg zur Vollendung bereits vorhanden. Frei von allen Zweifeln etwaiger Begrenzung waren sie imstande, dem Ausdruck zu geben, was schon existierte.

Durch vollkommene Ablehnung aller Teilung stehen wir fest als Prinzip. Wie könnten wir Mangel haben, wenn wir an die Stelle von Mangel Gott setzen? Das Prinzip ist harmonisch und bewegt sich nach definitiven Gesetzen, mit denen der Mensch beständig zusammenarbeiten muß.

Fragen und Antworten.

Frage: Sie sagen, wir sollen nie zum zweiten Mal um etwas bitten, wenn wir etwas wünschen.

Antwort: Das schließt immer Zweifel in sich. Wenn wir einfach weitergehen, stehen wir über dem Zweifel und sind ohne Furcht. Wenn es nicht schon bebestehen würde, würden wir gar nicht daran denken.

Frage: Mit anderen Worten, sucht und wisset und macht euch ein mentales Bild des Vollendeten?

Antwort: Ja, absolut. Wenn wir um eine Lösung auf die göttliche Vernunft vertrauen, so öffnen wir alle Tore. Wenn wir uns selber aussenden, schließen wir alle Tore, die außer uns selber liegen. Man macht selbst Fehler, nicht die anderen.

Frage: Warum können wir nicht auch die Hand ausstrecken, wie es die Meister tun, um sie gefüllt zu sehen?

Antwort: Weil wir es nicht tun wollen. Es ist einzig deshalb, weil wir es nicht ernstnehmen. Streckt eure Hand aus und gebt Dank. Das ist die Tat des Elias. Es wird heute auf Millionen Arten getan.

Frage: In welcher Weise haben die Meister Ihnen bei Ihrem Werk geholfen?

Antwort: Ich kann sagen, daß ohne ihre Hilfe das Werk nicht einmal hätte angefangen werden können, geschweige denn weitergeführt. Wir waren nie genötigt, uns an eine Organisation oder an jemanden außerhalb unserer Familie zu wenden. Ohne IHREN Beistand hätten wir nie weiterfahren können, auch wenn wir das Geld dazu gehabt hätten. Wir haben uns oft auf unsere Schlußfolgerungen verlassen, aber wir mußten jedes Mal zu IHREN Schlüssen zurückkehren, die auf IHRER Kenntnis der Chemie und der mechanischen Methoden beruhen, die aus früheren Zivilisationen übernommen worden sind.

Kapitel X

„Die Wahrheit soll euch frei machen"

Jesus sagte uns, die Wahrheit werde uns frei machen. Wenn jemand in diesem freifließenden Strom der universellen Macht steht, kann ihn nichts berühren und noch weniger behindern.

Christus ist Gott, der jedes Einzelwesen durchströmt. Wer in dieser Haltung feststeht, hat alles zu freier Verfügung und das Prinzip strömt vollständig durch ihn.

Warum ist diese Macht in so manchen von uns statisch, unbetätigt und unbeachtet geblieben? Nur wegen unserer eigenen Einstellung dazu. Die Gedanken-Einstellung von einem jeden einzelnen kann die Anwendung vollkommen aufheben, obschon sie uns immer mit universeller Kraft durchströmt. Wenn man sich dieser durchströmenden Kraft bewußt wird, kann man ihr auch bewußten Ausdruck geben.

Wenn Jesus die Feststellung traf, daß ER eins sei mit dem Vater, wußte ER, daß die ganze Menschheit sein könnte, wie ER war und ist. Die Wahrheit befreit uns von jedem Umstand, mit dem wir uns beschäftigen müssen. Wir selbst sind es, die negative Zustände herbeiführen und nur wir können uns frei machen, indem wir ein anderes Denken beginnen. Jesus beherrschte die Wissenschaft, dieser Freiheit Ausdruck zu geben. Er wußte, daß der Menschheit um so größere Errungenschaften gelingen würden, je mehr der einzelne die Wahrheit begreife.

Wir fangen eben erst an, unsere Möglichkeiten zu begreifen. In der ganzen wissenschaftlichen Welt zeigen sich Veränderungen. Die Gelehrten sehen ein, daß sie ihre Forschungen besser und rascher fördern können, wenn sie sich definitiv mit dem Prinzip verbinden. Diese Einstellung löst ihr Werk oft genug aus den Zuständen des Erprobens heraus.

Gottes-Verachtung ist Tod. Es gibt keinen anderen Tod als die Gottes-Verachtung. Jesus zeigte uns den Weg, wie wir uns Gott zuwenden können. „Verehrt Gott mit ganzem Herzen, mit ganzer Seele und ganzem Gemüte und eurer ganzen Kraft." In Selbsterniedrigung haben wir andere Dinge verehrt, stellten wir alle möglichen Idole auf und beteten sie an. Der Mensch muß Gott aus seinem Innern hervorbringen und auf diese Weise Gott der ganzen Welt zeigen.

Viele Leute haben uns gefragt, wo wir die Bestimmtheit für unsere Behauptungen hernehmen. Ihr könnt sie selbst finden, wenn ihr eine jüdische Bibel, oder ein Lexikon vornehmt und eure eigene Übersetzung daraus macht. Im ersten Kapitel der Genesis findet ihr die vollkommene Erzählung von Millionen von Jahren an Entwicklung. Wir finden, daß es große Epochen in der Menschheitsgeschichte gab. Durch Fälschung der ursprünglichen Lehren, wurde der Menschheit klargemacht, daß sie außerhalb des Gottes-Bereiches stehe und durch einen materiellen Zustand sich hindurcharbeiten müsse. Aber Gott hat nie den Menschen aus Seinem Bereiche ausgeschlossen. Der Mensch hat selbst die Illusion der sterblichen Existenz aufgebracht, in welcher Gott durch Gebet und durch Anerkennung religiöser Formalitäten gewonnen werden soll.

Welche Einstellung wir auch immer einnehmen wollen, wir können die Vollkommenheit nicht ändern! Sie steht über allem. Es hat für das Prinzip nichts zu bedeuten, welche Gestalt ihr durch euer Denken dem Körper geben mögt. Es ändert das Prinzip in keiner Weise, wenn ihr etwas aufbaut, was euch als unvollkommener Körper erscheint. Wir mögen alle Zweifel aufrechthalten, die wir aufrechtzuhalten wünschen, dennoch wird eines Tages die *Wahrheit* in uns eindringen. Wenn wir alle Zweifel fallenlassen, kommen wir zu der Vollkommenheit zurück, zu der wir gehören. Jesus sagte uns, wir seien unsere eigenen Erlöser. Wie könnte vollkommene Liebe je etwas verzeihen? Wie könnte ein vollkommenes Prinzip etwas vergeben? Nur wir selbst können uns die Abtrennung verzeihen.

Die heutige Menschheit steht im Begriff, den großen Christus-Orden anzuerkennen, — den Christus in jedem. Können wir nicht einsehen, daß wir uns dieser großen Lebens-Bedingung so gewahr würden, daß wir die Natur der ganzen Menschheit wandeln könnten, wenn wir uns ganz dem Christus-Prinzip zuwenden und die Attribute des Christus-Wesens offenbaren wollten? Wir stehen heute diesem Prinzip von Angesicht zu Angesicht gegenüber. Wenn wir es annehmen, werden wir wissen, wie man von uns weiß.

Diese große Periode, in der wir heute stehen, ist die Vollendung des Zyklus, in welchem der Christus wieder Herrscher wird. Der Christus ist immer der Sieger. Die ganze Bibel bringt diese Tatsache ans Licht und weist deutlich hin auf diese Zeit, da der Christus hervortritt; das heißt, die Zeit, in der ein jeder von uns den Christus repräsentiert.

Sobald wir dies annehmen, wird unser Körper zu einem Licht-Körper. Dann beginnen wir die Macht anzuwenden, die uns so lange unbewußt geblieben ist.

Wir sind durch das sogenannte „Goldene Zeitalter der Naturphilosophie" hindurchgegangen, das vor etwa 150 Jahren den Höhepunkt erreicht hatte. Wir sind der Wunder der Natur nun völlig gewahr, ebenso ihrem aufgestellten göttlichen Plan, und wir wissen, daß die Gottheit in jeder Einheit der Menschheit lebt, auch in jedem Baum, jeder Pflanze, jeder Blume, und in allem pflanzlichen Leben. Wenn auch die Mineralien ihr Leben haben, so standen sie dennoch früher unter einer völlig anderen Sphäre des Existenz-Einflusses.

Wenn einmal die ganze Menschheit alle aktiven Kontrollen der Verstandes-Funktion anzuwenden weiß, wird sie finden, daß im Verstand alle Kontrollfähigkeiten liegen, jedes Atom und jeden Planeten zu erschaffen und zur Existenz zu bringen. Dann erschafft alle Substanz weitere Substanz zum Leben. Dieser Faktor ist die erhabene Intelligenz oder Gottes-Intelligenz, welche über allen Dingen und durch alle Dinge sich bewegt und der Erschaffer aller Dinge ist. Der Mensch hat ewig in dieser Gottes-Vernunft gewohnt und ist tatsächlich der Herrscher und Erschaffer aller Dinge; aber wenn man sich entfernt von diesem großen edlen Plan, dann kann dieses Denken einen Käfer oder einen Wurm hervorbringen, oder etwas Lästerliches, das in der Welt umgeht und die Menschheit quält und sich selbst, oder einen Teil der Menschen vernichtet. Aber wenn auch Millionen ihr Denken verkehrt anwenden, können diese Gedanken keineswegs den ganzen Plan beeinflussen. Sie können scheinbar einen großen Teil der Menschheit beeinflussen, aber das volle Gleichgewicht Gottes erhält alles in seiner ganzen Richtigkeit und in unfehlbarer Übereinstimmung mit dem ursprünglichen Plan, so daß kein einziges Atom von seinem Platz verdrängt wird.

Ist es denn so schwer, zu begreifen, daß alles aus einer einzigen Zelle hervorgeht, als derjenige Schwerpunkt der unendlichen Intelligenz, nämlich, daß diese unendliche Göttlichkeit über allem steht und durch alle Dinge hindurch herrscht?

Diese unendliche Intelligenz hat schon geherrscht, bevor das Universum in Erscheinung zu treten begann. Darum laßt uns diese große Intelligenz als die eine und einzige Ursache unser selbst als solche verehren. So werden wir allmählich ein klares Verständnis für diese und alle anderen Dinge gewinnen.

Ohne dieses Festhalten an der absoluten Wahrheit als Tatsache werden wir immer den wichtigsten Ausgangspunkt unserer ganzen Existenz missen. Durch die Wahl des göttlichen Emanations-Prinzips wurde der Christus geboren, der gleichbedeutend mit der ganzen Menschenrasse ist, — der wahre Christus in jeder Form. Dies ist die unbefleckte, die wahre Empfängnis, die Maria voraussah, die wahre Empfängnis für jedes Kind, das geboren wird. Der wahre Christus ist auf der ganzen Erde verbreitet. Darum ist die ganze Menschheit ewig und unsterblich, das wahre Gott-Wesen.

Betrachtet die Wunder der Schöpfung, der Geburt. Geht 800 Millionen Jahre zurück, wenn ihr wollt; ihr werdet das Gottes-Prinzip finden, den Christus in einem jeden Individuum der Menschheit, in jedem einzelnen herrschend. Verfolge die Spur bis zum heutigen Tage und du wirst das Prinzip genauso dominierend, so berechtigt finden, wie es in jenen Zeitaltern war. Es hat nichts zu bedeuten, daß die Menschheit es durch ihr unwissendes, negatives oder moralisches Denken überdeckt hat. Sobald man einen Strahl dieser all-enthaltenen und all-erhaltenden Wahrheit entdeckt hat, öffnet sich alles Denken diesem wohltuenden Einfluß.

Denn es ist genau dieser Einfluß, der das hohe Gewicht des Sauerstoffs gerade so dicht über die Erde gelegt hat, daß er eine schützende Hülle bildet, die die lebenschenkenden Strahlen der Sonne filtriert und genausoviel durchstrahlen läßt, daß das Leben auf unserem Planeten erhalten bleibt. Sobald die Menschheit diese große wohltätige Wirkung anerkennen und einsehen wird, was sie für jeden einzelnen bedeutet, wird das Christus-Prinzip wieder in die ganze Menschheit eindringen, und jeder wird das eine und erhabene Gottes-Intelligenz-Prinzip begreifen, das gerecht, weise und absolut herrscht. Es werden keine falschen Götter oder Bildnisse mehr aufgerichtet werden.

Diese vollständige Wahrheit, diese Einheitlichkeit des Zweckes weicht nie einem Sturm oder einem Gefühlsausbruch aus. Sie steht fest in jedem Sturm. Diese große Ruhe ist nicht erkünstelt, denn sobald wir unser Denken unter ihren Einfluß stellen und sie einfach unser ganzes Wesen durchdringen lassen, werden unsere Gedanken durch ihren heiligen Einfluß so erfüllt, daß wir bald einsehen, daß unser Verstand wirklich wieder in seiner Heimat ist. Dann sind wir eins und das einzige Instrument, das wirklich Zeit und Raum völlig überdauert hat. Wir sind aufs neue angelangt im schönen Garten des göttlichen Intelligenz-Prinzips, daheim, gerade hier auf der Erde, wo die Schönheiten aller Himmel tatsächlich existieren und immer existiert haben. Das wunderbare Paradies Gottes inwendig in jeder Form.

Geht direkt in euer Inneres, um Gott zu finden, der die höchste Intelligenz ist. Wenn ihr das mit ganzem Herzen tut und wißt, daß Gott wirklich euer ganzes Wesen ist, so findet ihr jede Antwort. Ihr werdet immer gegenwärtig sein, gleichmäßig, allwissend. Ihr werdet spüren, daß ihr ganz zu Hause seid; ihr werdet auch erkennen, daß ihr alle Dinge seid, alle Dinge kennt und imstande seid, alle Dinge zu geben; daß ihr ganz Wahrheit seid. Es ist gut, zu wissen, daß jedes Individuum euch gleich ist, und ein Anrecht auf die gleichen Rechte hat, wie ihr es habt.

Wenn ihr diesen Gedanken zum Durchbruch gebracht habt und wißt, daß ihr alle Widerstände besiegt habt, könnt ihr gehen, wohin ihr wollt, tun, was ihr wollt und im Namen Gottes an jedes Ding herantreten und ihr werdet bei eurem Denken an andere kein Hindernis mehr feststellen.

Die einzige Zeit, die beansprucht wird, damit diese Wandlung vor sich gehen kann, ist die Zeit, die ihr dafür gebt; gebt einen Augenblick dafür und es ist getan. Freut euch über Gott, euer wahres Selbst, frei von jeder Begrenzung; und ruft euch ins Gedächtnis zurück, daß jeder Augenblick eine Ewigkeit ist.

„Ich danke Dir, Gott, für den Überfluß an Leben und Licht, voll und frei; für vollkommenen Wohlstand, Gesundheit, Kraft, und unbegrenzte Freiheit."

Wenn ihr dieses Gebet aussprecht, so denkt immer daran, eure Gedanken auf den vollständigen und vollkommenen Körper-Tempel zu richten und zu wissen, daß diese körperliche Form, die ihr vor euch seht, Gott ist. Wenn ihr euren Körper schaut, schaut ihr auf den vollkommenen und vollständigen Gottes-Tempel.

Euer Körper war der allererste Tempel, der Gestalt erhielt, darum ist er der erste und reinste Tempel, darin Gott wohnen kann. Warum also nicht diesen vollkommenen Gott-Tempel lieben und hochhalten, ihn lieben und hochachten als Gottes-Tempel, vollendet und vollständig? In der Tat müssen wir dieses Gottes-Tempels stets absolut gewahr sein, ihn lieben, dankend und anerkennend in wahrer Verehrung.

Es gab niemals einen Tempel, wie diesen Tempel des lebendigen Gottes. Kein Tempel von Händen gemacht, kann in irgendeiner Weise diesem Körper-Tempel gleichkommen. Es gibt Bilder und Formen, die durch Gedanken erschaffen, gebaut oder in Form gebracht wurden. Aber sie sind alle weit davon entfernt, auch nur eine einzige Funktion dieses schönen Körper-Tempels auszuführen. Es gibt auf der ganzen Welt kein Laboratorium, das zu leisten imstande ist, was dieses Körper-Laboratorium leistet, ohne einen Gedanken an den Prozeß Nahrung aufzunehmen und sie in Leben umzuwandeln oder auch nur einen Muskel zu strecken, oder eine lebende Form hervorzubringen, eine Rasse weiterzuführen oder gar zu denken, zu handeln, zu reden, zu begreifen, was Gegenwart, Vergangenheit oder Zukunft ist. Die Fähigkeit zu erbauen, vorzutreten und zu lehren, Errungenschaften zu belohnen, Nachkommen zu unterstützen, dem Ausdruck zu geben, was gut ist, edel, ehrenhaft und großartig.

Und denkt weiter. Gibt es einen anderen als diesen Körper-Tempel, aus dem alle diese Tugenden hervortreten können, wenn er nicht aus diesem großen glorreichen Körper-Tempel begabt wäre. Der erste und einzige Tempel, nicht von Menschenhänden gemacht. Ist es ein Wunder, daß Gott sich entschlossen hat, in diesem glorreichen Körper Wohnung zu behalten und daheim zu sein? In dieser göttlichen Form, diesem Gott-Tempel-Körper, der sich selbst vollkommen erneuert?

Laßt uns einmal Ausschau halten und sehen, wieso und warum dieser Körper so erniedrigt worden ist. Es ist uns von gotteslästerlichen, verräterischen, eigennützigen Leuten, die kaum eine Ahnung von der eigentlichen Wahrheit haben, gelehrt worden, daß der Körper schwach, sündig, unvollkommen, minderwertig, anomal sei — Krankheiten, dem Verfall und dem Tod unterworfen sei. Alles das sei erzeugt in Sünde und geboren in Sünde, und wie die anderen Sinn- und Redewendungen eines Menschen der Unmoral noch alle lauten mögen,

Schauen wir zuerst in die Vergangenheit und sehen und begreifen wir, wie und wo diese Lehren, Gedanken und Worte uns langsam hineingezogen haben in diesen schrecklichen Strudel und Sumpf von Sünde, Zweideutigkeit, Krankheit, Mißerfolg und zuletzt in die allergrößte Unehre, — den Tod. Laßt uns mit klarem Blick die Resultate dieser verächtlichen Gemeinheit erkennen und sehen, bis wohin sie uns gebracht hat, nämlich bis zur Schändung dieser vollkommenen Gottes-Körperform.

Und dann, von dem Augenblick an laßt uns wahrhaftig verzeihen, vergessen und es aus unserem Leben, aus unserem Denken, Handeln und unserer ganzen Lebenserfahrung ausschalten. Nochmals, — laßt uns so lange vergeben und vergessen, bis jede Spur dieses Erlebnisses vollständig aus unseren unterbewußten Gedanken ausgelöscht ist. Gerade in unseren unterbewußten Gedanken-Prozessen ist es, wo es sich durch Repetition wie auf einer Photographie eingeprägt hat, durch Schwingungs-Einflüsse hat man, wie von einer Grammophon-Platte aus, diese Gedankenform immer und immer wieder ertönen lassen, so lange, bis wir daran glaubten.

Eure Photographie, oder die eines eurer Freunde oder Bekannten ist nur ein Dokument der Vibration der betreffenden Körperform. Auf diese gleiche Weise werden auch Gedanken- oder Redeformen im Unterbewußtsein aufgezeichnet, und es ist imstande, sie euch zu wiederholen. Dann laßt uns nachdenken, wie wir uns selbst dazu erzogen haben, diese erniedrigenden Unwahrheiten anzunehmen, zu glauben und zu verehren.

Dann laßt uns einen Augenblick lang denken oder annehmen, daß uns diese unwahren Worte niemals gelehrt worden und daß sie nie in unserem Wortschatz aufgenommen worden seien. Wir dürfen sie nie gekannt, oder aufgenommen oder erlernt, geglaubt oder verehrt haben. Wenn wir imstande sind, sie zu erlernen und zu glauben, sind wir noch viel besser in der Lage, umzulernen, zu fordern, daß sie uns verlassen — jedes

Mal, wenn sie auftauchen oder aus dem Unterbewußtsein sich wiederholen. Sagt nur zu ihnen: „Man hat euch vollständig verziehen. Nun laßt mich vollkommen in Ruhe!" Und sagt zu eurem Unterbewußtsein: „Löscht alles dies aus, behaltet kein Andenken daran; nur das ist Wahrheit, was ich dir sage."

Wie könnt ihr Jugend, Schönheit, Lauterkeit, Göttlichkeit, Vollkommenheit und Überfluß ausdrücken, ehe ihr sie seht, hört und kennt im Denken, Reden, Handeln, anerkennen könnt, indem ihr dafür den Ausdruck findet, ja, indem ihr dies alles selbst lebt? Wenn man das tut, macht ihr es fest im unterbewußten Denken. Dieses unterbewußte Denken bringt diese Gedanken aus den Bildern zu euch zurück, die ihr ihm durch die Vibration aufgeprägt habt, die ihr dabei erweckt oder angewendet habt. Je mehr man dem Unterbewußtsein in Liebe und Verehrung Wahrheit beibringt, um so mehr wird es euch diese zurücksenden. Hier ist es, wo ihr der Herr seid. Denn indem ihr Unwahrheiten vergebt und sie fallenlaßt, werdet ihr spüren, daß ihr über sie Herr geworden seid. Ihr steht über ihnen; sie sind vergeben und vergessen.

Ihr werdet finden, daß das Unterbewußtsein eures Körpers das absolute Wahrheits-Bild zurückbringt, wenn ihr zu ihm sprecht, wenn ihr wißt, daß ihr die absolute Wahrheit sagt! Denn wenn das, was ihr zu eurem Körper sagt, nicht wahr wäre, würdet ihr keinen Körper haben, nicht imstande sein, zu denken, zu handeln, euch zu bewegen, zu reden, zu fühlen, zu sehen, zu hören, zu atmen, zu lieben.

Denn das größte Vorrecht auf der Welt ist es, zu wissen, daß alle gleich sind, die gleiche Kraft besitzen, wie ihr selbst, und daß diese Kraft nie verlorengegangen ist. Sie mögen, genau wie ihr, das Denken über diese Kraft verfälscht haben, aber diese unrichtigen Gedanken haben die Kraft keineswegs verändert oder vermindert.

Sobald wir zu richtigen Gedanken, Worten und Handlungen übergehen, finden wir, daß die große Kraft uns durchströmt, und wir spüren sogleich die Glorie der Antwort.

Die Kraft, dies vollständig zu tun, ist euer eigenstes Eigentum. Ihr habt der Begrenzung Herrschaft über eure Gedanken eingeräumt. Zerbrecht einfach die Hülle, der ihr erlaubt habt, euch gefangenzuhalten, und ihr seid die Freiheit selbst.

„Kennt die Wahrheit und die Wahrheit wird euch frei machen!"

Fragen und Antworten.

Frage: Ist es wahr, daß Sie persönlich in Indien gewesen sind und diese Dinge körperlich erlebt haben, wie es in den Büchern steht, die Sie geschrieben haben?

Antwort: Wir sind nie, in keiner Weise imstande gewesen, in einem astralen Zustand zu reisen, und haben nie eine andere Methode angewendet, als die physische, wie wir sie heute kennen. Es waren tatsächlich physische Erlebnisse.

Frage: Wenn Sie gewußt haben, daß man Jesus überall antreffen könne, weshalb sind Sie nach Indien gegangen, um diese Wahrheiten herauszufinden?

Antwort: Wir gingen nicht zu diesem Zweck nach Indien.

Frage: Haben Sie persönlich niemals Ihren physischen oder astralen Körper transportiert?

Antwort: Ich weiß nichts vom astralen Körper. Unser physischer Körper wurde oft transportiert. Wir haben nie herausgefunden, wie es zustande kam, aber die Tatsache, daß es geschah, ist Beweis dafür, daß es möglich ist. Es handelt sich nur darum, den richtigen Ausgangspunkt zu haben.

Frage: Schränkt ein Mangel an Vergeben die Macht unserer Liebe ein?

Antwort: Es gibt keinen Mangel an Liebe, an Vergeben oder an Prinzip. Man kann davon Gebrauch machen nach jeder Richtung hin und für alle Umstände. Laßt einen solchen Gedanken fallen und geht zurück zum Prinzip. Sobald man vergeben hat, ist man sogleich beim Prinzip selbst.

Kapitel XI

Menschen, die mit den Meistern gingen

Ich denke, manche von euch haben Samen ausgesät oder Pflanzen eingesetzt, haben sie geliebt und ihr Wachstum beobachtet. Pflanzen sind schnell bereit zu antworten. Luther Burbank entließ nie eine Pflanze aus seinem Garten, ehe sie nicht auf seine Stimme antwortete. George Washington Carver machte es genauso. Ich arbeitete zusammen mit George Washinton Carver und ich kannte Luther Burbank seit der Zeit, als er sechs Jahre alt war.

Luther Burbank sagte, was seine Mutter und seinen Vater immer beunruhigte: Jesus arbeite mit ihm.

An einem Sonntagnachmittag ging er mit seinem Vater weg, um einen Nachbarn zu besuchen. Sie machten eine Abkürzung durch die Felder und gingen durch einen Kartoffelacker. Wie es Kinder tun, lief der kleine Luther Burbank voraus. Es war die Zeit, in der die Kartoffeln zu blühen beginnen. Eine Staude stand ein wenig höher als die anderen, und Luther stand still davor, um sie zu betrachten. Sein Vater sagte, daß die Pflanze sich hin und her bewegt habe, als er hinzukam; und der Knabe sagte zu ihm: „Vater, sie spricht zu mir!" „Ach", sagte sein Vater zu meinem Vater, „ich dachte, der Junge sei irre, und ich trieb ihn zur Eile an, daß wir zum Nachbarn kämen". Während der ganzen Zeit, da sie dort wa-

ren, wollte Luther zurückkehren, und schließlich, um halb vier, machten sie sich auf den Heimweg. Sie gingen über das gleiche Kartoffelfeld zurück. Der Junge lief voraus und sogleich hin zu der Pflanze. Eine große Stille lag über dem Feld. Kein Blatt bewegte sich. Als der Vater hinzukam, wo der Junge schon stand, bewegte sich der Samenknollen aufs neue hin und her. Und Luther sagte: „Papa, ich möchte hier bleiben. Jesus spricht zu mir und sagt mir, was ich zu tun habe."
Der Vater nahm ihn mit nach Hause, hieß ihn, seine Arbeiten zu tun, und schickte ihn dann ins Bett. Nach kurzer Zeit sah er ihn, sich zum Haus hinausstehlen. Er wurde dreimal in jener Nacht zurück ins Bett geschickt. Es wurde elf Uhr und die Eltern dachten, nun sei er für die Nacht eingeschlafen.

Am anderen Morgen fehlte Luther. Der Vater ging hinaus in das Feld, und dort fand er den Jungen so nah wie möglich an den Kartoffelhügel gepreßt, aber tief schlafend. Und als er geweckt worden war, sagte er: „Jesus hat die ganze Nacht zu mir gesprochen und hat gesagt, wenn ich die kleine Knolle bewache, bis sie reif ist und sie aufbewahre und im nächsten Frühjahr einpflanze, und wenn sie aufwachse, werde eine Kartoffel da sein, die mich berühmt mache" —, und das ist genau das, was auch geschah.

Luther Burbank pflegte zu sagen: „Oh, ich gehe und ich wählte eine sogenannte „Brickly Pear" aus, und setzte sie in ein Glasgefäß, in dem sie geschützt war. Während fünfeinhalb Monaten saß er jeden Tag eine Stunde lang davor und sprach etwa folgendes zu der stachligen Pflanze: „Du bist jetzt beschützt, du brauchst keine Stacheln mehr, laß sie fallen." Nach siebeneinhalb Monaten waren die Stacheln abgefallen. Er hatte den stachellosen Kaktus geschaffen.

Luther Burbank pflegte zu sagen: „Oh, ich gehe und ich reise mit Jesus und Er mit mir. Er lehrt mich. Er sagt mir, was ich tun soll."

F. L. Rawson war ein Bruder von Sir Rawson-Rawson, einer der größten Ingenieure in England. Die Daily Mail berief ihn, die Christian Science zu erforschen, und er tat ein so hervorragendes Werk, daß jedermann erstaunt war. Seine ersten Worte waren: „In Gottes vollkommener Welt ist nichts als Gott. Der Mensch ist das Bild, die Ähnlichkeit, welche die Ideen Gottes auf seine Mitmenschen überträgt, in vollkommener Regelmäßigkeit und Leichtigkeit."

Eines Tages, als ich Mr. Rawson in London besuchte, standen wir am Fenster und schauten auf die Straße hinab. Vor Jahren benutzte man dort zweirädrige Karren, vor die ein Pferd gespannt war. Auf der anderen Straßenseite wurde ein Bauwerk errichtet und ein Pferd mit einem zweirädrigen Karren kam die Straße hinab, hielt an und bäumte sich auf. Der Fuhrmann fiel in den Karren zurück und plötzlich, ehe das Auge sehen konnte, was geschah, fiel der ganze Karren um und alle Steine direkt auf ihn. F. L. Rawson bemerkte: „Es ist nichts, außer Gott!" Der Mann schien direkt unter den Trümmern hervorzukommen und kein Kratzer war an ihm zu sehen. Aber noch etwas anderes von gleicher Art geschah. Das Pferd sollte etwas tun, was ihm nicht behagte, und der Fahrer begann es zu schlagen. Alles, was Mr. Rawson tat, war, auf die Scheibe zu schlagen, um die Aufmerksamkeit des Fuhrmannes zu wecken. Unverzüglich kam das Pferd quer über die Straße und stieß mit seiner Nase an das Fenster.

F. L. Rawson hatte hundert Soldaten im ersten Weltkrieg zu führen. Er kam zurück mit allen. Keiner hatte die geringste Verwundung, obwohl sie durch einige der gefährlichsten Situationen gegangen waren. Er stand absolut bei seiner Behauptung: „NICHTS ist außer GOTT!"

Man kann das fortsetzen und mit Sicherheit voraussagen, was jeweils geschieht, wenn man einer jeden Sache gegenüber die richtige Einstellung einnimmt. Wir wissen, wenn wir uns abseits stellen und bei irgendeiner Gelegenheit sagen, es sei unmöglich, daß wenig später jemand kommt und das „Unmögliche" nach kurzer Zeit fertigbringt. Dies ist praktisch mit einer jeden Sache so gewesen.

Alexander Graham Bell war ein gutes Beispiel. Unsere Familie kannte ihn gut. Er lebte in Jamestown, New York. Er ging sechzig Meilen weit von Jamestown nach Buffalo, New York, um meinen Vater und dessen Brüder zu treffen, die in Buffalo zu jener Zeit kleinere Bankiers waren. Er bat sie um 2000 Dollar, damit er in Boston die technische Schule besuchen könne. Er wollte sein Instrumentarium vervollkommnen und es im Jahre 1876 in den „Centennial-Grounds" in Philadelphia zum Einsatz bringen. Als die Direktoren der Bank von den Anleihen hörten, kamen sie zu meinem Vater und den Brüdern und baten um ihre Entlassung. Sie waren ganz sicher, daß Bell sein Telephon nie vollenden könne. Aber — Telephonzellen wurden auf dem Centennial-Gelände aufgestellt, man konnte eine Münze zahlen, in die Zelle hineingehen und Freunde in der anderen Zelle anrufen und mit ihnen sprechen. Und diese kleine Sache erweckte ein solches Interesse, daß es mehr Geld einbrachte, als irgend etwas anderes, was ausgestellt wurde, bei dieser Jahrhundertfeier. Ihr seht, wir verschließen Gedanken, und wir verlieren dabei das Segensreiche, das in ihnen steckt.

Alexander Graham Bell war wirklich ein wundervoller Charakter. Der Grund dafür, daß er nie Geld hatte, lag darin, daß er immer den Blinden half. Er gab sein letztes Geld dafür aus, den Blinden zu helfen.

Dr. Norwood pflegte seiner kleinen Gemeinde zu sagen, er gehe zu den Bäumen hinter der Kirche, und dort komme Jesus zu ihm, und sie gingen miteinander hin und her.

Dr. Norwood hatte eine kleine Kirche oben in Nova Scotia, an einen kleinen Ort, wo nur neunundzwanzig Fischer mit ihren Familien im Dorfe wohnten. Irgendwie hörte man davon, und wir gingen hin mit der Idee, Photographien zu machen. Wir nahmen die Bilder mit einer Bell-&-Howell-Kamera mit gewöhnlichen Linsen auf und wir besitzen diese Bilder heute noch.

Einige Zeit nachher wurde Dr. Norwood an die Sankt-Bartholomäus-Kirche in New York berufen und nach weniger als fünf Monaten war diese Kirche so überfüllt, daß man außerhalb Lautsprecher aufstellen mußte, damit ihn alle hören konnten, die dies wollten.

Während einer Weihnachtszeit, in der Stunde, da man Heilungen vornahm, wurde Jesus gesehen, wie er hinter dem Altar hervortrat und geradewegs durch den Mittelgang der Kirche schritt. Ich habe mit mehr als 500 Leuten gesprochen, die dort versammelt gewesen sind und es gesehen haben. Der Gruß von Jesus sei gewesen: „Bereitet euch vor, Liebe über das ganze Universum auszusenden."

Die Chelas in Indien haben ein sehr schönes Gebet, und ihr werdet sehen, daß es keine Bitte enthält:

„Ich beginne diesen Tag, und alle Dinge sind völlig in Gott getaucht, in Gott und in seinen Überfluß. Der siegreiche Christus tritt hervor mit dem Überfluß Gottes, in jeder Betätigung des Tages. Ich weiß, daß ich Gottes erhabenes Kind bin. Jede Bewegung des Heute ist erfüllt von Gott und von Gottes heiliger Liebe. Gott! Gott! Gott! Die große Flamme der Liebe strömt durch jedes Atom meines ganzen Wesens. Ich bin die lautere goldene Flamme Gottes. Ich durchflute mit dieser heiligen Flamme meinen physischen Körper. Der siegreiche Christus grüßt Dich, Gott, mein Vater, Friede! Friede! Friede! Der große Friede Gottes steht erhaben!"

Kapitel XII

Credo

„Das Ziel ist Gott. Du kannst den Tag mit Gott beginnen, indem du den ersten Gedanken an Gott hineinnimmst in deine Gestalt. Laßt mich sagen, daß das Endziel festgesetzt ist und allezeit festgesetzt war. Ihr seid göttlich, das göttliche Bild, Gott, der Christus Gottes, Gott-Männer, Gott-Frauen.

„Laßt mich weiter sagen, daß es nichts und niemanden gibt, der euch dazu zwingt, an diese Dinge zu denken. Es muß eine freie Gabe an euer Gott-Selbst sein:

„Gott, ich bin eins mit dem universellen Leben, mit der universellen Macht. Diese Kraft hat ihren Mittelpunkt in meiner Natur und erfüllt mich so positiv mit Gottes vollkommener Energie, daß ich sie aussende, daß sich alles zu jeder Form hin wandeln kann: zu Harmonie und Vollkommenheit. Ich weiß, alles ist in Übereinstimmung mit unendlichem Leben und Gottes Freiheit und Frieden.

„Mein Gemüt steht in vollkommener Übereinstimmung mit unendlicher, intelligenter Weisheit. Jede Eigenschaft meines ganzen Körpers findet durch meinen Verstand freien Ausdruck und die ganze Menschheit drückt dasselbe aus.

„Mein Herz ist zum Überfließen von Frieden, Liebe und Freude über den siegreichen Christus voll. Ich sehe den siegreichen Christus in jedem Angesicht. Mein Herz ist stark in der Liebe Gottes und ich weiß, daß sie die Herzen der ganzen

Menschheit erfüllt. Gottes Leben erfüllt meinen Blutstrom mit reichem Leben und meinen Körper mit der Reinheit des göttlichen Lebens.

„Gott ist alles Leben. Ich werde bei jedem Atemzug mit Leben erfüllt, meine Lungen saugen mit jedem Atemzug Leben ein und mein Blutstrom wird voll Leben.

„Gott, mein Magen ist die verdauende Energie des intelligenten und allmächtigen Lebens. Jedes Organ meines Körpers ist von Gesundheit und Harmonie durchdrungen und der ganze Organismus wirkt in vollkommener Harmonie zusammen.

„Ich weiß, daß alle meine Organe von Gottes Intelligenz durchdrungen sind. Sie sind sich alle ihrer Pflichten bewußt und wirken zusammen für die Gesundheit und Harmonie meines ganzen Wesens.

„Gott, ich bin die Energie, die den ganzen Raum erfüllt. Ich entnehme fortwährend diese Energie dem alles durchdringenden Gottes-Leben. Ich weiß, daß Gott die allweise und liebende Intelligenz ist, die mir das mächtige Gottes-Leben schenkt, und ich fühle die völlige Herrschaft Gottes, die innewohnende Gegenwart in meiner ganzen Körper-Gestalt.

„Ich lobe Gott in mir für die heilsame Vollkommenheit des Lebens. Alles ist Leben, und ich gestatte dem All-Leben, daß es durch mich zum Ausdruck kommt.

„Der siegreiche Christus sagt ‚Meine Worte sind Geist und sie sind Leben' und ‚wenn ein Mensch meine Worte befolgt, wird er den Tod nie sehen'."

„Der intelligente Christus, der siegreiche Christus sendet seinen Überfluß an Liebe über das ganze Universum aus."

„Erhabene Vernunft ist alles. Ich bin erhabene Vernunft. Ich bin erhabene Weisheit, Liebe und Kraft. Aus tiefstem Herzen rufe ich meinen freudigen Dank aus: ICH BIN diese erhabene und unerschöpfliche Weisheit und ich verlange, daß ich sie hineinziehe in mich und vollkommen bewußt werde dieser einen unvergänglichen Weisheit.

„Erinnere dich, daß GEDANKEN UND GESPROCHENE WORTE DINGE SIND.

„Rufe diese frohe Botschaft aus, daß du frei bist, völlig frei von jedem begrenzenden Umstand. Und WISSE, daß du frei bist und gehe voran, triumphierend in dieser Freiheit.

„ICH BIN WIEDERGEBOREN IN DIE VOLLKOMMENE MACHT GOTTES. GOTT, ICH BIN."

„Laßt uns unter allen Menschen vorangehen in der vollkommenen Erkenntnis, daß wir existieren, um das freudige Licht der Liebe jeder Seele mitzuteilen. Dies ist in der Tat das größte Vorrecht. Denn wenn wir diese unbegrenzte Liebe Gottes hineinstrahlen in jede Seele, erzittert unsere Seele vor dem Heiligen Geist, und wir spüren die Liebe Gottes für die ganze Menschheit. Das zu fühlen und zu wissen, bedeutet den siegreichen Christus in der ganzen Menschheit zu erkennen. Das erfüllt uns mit heilender Kraft und Weisheit, wie sie Jesus besessen hat."

Nachwort des Verlegers

Bei seinen Vorträgen während seiner beiden letzten Lebensjahre erwähnte Baird Spalding oft die Verse einer Dichtung von John Gillespie Magee Jr., eines Piloten der Royal Canadian Air Force, der über England am 11. Dezember 1941 im Alter von 19 Jahren abgeschossen wurde.

Kurz vor seinem Tode sandte John Magee seiner Mutter das Gedicht „Hoher Flug", das bald der ganzen Welt bekannt wurde und auch heute noch als eines der größten Gedichte betrachtet wird, das im zweiten Weltkrieg entstand.

Weil es Baird Spaldings Lieblingsgedicht gewesen ist, fügen wir es zum Abschluß dieses seines letzten Buches hier an:

Hoher Flug

Oh, ich bin über die sicheren Bande
der Erde hinübergeglitten,
und bin auf silber-lachenden Flügeln
in den Himmel getanzt.
Der Sonne entgegen stieg ich empor
und gesellte mich zu der wirbelnden Freude
der von Sonne zerissenen Wolken —
und tat hundert Dinge,
von denen du nie geträumt hast. —
Ich rollte und schwebte und schwang
hoch oben in sonnen-erleuchteter Stille.
Schwankend jagte ich dem heulenden Winde nach
und schleuderte mein eifriges Flugzeug
durch bodenlose Hallen von Luft...
Hinauf, hinauf in das lange,
wahnsinnige, brennende Blau
habe ich mit leichter Grazie
die wind-gepeitschten Höhen überflogen,
wo nie die Lerche, nicht einmal der Adler flog. —
Und wenn mit schweigender, erhobener Seele
die hohe, nie betretene Heiligkeit
des Raumes ich durchflog,
streckte ich die Hand aus
und berührte das Antlitz Gottes.